愛　習　工作

大宋文青人生解憂課

從 10 位宋詞名家的作品和人生，

學習如何接納挫折，找回內在的力量

周公子——著

顏同學——繪

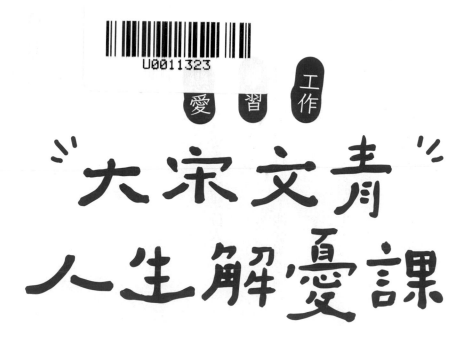

目錄

人物誌

番外篇

人物誌

李煜

一個文藝青年的錯位人生

西元九七五年的春天很冷，但南唐一國之君李煜的心情卻相當不錯，因為他聽軍師說，宋軍不行了，馬上就要退兵了。

天佑南唐，江山無憂，終於可以鬆口氣了。興奮之餘，他打算去慰問一下守城將士，以期振奮士氣，更快退敵。李煜身體力行，興沖沖地登上金陵城牆，揮起衣袖，熱情洋溢地對在前線奮戰的南唐兵士們高聲喊道：「各位將士，辛苦了！」

但回應他的卻不是激昂沸騰、保家衛國的宣誓，而是士兵們沉默而奇怪的目光，他們紛紛用一種難以理解的眼神望著李煜。氣氛異常得尷尬。

李煜不得不往城牆外望去，不望還沒關係，這一望只見城外是密密麻麻的宋軍旗幟，敵軍浩浩蕩蕩，兵臨城下。大驚之下，李煜突然感到一陣天旋地轉，眼前一黑：「眾卿誤我啊！」

沒人想做亡國之君，李煜也不例外。

大軍壓境，誰都知道亡國是早晚的事了，只有李煜還被蒙在鼓裡。突然從大臣們欺瞞朦騙的美夢中醒來，他發現自己已無路可退，要不投降，要不奮戰到底。

「就這樣讓祖宗的基業毀在自己手中嗎？」李煜實在不甘心，於是他決定拼死一搏！

困獸的力量，往往是驚人的。在被重重包圍的情況下，風雨飄搖的南唐居然又撐了半年多。可惜，文藝青年註定還是打不過一代梟雄。九七五年冬，宋軍攻破金陵城門，李煜率親屬、大臣四十五人肉袒出降，建國三十九年的南唐就此宣告滅亡。

《破陣子．四十年來家國》

四十年來家國，三千里地山河。鳳閣龍樓連霄漢，玉樹瓊枝作煙蘿，幾曾識干戈？
一旦歸為臣虜，沈腰潘鬢消磨。最是倉皇辭廟日，教坊猶奏別離歌，垂淚對宮娥。

此詞是李煜被俘北上後所作。上片追憶南唐過往的繁華景象：國土幅員三千里，宮廷樓閣高聳雲霄，皇家內院花繁樹茂，雲霧蔥蘢。從小在這片富庶土地長大的李煜，何曾見識過戰爭的殘酷呢？下片則寫國破身降的悲慘與淒情：「沈腰」暗喻自己承受著亡國之痛和臣虜之辱，在北方過著含悲飲恨的生活，天天以淚洗面，就像南北朝的沈約一樣，消瘦得很快，每隔幾天腰帶就要收緊一點，而「潘鬢」則是說自己和西晉美男子潘安同病相憐，不到四十歲就兩鬢斑白了。

全詞由建國寫到亡國，極盛轉到極衰，極喜而後極悲，最後追憶破國當日情景，離別故國，哭辭宗廟，教坊裡也奏起了應景的別離之曲。一朝淪為亡國之君的李煜，禁不住像個孩子一樣，對著宮女失聲慟哭。

最終，還是沒有保住祖宗的江山，以後或許再也沒有機會踏上這片富庶的土地。登上北去汴京的船隻，故國漸行漸遠，李煜最後一次深深回望「無限江山，別時容易見時難。」

淚水再一次模糊了李煜的視線，往事漫隨流水，一幕幕席捲而來。

生錯帝王之家的大藝術家

李煜的人生出場堪稱華麗，出生後剛滿三個月，其祖父李昪便從吳國楊氏手中奪取了帝位，自稱是李唐皇室的後人，改朝換代，建立南唐。李煜則順理成章從「貴族小公子」變為「堂堂皇孫」，從此錦衣玉食，榮華富貴。

不僅如此，他還長得神骨秀逸、英俊瀟灑，天生一身藝術細胞，書畫、音律、詩詞文章，無一不通。書法上，他集各家之長，自創「金錯刀體」，剛勁有力，落筆瘦硬而風神溢出；其留存的兩篇書法論文《書評》和《書述》，迄今仍是書法理論的權威性著作。繪畫上，史載其筆下的竹木飛鳥，「遠過常流，高出意外」，在北宋時，就已是收藏家們珍藏至極的「稀世之物」。音樂天賦亦是頂級，根據《雁門野說》的記載，說李煜「精於音律，凡度曲莫不奇絕」，其亡國前創作的一些樂曲，經常很快就傳遍南唐，極為流行。

除了面面俱到的才華，在個性上李煜性格溫和，待人接物有如春風拂面，從不擺架子。你說這麼一位氣質高華、玉樹臨風的文藝美少年，走到哪不是人見人愛、花見花開呢？

話雖如此，凡事總有例外。

皇宮中有一個人就不怎麼喜愛這位「三好少年」。誰呢？不是別人，正是李煜那位能力出眾、屢立戰功的太子哥哥——李弘冀。

那麼，這位哥哥是羨慕李煜長得帥？還是嫉妒李煜才華高？其實都不是。他主要對李煜的「眼睛」比較有意見。嗯，說起來，李煜同學的長相確實不一般：

廣顙豐頰，駢齒，一目重瞳子。

用今天的話說，就是天庭飽滿、地閣方圓，標準的富貴之相。這也不奇怪，堂堂皇子，氣宇軒昂很正常，可一個眼睛裡有兩個瞳孔這點，就非比尋常了，因為——三皇五帝中的舜和西楚霸王項羽都有這種相貌特徵。

想必大家已經猜到了，沒錯，在封建迷信大行其道的古代，這就是穩穩的帝王之相（其實就現代人來看，這就只是所謂「雙瞳」的先天畸形，所以說懂科學很重要）。

你說一心想攀登皇位的弘冀哥哥，每次看到這個自帶帝王體質的好弟弟是不是很煩心呢？

其實李煜心裡更鬱悶：「哥，我這是病啊，你有藥嗎？」

不好意思，藥沒有，殺心倒是有的。

無意皇位卻陰錯陽差登上帝位

敏感細膩的李煜，敏銳地捕捉到了哥哥的敵意。

他本就無意政治，為了讓哥哥安心，索性一頭栽進了文化藝術的海洋，每天泡在皇家圖書館，當起了皇宮隱士，還給自己取了一大堆表明心志的外號：鍾山隱士、蓮峰居士、鍾峰隱者等，就差出家做和尚了。此時寫作的詩詞，也是各種隱者風範：

浪花有意千重雪，桃李無言一隊春，一壺酒，一竿身，世上如儂有幾人？

（《漁父詞》其一）

一棹春風一葉舟，一綸繭縷一輕鉤。花滿渚，酒滿甌，萬頃波中得自由。

（《漁父》其二）

這些詩詞無一不在向弘冀釋放強烈信號：「哥哥，快看快看，我志在當富貴閒人，醉心山水文藝，真的無意皇位哦！要安心哦哥哥！」

李煜的敏感和避讓，看起來讓人頗有些心疼，但其實這段徜徉在文化藝術世界的隱士生活，卻是他人生中最快樂的時光之一。可惜，美好的時光總是短暫，而打破這份平靜的不是別人，依然是他的好哥哥弘冀。這位哥哥不知為何惹毛了父親李璟，於是李璟一氣之下，說了這樣一句話：「不聽話的死小孩，皇位你別想了，我要傳位給你叔叔！」

這是一句改寫三個人命運的話。

李弘冀把老爸的話當了真，居然狠下心派人把自己的叔父毒死了，之後卻總夢見面目猙獰的叔父來索命，就這樣得了心病，不久自己竟也一命嗚呼了。

李煜的帝王之相，就這樣無奈地得到了應驗。

錯位人生，自此開啟。

「好人」往往當不了「好皇帝」

西元九六一年，二十四歲的李煜登基為帝。而就在前一年，南唐北邊的國家後周發生了一件大事：殿前都點檢趙匡胤發動陳橋兵變，逼迫七歲的小皇帝禪位，改國號為「宋」。

趙匡胤是一代雄主，志在一統天下。南唐的覆國危機，其實在趙匡胤建立宋朝的那一刻，就已然註定。南唐本來就是身處強敵環伺之中的弱國，再加上還有一個儘管在文藝上是個天才加全才，但在政治上卻是一個蹩腳的皇帝李煜。

說到李煜的治國能力，我們不得不先瞭解一下他的個性。

李煜剛登基時，有陣子對下棋很著迷。某次大臣來彙報工作，看到李煜一邊下棋一邊聽，嗯嗯啊啊心不在焉，一時惱火，居然上前一把將李煜的棋盤掃到了地上。

李煜當時相當震驚，「好傢伙，看我脾氣好，就不把我當皇帝是吧！老虎不發威，你還真當我是病貓！」於是忍不住氣地一聲怒吼：「你瘋了嗎？當自己是魏徵啊！」

沒想到，大臣竟然也不甘示弱地回說：「我不是魏徵，因為你也不是唐太宗！」大臣說得這麼有道理，讓李煜一時無言以對，最後居然就這樣默不作聲地收了場。你說李煜的脾氣好不好？能不能忍？這種事情要是發生在稍微有點脾氣的皇帝身上，我想，明天的太陽不會照在這位大臣的頭上，而是照在他的墳頭上了。

除此之外，還有另一件更能體現李煜性情的事情。

李煜的弟弟從善，在李煜當太子期間搞過很多小動作，想擠掉李煜，好讓自己上位；甚至父親李璟去世時，他還想拉攏受命大臣在遺詔上動手腳，結果大臣不僅一口回絕，還跟李煜報告了這件事情。

大家都知道，在皇權面前兄弟情分往往是一文不值的。帝王之家的父子、兄弟相殘，甚至可說是每個朝代必有的固定戲碼。就算不覬覦我的位子說不定看你都礙眼，更何況你還動過念頭、有過盤算，在這樣的情況下，能留你一條命嗎？我想，各位讀者應該都是這麼猜想的吧？

我們的李煜就是不一樣，非但對弟弟的反叛既往不咎，關愛之情還猶勝從前。「嗯，皇位反正我本來就不稀罕，還是寶貝弟弟比較重要。」李煜可能是這麼想的。

後來，從善出使宋朝，被趙匡胤留做人質，羈押不歸。李煜傷心得不得了，連最喜歡的文藝表演也沒了興致，還動不動就登高北望，涕泗橫流：

自從善不還，四時宴會皆罷。每憑高北望，泣下沾襟，左右不敢仰視。

另外，這首著名的《清平樂・別來春半》，據說也是李煜因思念弟弟從善所作：

別來春半，觸目愁腸斷。砌下落梅如雪亂，拂了一身還滿。
雁來音信無憑，路遙歸夢難成。離恨恰如春草，更行更遠還生。

此詞開篇即直抒胸臆，道出離愁別恨，李煜久立花下，思念著遠方的弟弟，那如雪花般飄落全身的梅花，正如心中愁緒，方才拂去又已落滿。看到大雁橫空飛過，為它沒有帶來親人的書信而感到失落，想和弟弟在夢中相會，卻又擔心路途遙遠，對方可能在夢中也難以返回。心念至此，自己心中的「離恨」就像滋生不已的春草那般，無邊無際……。

不僅對大臣忍耐，對兄弟一往情深，就連對獲罪之人李煜也經常大發慈悲，還曾跑到監獄裡客串法官，寬大處理了一批犯人（大哥，皇帝是要治國的啊！你當是小孩子玩家家酒嗎？）

李煜的大臣曾這樣評價他：「賞人之善，常若不及；掩人之過，惟恐其聞。」意思是李煜賞給別人好處時，總擔心賞的還不夠多；而當別人犯錯時，卻極力幫著掩護，唯恐影響了人家的名聲。

看到這，是否忍不住要感嘆：「李煜真是個大好人啊！」

沒錯，李煜是個不折不扣的好人；但歷史不只一次證明了，「好人」往往做不了「好皇帝」。

委曲求全，自貶身分

對於做皇帝而言，只有善良寬厚、情深義重，遠遠不夠（某種意義上來說，這甚至是缺點）。對於皇帝來說，更重要的，是「權謀」和「實幹」。

然而，李煜本就無心皇位，對政治更是毫無興趣，加上南唐在他父親李璟在位時，就已經被後周數次敲打，被迫割讓了長江以北的所有土地，並削去帝號，降格為「唐國主」，以示臣服。所以，李煜壓根兒就沒什麼野心，只想小心翼翼地做好宋朝的附屬國，偏安一隅，過自己的小日子。

所以，李煜在登基之初，就趕忙給趙匡胤打了份報告，力表自己毫無野心，一定會安分守己地做好北宋的跟班小弟：

臣本於諸子，實愧非才，自出膠庠，心疏利祿，被父兄之蔭育，樂日月以優遊。思追巢許之餘塵，遠慕夷齊之高義。既傾懇悃，上告先君，固非虛詞，人多知者。

（《即位上宋太祖表》）

意思是說，自己本無意於皇位，自從出了校門（「庠」指學校）就看淡功名利祿，在父兄的庇護下，優遊於詩詞書畫之中，小日子過得逍遙自在。人生偶像是巢父、許由、伯夷、叔齊等這類隱士，自己仰慕他們不做帝王而去隱居的高風亮節，這在南唐是人盡皆知的事，絕非虛詞……。

結尾又以各種賭咒發誓，說自己若是對大宋有二心的話，不僅是違背了祖宗遺訓，還會受到神明的懲罰：

惟堅臣節，上奉天朝。若曰稍易初心，輒萌異志，豈獨不遵於祖禰，實當受譴於神明。

此後，他對宋朝的外交政策一言以蔽之就是：「量南唐之物力，結大宋之歡心。」上貢送禮是家常便飯，日常應對也是謹小慎微。每次北宋使者來訪，李煜都會脫掉天子穿的皇袍，改穿紫袍，還會把皇宮正中屋脊兩頭代表帝王尊嚴的「鴟吻」（殿脊兩端的卷尾龍頭，為中國古代神話傳說中的神獸）拆下來，待宋朝使者走了之後，再不厭其煩地把它裝回去……。而這個舉動的意思就是：「趙大哥，你真的不用來打我啊，我們是一家人，我一定會以您為核心，緊密團結在大宋王朝周圍，保證按時進貢，絕對服從，就讓我們一直這樣愉快地相親相愛吧！」

一個皇帝當成這樣，你說窩不窩囊？

確實窩囊，可人在屋簷下，不得不低頭；如果要打，又打不過人家，能怎麼辦呢？這時期的一首《蝶戀花．遙夜亭皋閒信步》，可以說是恰到好處地展現了李煜內心的千愁萬緒：

遙夜亭皋閒信步，乍過清明，漸覺傷春暮。數點雨聲風約住，朦朧澹月雲來去。
桃李依依春暗度，誰在鞦韆，笑裡輕輕語。一片芳心千萬緒，人間沒個安排處。

這首詞通篇白描，乍看是寫一位月夜無眠、獨自水邊散步的美人在傷春惜時，但其實「人間沒個安排處」說的根本不是什麼佳麗的芳心，而是在表明李煜本人面對江山遲暮而萌生的那份「無可奈何花落去」的惆悵。

在藝術和文學世界中找到自我

——《一斛珠・曉妝初過》

政治上雖然不得志，好在李煜還有熱愛的藝術世界和感情的溫柔鄉。

在南唐，李煜既是一國之君，又是一位才華洋溢的「金牌」詞作家；他的每一首詞都會秒登南唐流行金曲排行榜。除此之外，李煜在書畫音律上無一不造詣高深，是頂級的跨界高手、偶像加實力派的典型代表。

亡國之前，李煜所寫的詞主要圍繞兩個主題：歌舞人生和秀恩愛。比如，他將第一任妻子大周后的嬌憨可愛之態，描摹得如在眼前的《一斛珠・曉妝初過》：

曉妝初過，沉檀輕注些兒個。向人微露丁香顆，一曲清歌，暫引櫻桃破。
羅袖裛殘殷色可，杯深旋被香醪涴。繡牀斜憑嬌無那，爛嚼紅茸，笑向檀郎唾。

這首詞描寫了晨起的大周后梳洗過後，在唇上輕輕塗上些「沉檀」（即古代的口紅），轉頭伸出一點花蕾般的舌尖，對著李煜撒嬌賣萌。而後朱唇輕啟，清歌一曲，那一張一合的嬌潤小嘴猶如一顆綻開的櫻桃。一曲歌畢，又飲酒助興，酒水濺到衣袖上，暈開一片片殷紅。醉意漸濃，大周后柔若無骨地斜倚著華美的繡床，把口中爛嚼的紅線，嬌笑著吐向李煜（「檀郎」指情郎），本詞通篇神情嬌態畢現，傳神之至。

另外，再看其與小周后情愫暗生時的一首《菩薩蠻．蓬萊院閉天臺女》：

蓬萊院閉天臺女，畫堂晝寢人無語。拋枕翠雲光，繡衣聞異香。

潛來珠鎖動，驚覺銀屏夢。臉慢笑盈盈，相看無限情。

此詞寫小周后在如蓬萊仙境般的華美屋宇中午睡，李煜前來看她，四周悄然無聲，只見可愛的姑娘將枕頭拋到了一邊，頭髮烏黑柔亮，繡衣上散發出陣陣馨香。李煜想要走近一些欣賞她睡著的嬌態，但腰間佩戴的玉佩和珍珠卻相撞而發出了響動，驚醒了銀色屏風後的美人。只見她雙眸慢慢睜開，正與俯視的李煜四目相對，笑容隨即浮現在她秀美的臉龐上，二人含情脈脈地深情對望著。詞中所寫只是二人相對的一個片刻，卻可以將小周后的嬌羞嫵媚和李煜的溫柔深情寫得精細明快，生動活潑。

除了男歡女愛，身為文藝青年的李煜在吃喝玩樂、歌舞昇平方面，更是個中好手：

《浣溪沙．紅日已高三丈透》

紅日已高三丈透，金爐次第添香獸，紅錦地衣隨步皺。
佳人舞點金釵溜，酒惡時拈花蕊嗅，別殿遙聞簫鼓奏。

你看，李煜動不動就開派對、玩通宵，都日上三竿了，昨晚的歡宴還沒有散場的意思。宮人們一個個將金爐裡快要燃盡的檀香重新添滿，舞女飛速旋轉的步伐將紅色的錦緞地毯弄得皺起，金釵也從髮髻滑落下來；還有的美人已醉酒不支，拈起花來嗅聞，想要以此解酒，力圖繼續飲宴。最後一句則是說別的宮殿裡也遠遠傳來簫聲和鼓聲……。沒想到，這通宵達旦的歌舞宴樂還不只一處！怎麼會這樣？皇帝不用上班的嗎？

更厲害的是，他還和妻子大周后一起將失傳了兩百多年的盛唐之音《霓裳羽衣曲》，從殘留的樂譜中復原，而該曲從此成了南唐文藝表演的壓軸節目（說實話，這兩位可都是南唐的國寶級藝術家呀）。

《玉樓春．晚妝初了明肌雪》

晚妝初了明肌雪，春殿嬪娥魚貫列。笙簫吹斷水雲閒，重按霓裳歌遍徹。

臨風誰更飄香屑？醉拍闌干情味切。歸時休放燭花紅，待踏馬蹄清夜月。

這首《玉樓春》寫的就是《霓裳羽衣曲》在南唐宮廷演出的華美盛況。明肌似雪、魚貫而列的美豔嬪娥，聲斷水雲、遍徹宮殿的悠揚音樂，隨風飄散、沁人心脾的氤氳暗香，李煜在視覺、聽覺、嗅覺的全方位享受下，醉中忘形，手拍欄杆，好一番風流倜儻、神采俊逸之狀。最後一句「歸時休放燭花紅，待踏馬蹄清夜月」更是雅趣之至，從中我們不難看出，李煜是多麼的擅於「發現美」和「享受美」——偃燭熄火，踏月而歸，好一個春風醉人的夜晚呀！

你看，這人長得帥，品味和生活情趣又高，就連奢侈享樂都不討人厭呢！

卑躬屈膝、奮力掙扎，南唐終究滅國

如果生活就這樣一直在絲竹弦樂、作曲填詞中繼續下去，該多好呢？可是，虎視眈眈的趙匡胤卻以一句「臥榻之側，豈容他人鼾睡」，無情碾壓了李煜的天真幻想，北宋終於要對南唐下手了。面對迫在眉睫的危機，李煜又能怎麼辦呢？除了更加頻繁地進貢之外，更主動降低政治待遇，請求把「唐國主」改成「江南國主」，並將宮殿屋脊上的「鴟吻」永久撤下；曾經被封為王的弟弟們，也全部降級為公……以此變相求饒。

然而，這些求饒怎麼可能打消趙匡胤滅掉諸國、一統天下的宏圖偉略呢？偏偏在這個節骨眼上，愁腸百結、手忙腳亂的李煜又犯了一個致命的錯誤：錯殺忠良，自毀長城。

南唐有一員猛將名為林仁肇，其人不僅武藝高強，且頗有戰術頭腦。他曾在宋朝攻打南漢未歸時向李煜建言，撥給他幾萬精兵，好讓他乘虛而入打過長江，收復曾經屬於南唐的失地；甚至連李煜的退路他都想好了，說等自己出兵後，請李煜把他全家老小抓起來，如此一來，如果趙匡胤興師問罪，就推說是他在造反，與南唐朝廷無關。如果奇襲成功，好處國家拿；如果失敗，李煜可以殺了他全家，把問題全推到他身上。

可惜，如此忠肝義膽之舉，卻把李煜嚇破了膽，再三叮囑林仁肇不可輕舉妄動，否則國家危矣；口頭警告後仍不放心，於是又把他調離了前線。

李煜如此退縮，趙匡胤卻毫不客氣。為了拔掉南唐的這員猛將，他故意對羈留在北宋的李煜之弟李從善道：「你們的大將林仁肇已送來信物，準備投降我們啦！」從善聽完之後，立刻想辦法寫了密信通報李煜。

恰巧當時南唐軍隊內部又有派系鬥爭，幾個能力平庸的大將覺得威望極高的林仁肇是個威脅，於是在李煜面前中傷他，說林肇仁畫地為王、意欲謀反。在這樣內外交攻下，李煜也起了疑心，於是最後派人毒死了林仁肇。

趙匡胤見時機已到，就發出了讓南唐獻土歸順、免於干戈的訊號。李煜是個把「忠孝」看得相當重的人，前面種種委曲求全就是不希望祖宗的江山葬送在自己手上，沒想到對方還是不善罷甘休，於是在退無可退之下，李煜終於決定：「欺人太甚，打就打！我有長江天險，未必輸你！」

但是，李煜萬萬沒想到的是，宋朝居然開創性地搭建出水上浮橋，使得長江天塹變成暢行無阻的大道，讓南唐頓時失去了天然屏障，無險可守。除此之外，林仁肇死後，接手的南唐軍事主帥又是個無能之輩，不僅消極抗敵，對李煜還各種隱瞞欺騙，直到李煜登上城牆才發現宋軍已兵臨城下，為時晚矣。

可是，這一切能只怪李煜嗎？

自己老爹留下的，本就是個爛攤子。從他登基的那一天起，作為一個弱國之君，失敗的命運其實早已註定。他卑躬屈膝過，也奮力掙扎過，卻終究還是亡國了。

李煜北上汴京後，宋太宗趙光義曾問南唐舊臣潘慎修：「李煜果真是一個懦弱無能之輩嗎？」潘慎修答道：「假如他真是無能無識之輩，何以能守國十餘年？」南唐舊臣徐鉉對南唐之亡曾如此評價：「李煜敦厚善良，在兵戈之世，而有厭戰之心。雖孔明在世，也難保社稷，既已躬行仁義，雖亡國又有何愧？」宋人陸游也在《南唐書》中肯定李煜說：「後主天資純孝……專以愛民為急，蠲賦息役，以裕民力。尊事中原，不憚卑屈，境內賴以少安者，十有五年。」意思是，如果不是李煜的各種委曲求全，南唐可能早在十五年前就被滅了。

那麼，在歷史的滔滔進程下，無奈成為亡國之君的李煜，接下來將要面對怎樣的囚徒生活呢？

被俘北上，從此故國夜夜入夢來

《浪淘沙令·簾外雨潺潺》

簾外雨潺潺，春意闌珊。羅衾不耐五更寒。夢裡不知身是客，一晌貪歡。

獨自莫憑欄，無限江山，別時容易見時難。流水落花春去也，天上人間。

汴京的春天，好像比金陵還要更冷一些。

五更夢回，薄薄的羅衾擋不住晨寒的侵襲；簾外，潺潺的春雨敲打著寂寞零落的殘春，更敲打著李煜那顆破碎無助的心，在夢中，他又一次回到了心心念念的故國。

「夢裡不知身是客，一晌貪歡」，只有在夢中才能暫時忘卻身為俘虜的痛苦，享受那片刻的歡愉和放鬆，何其心碎！可是就連這樣的夢境也是可遇不可求，更多時候，即便身在夢中，也是無窮無盡的亡國之恨、徹骨之痛：

故國夢重歸，覺來雙淚垂。……往事已成空，還如一夢中。

（《子夜歌．人生愁恨何能免》）

多少恨，昨夜夢魂中，還似舊時游上苑，車如流水馬如龍。花月正春風。

（《憶江南．多少恨》）

春去秋來，四季流轉，故國夜夜入夢來：

《望江南．閒夢遠》二首

閒夢遠，南國正芳春。船上管弦江面淥，滿城飛絮輥輕塵。忙殺看花人。

閒夢遠，南國正清秋。千里江山寒色暮，蘆花深處泊孤舟，笛在月明樓。

春天，他想起春滿金陵時，那碧水如藍的秦淮河、管弦飛揚的遊舫、柳絮飄舞的城池，熙熙攘攘看花的人群；秋天，他眼前又浮現出清冷遼闊的千里江山、蘆花深處橫斜的孤舟，彷彿還能聽見秋月當空下，高樓上傳來的悠揚笛聲……。

夢中已然如此，醒著又是何等光景呢？

《相見歡．無言獨上西樓》

無言獨上西樓，月如鉤。寂寞梧桐深院鎖清秋。

剪不斷，理還亂，是離愁。別是一般滋味在心頭。

梧桐深秋，缺月如鉤，離愁別恨向誰訴？獨上西樓，無言之哀，更勝涕淚交加。

《浪淘沙・往事只堪哀》

往事只堪哀，對景難排。秋風庭院蘚侵階。一任珠簾閒不卷，終日誰來。
金鎖已沉埋，壯氣蒿萊。晚涼天淨月華開。想得玉樓瑤殿影，空照秦淮。

曾經無限榮光的帝王，如今被囚禁在小小的庭院，臺階上已爬滿苔蘚，門簾也不必捲起，因為也不可能會有人前來探望；過往的富貴與繁華都已煙消雲散，秦淮河邊的舊時宮苑，想必此時正被澄澈的秋月投影在水面上。一切如舊，可惜再也不見曾經主人的身影……。

夢中縈懷，醒時難忘，對李煜來說，漫漫餘生只剩一個主題：懷念故國、無盡鄉愁。感性的人總是如此容易沉溺於過往，然而往昔越美好，今朝就越痛苦。

然而，夢境總會醒來、回憶總有盡頭，只要還活著，這殘酷無奈的世界就依然需要面對。

將苦悶痛苦寄託於詞——《虞美人・春花秋月何時了》

中國青年歷史學者當年明月曾說，人生最大的痛苦不是一無所有，而是擁有一切後再失去。一朝從帝王之尊淪為階下囚，李煜的世界從此和歡樂絕緣。

李煜從前日日奢侈享樂，到了北宋卻一度經濟拮据。當初金陵城破之時，北宋的將領還算厚道，曾提醒李煜在宮內財物尚未造冊充公前，他可以隨意取拿，打包進北上的行李箱中。可惜李煜當時沉浸在亡國的巨大悲苦中，根本無心收拾金銀細軟，到了北宋後，成了所有投降小朝廷裡最窮的一個。

縱使如此，多情的李煜仍不忘照顧自己的老部下。當有舊臣來訪，實在沒什麼可送了，他便將自己日常用的一個白金臉盆贈與舊臣。可恨的是，此人非但沒有感激，還到處宣揚李煜小氣。落難的鳳凰不如雞。世態炎涼，莫過如此。

而一生的死敵趙匡胤雖未誅殺李煜，卻也諷刺地給他戴上了一頂「違命侯」的帽子，戲謔他曾揚言殉國、拒不投降，到最後還不是成了大宋的俘虜！至於後來登上皇位的趙光義，則更是個卑劣小人。他曾故意帶李煜去參觀北宋圖書館，假作關心：「這裡面不少書畫皆從南唐而來，都是你曾經心愛的寶貝啊，不知道來了汴京後，你還讀不讀書？」

亡國的傷疤就這樣被無情地揭開，李煜痛苦到一句話也說不出。如果只有這般羞辱也就罷了，這位無恥的趙光義還將目光瞄向了李煜國色天香的妻子小周后：「你不是天天想著你的江南故國嗎？我不僅滅你的國，還要辱你的妻。我要從精神上徹底摧毀你，讓你臣服在我的腳下！」

這是怎樣的奇恥大辱，江山已經盡失，如今連最心愛的人也不能保其周全，活著已經比死更痛苦。然而對於弱者，命運往往就是如此的殘酷：

《相見歡．林花謝了春紅》

林花謝了春紅，太匆匆。無奈朝來寒雨，晚來風。
胭脂淚，留人醉，幾時重。自是人生長恨，水長東。

林花在朝雨暮風的摧殘下，匆匆凋零，飄落遍地的紅花，被雨水打溼，猶如美人雙頰上的胭脂在和著淚水流淌。花兒和惜花之人相互留戀，如醉如癡，什麼時候才能再重逢呢？人生的遺憾總是太多，就像那江水不休不止，滾滾東逝。

是啊！人生錯位，故國永別，到如今唯餘綿綿不盡的恥辱與愁怨，何苦還要留在這人世間？

西元九七八年的七夕，李煜四十一歲生日。註定永遠無法走出亡國之痛的他，提筆寫下了一首古往今來觸動無數人心的千古絕唱：

《虞美人・春花秋月何時了》

春花秋月何時了？往事知多少。小樓昨夜又東風，故國不堪回首月明中。
雕欄玉砌應猶在，只是朱顏改。問君能有幾多愁？恰似一江春水向東流。

春花年年開放，秋月年年皎潔，時光無窮無盡，往事歷歷在目。小樓昨夜又有東風吹拂，登樓望月忍不住回思故國。金陵城裡那雕刻精美的欄杆、玉石砌成的臺階應該還都在吧！只不過裡面住的人已經更換。要問心中的愁恨有多少，大概就像東流的春水一樣滾滾滔滔，無窮無盡。

在歌者如泣如訴的演唱中，李煜閉上眼睛，彷彿又回到了故國華美的宮殿。眼前是「澹澹衫兒薄薄羅，輕顰雙黛螺」的大周后娥皇綽約多姿、翩翩起舞；回首是「剗襪步香階，手提金縷鞋」的小周后含羞帶怯、盈盈而來；殿內是「春殿嬪娥魚貫列」的明媚；殿外是「車如流水馬如龍」的繁華……。

就這樣吧！讓生命就終結在這一刻吧！李煜微笑著端起趙光義賜的毒酒，一飲而盡：「謝謝你趙光義，從此我再也不用沉浸在那錐心噬骨、無邊無際的痛苦中了。但願長醉不復醒。」

千古詞帝的淒涼落幕

一個亡國之君的人生，就這樣淒涼落幕了；但一個千古詞帝，卻在這一刻獲得了永生。

在現實中失去了三千里地山河的李煜，卻在詞的世界裡縱橫馳騁，贏得了更為廣闊的疆土。他的詞簡潔、乾淨、極少用典，如清水芙蓉，不事雕琢，語言白淺，卻含意深沉。中國歷史學者王國維說：「詞至李後主而眼界始大，感慨遂深，遂變伶工之詞而為士大夫之詞。」

沒錯，詞在李煜之前是「花前月下，歌館宴樂」，而在李煜之後則是「家國萬事，皆可入詞」。

上承花間❶，下啟兩宋。可以說沒有李煜，就沒有後來的宋詞。宋朝開國帝王趙氏兄弟何曾想到，他們亡了李煜的國，李煜卻用詞征服了整個宋朝！在文化的國度裡，李煜將永保一個王者的光芒和榮耀——「詞中之帝，當之無愧色！」

李煜的故事，至此結束了。

他的人生誠然是一齣錯位的悲劇，一個一派天真的人，卻偏偏負擔了國家興亡的社稷之重。然而可貴的是，他見識過人世間最複雜陰暗的權謀爭鬥，也經歷了帝王到囚徒的人生長恨，卻始終如一，不改純真本色——富貴時，盡情歌唱繁華絢爛；愁苦時，句句血淚道盡淒涼。提筆落墨，無一字不真。

被俘汴京，身為囚徒，李煜卻從未發出過「此間樂，不思蜀」的諂媚之語。沒錯，

---

❶ 意指《花間集》，是中國文學史上一部最早、規模最大的晚唐五代文人詞的總集，由後蜀貴族子弟趙崇祚所選編。

江山可以被霸占、身體可以被囚禁，但靈魂從未被征服！

風可以吹起一張白紙，卻無法吹走一隻蝴蝶，因為生命的力量在於不順從。李煜就是這樣一個矛盾體，讓你覺得他既懦弱又勇敢，既可憐又可敬。他不是一個好皇帝，但你又怎能不承認他是一個純真美好的人？更為難得的是，他以字字泣血的亡國之殤，道出了每個尋常人生命中都會有的悲歡離合。

千古之後，當我們依依別離時，心頭依然會浮現出「離恨恰如春草，更行更遠還生」；在某個黯然神傷的時刻，我們或許會寫下「剪不斷，理還亂，是離愁，別是一般滋味在心頭」；每當孤獨與惆悵來臨，我們也會禁不住吟唱「問君能有幾多愁，恰似一江春水向東流」……。

是的，只要人間還在上演著世事的繁華與幻滅，李煜的詞就將永遠流傳下去。失去了一世的江山，卻慰藉了萬世的人心。李煜，你是另一種意義的勝利者。

周公子每期一問

李後主，你的人生太難了……
是啊，你們現代人如果不喜歡自己的工作，還可以跳槽。
但是我作為一國之君，是不能換工作的啊……
看來，別人是找錯了工作，你是投錯了胎啊……

范仲淹

如果宋朝有完人，
他就叫這個名字

從小立志「不為良相，則為良醫」

明朝洪武年間，蘇州人范文從在朝為御史，因敢言直諫得罪朱元璋而下獄，問成死罪。後來朱元璋翻閱案卷，看到其姓名和籍貫，心中一動召其問之：「你該不會是范仲淹之後吧？」范文從回答：「我是范仲淹的十二世孫。」

朱元璋聽完，默然無語，於錦帛上手書「先天下之憂而憂，後天下之樂而樂」賜予范文從，並御口承諾免其五次死罪。

同樣是明代，有個名叫范希榮的商人，販貨途中遇強盜劫財。強人頭目見其處亂不驚，舉止不俗，於是隨口發問：「你是讀書人？」

范希榮答：「是，我乃范仲淹後人。」

強盜嘆曰：「原來是忠良之後，不可害之。」於是呼嘯退去，不傷范希榮分毫。

這兩個故事都載於明代古籍中。故事的主角們，都因是范仲淹之後而免災去禍。

那麼，宋人范仲淹究竟取得了何等經天緯地的功業道德，以致在故去三百多年後，仍能庇佑子孫後代至如此？欲答此問，得從北宋天禧元年（一〇一七年）說起。

這一年，一位名叫朱說、時年二十九歲的地方節度推官上表朝廷，申請改名換姓、認祖歸宗。自此，歷史上少了一個叫朱說的普通人，多了一個名垂青史、流芳百世的赫赫大名——范仲淹。

至於范仲淹人生的前半場為何姓朱名說，則又要從西元九八九年說起。

這年的某個燦爛秋日，范仲淹呱呱墜地，降生於一個祖籍蘇州的基層官宦之家。可惜，時運不濟，方至兩歲，其父便撒手西去。其母因身為妾侍，不為正室與家族所容，兩年後，貧無所依，遂攜四歲的范仲淹，改嫁時任蘇州平江府推官的山東人氏朱文翰。因此，范仲淹直到二十九歲都隨繼父之姓，名為朱說。

由此可見，童年的范仲淹是不幸的，孩童之時親生父親過世；但同時他也是幸運的，繼父朱文翰為人寬厚，待其視如己出，「既加養育，復勤訓導」，為其成長提供了溫馨有愛的家庭環境。范仲淹也不負繼父所望，早早便立下了「不為良相，則為良醫」的人生志向，自幼勤學苦讀。

刻苦至極的求學過程

據北宋人魏泰在《東軒筆錄》中記載，范仲淹年少時，曾寄宿在繼父老家山東長山縣的醴泉寺讀書，而當時他的求學條件是這樣的：

惟煮粟米二升，作粥一器，經宿遂凝，以刀畫為四塊，早晚取二塊，斷齏數十莖，酢汁半盂，入少鹽，暖而啖之，如此者三年。

意思是說在校期間，范仲淹每日煮粥一份，待粥冷卻凝固後，以刀劃為四塊，早晚各取兩塊，撒點齏（搗碎的薑、蒜、韭菜等）和鹽調味，即為一天之飲食。而這便是「斷齏畫粥」的典故，與「鑿壁偷光」、「懸梁刺股」、「囊螢夜讀」一樣，都是貧而好學的代名詞。

成年之後，知曉身世的范仲淹決意自立門戶，遠走應天府（今河南商丘）求學，苦讀更甚。

公處南都學舍，晝夜苦學，五年未嘗解衣就枕。夜或昏怠，輒以水沃面，往往饘粥不充，日昃始食。同舍生或饋珍膳，皆拒不授。

無數先賢的故事告訴我們，優秀的人往往從小就不一般。范仲淹也不例外，他在青年時期即頻頻顯現過人之處，例如，在應天府讀書時，某個家境殷實的同學見他生活拮据，頓頓吃粥，便以珍饈美饌相贈。沒想到過幾天之後，卻發現飯菜絲毫未動，已然發霉，頓時大為不解：「好意改善你的伙食，為什麼還不領情，兄弟你什麼意思啊？」范仲淹聽罷先行致歉，而後解釋如下：「同窗美意，不勝感激。但我一向艱苦慣了，今日若吃了這豐餐佳餚，往後還如何忍受得了頓頓白粥？所謂『由儉入奢易，由奢入儉難』啊！」這位同學聽完之後，感佩不已。

又如在應天府求學的第四年，當地發生了一件千載難逢、鑼鼓喧天的大事件——宋真宗親臨應天府，拜謁趙家祖廟。

整個應天府沸騰了。大家扶老攜幼，傾城而出，爭睹天子風采。此時此刻，只有一個人例外，那就是范仲淹。但見他波瀾不驚，獨守書院，兩耳不聞窗外事，一心唯讀聖賢書。同學們紛紛表示不解：「天啊！能親眼見到當今聖上，這是什麼難得機會，大哥你是怎麼坐得住的？」

對此，范仲淹頭也不抬，淡然回答：「如學無所成，見到皇帝又如何？書念好了，將來自有機會常見。」

你看，年紀輕輕就有此等見識、此等定力，也難怪他與一眾同學共訪回應天府探親的朝廷大員姜遵時，姜遵對其他人都不甚在意，唯獨留下范仲淹設宴款待，敘談良久。更對他的夫人斷言道：「朱學究年雖少，奇士也，他日不唯為顯官，當立盛名於世。」

這段話可說是完美地預測了范仲淹日後出將入相的仕途成就，以及「先天下之憂而憂，後天下之樂而樂」的人格高度。姜遵不愧是「老江湖」，識貨，太識貨了！

就這樣，五年南都求學，范仲淹晝夜誦讀，自刻益苦，終於大通六經之旨，於二十六歲進京赴考，一舉登科。

名臣之路，就此開啟。

直言不諱，勇於批判針貶

步入仕途後，范仲淹在基層一做就是十幾年。直到三十九歲，才在晏殊舉薦下入京為官，榮升秘閣校理。

人到中年才好不容易進入中央，換成一般人肯定要如履薄冰，小心經營，以期百尺竿頭，更進一步。但范仲淹卻甫一上崗，就放出超級大招，做出一件把舉薦人晏殊嚇得心驚肉跳的生猛之事。

事情是這樣的：天聖七年（一〇二九年），十九歲的宋仁宗（狸貓換太子的那位）打算在當年的十一月率領文武百官於會慶殿為其母劉太后祝壽。此時，仁宗繼位已有七、八年，但朝政依然掌握在垂簾聽政的劉太后手中，且毫無放權之意。

皇帝都成年了，還不還政於帝，本身就很政治不正確；過個生日還要文武百官朝拜，那更是於理不合。大臣們人人都知此事不妥，可是太后大權在握，活動又是皇帝主動親自去張羅，誰敢多嘴？

沒想到，還真的有人敢——得知此事後，人微言輕、且非諫官之職的范仲淹立即上疏抗議，其言辭之犀利：

天子有事親之道，無為臣之禮，有南面之位，無北面之儀。若奉親於內，以行家人禮可也。今顧與百官同列，虧君體，損主威，不可為後世法。

皇帝想要為母祝壽，以盡孝道，這無可厚非，可以安排在後宮內廷，那就純屬家事，那麼，只要你們母子倆開心，要如何大張旗鼓的舉辦都沒問題。但如果要帶著文武百官朝堂跪拜，那就成了國事。天子乃天下至尊，豈可向他人行此「虧君體，損主威」之禮，這既不符合祖宗之法，也會給後世留下錯誤示範，絕對不可以這麼做！

這封奏疏一上，人人都為范仲淹捏一把汗，晏殊更是心急如焚地將他拎到一邊，怒氣沖沖地臭罵他一頓：「希文啊希文（范仲淹字希文），你又不是諫官，輪得到你開口嗎？誰都知道這件事不合適，為什麼其他人不說？因為說了也沒用啊！結果就你愛逞英雄，平地一聲驚雷，揚名立萬、風頭出盡。可你為我想過嗎？好意提拔你來京城，結果你一上來就在太歲頭上動土，這不是在害我嗎？」

晏殊之所以如此受驚加火大，一是因為三年前他曾反對太后提拔個人親信為樞密使，結果因此慘遭貶謫，他不想范仲淹重蹈覆轍；二來按照宋朝律法，大臣舉薦的人才如果犯了錯，推薦人須負連帶責任，也要跟著一起受罰。

由此可見，晏殊在舉薦范仲淹時，顯然身家背景調查做得不夠到位。因為按照范仲淹以前在地方為官的一貫風格來看，他上這麼一本奏疏實在不奇怪，不上才奇怪呢！不信，讓我們一起來回顧下范仲淹進京前的光榮履歷。

身在地方基層，心繫朝堂大局

進士及第後，范仲淹初入官場，任職廣德司理參軍，相當於地方上的基層司法官員，負責決獄斷刑，官小而任重。在職期間，他堅守原則，秉公執法，時常「引囚訪問，貴得其情」，為當地民眾平反了不少冤假錯案。不過由於他太認真，導致諸多陳年舊案都要推倒重來，引得太守數次盛怒，對其大發雷霆（試想，舊案翻新，不就是在打太守的臉嘛）。

面對這種情況，如果是一般人，可能覺得「人在屋簷下，不得不低頭」，就屈服了。但范仲淹不一樣，不僅與太守據理力爭、毫不退讓，還將爭辯內容記錄在宿舍屏風上；待期滿去職時，屏風已被書寫得密密麻麻。

此後，范仲淹又於江蘇泰州任鹽倉監官，發現當地始建於唐代的捍海大堤年久失修，每逢海潮來襲，摧毀房田無數。久而久之，導致原野荒蕪，民不聊生。面對此番局面，一般的鹽官或許會大嘆倒楣，抽到這種下下籤，還怎麼達成績效？稍有良心的，也不過搖頭加嘆息，來一句「可惜可惜」，畢竟，區區一個基層鹽官，又能改變什麼呢？

可我們先憂後樂的老范依然不一樣。見此情景，他心憂如焚，苦思對策，最後直接跨層級、跨部門向省級大員提出了重修捍海大提的建議（其實這完全不在他的職責範圍內）！獲得批准之後，又在經費極少、人工短缺、後勤不足的困境中拉開工程序幕，中間還因極端天氣，發生了一場損失不小的工安事故，引發流言蜚語無數。但范仲淹意志堅定，不為所動，最終克服千難萬險，歷時三年，建起一條長達一百四十多里的捍海堰（後世稱為「范公堤」），讓當地重現土地肥沃、物產豐饒的舊時風貌。

除卻事功卓著，更為難得的是，范仲淹雖身在地方，卻始終心繫朝堂大局，從宏觀角度考慮著整個大宋王朝的國計民生。

天聖三年（一〇二五年），時任興化縣令的范仲淹作《奏上時務書》，直接上書太后和皇帝兩宮，提出富國強兵的改革策略。一般基層官員的日常所想，不外乎是怎麼做好分內工作、多賺點年終獎金、幫老婆買幾件首飾、為孩子多報幾個補習班吧？可人家范仲淹還只是個區區縣令，就已經胸懷天下，操起了宰相的心！由此可見，人與人之間的差異，首先體現在「思想」和「格局」上。

除此之外，范仲淹的母親去世時，即便他丁憂（去官守孝）在家，依然是「不以一心之戚，而忘天下之憂」，以無官之身向當朝宰相上萬言長文《上執政書》，提出「固邦本、厚民力、重名器、備戎狄、杜奸雄、明國聽」的六項治國安邦之策，轟動朝野。

范仲淹的大粉絲蘇東坡曾評價此書曰：「（范公）為萬言書以遺宰相，天下傳誦。至用為將，擢為執政，考其平生所為，無出此書者。」

所謂「觀大節必於細事，觀立朝必於平日」，一個在地方為官時，就具備宰相的政治視野和戰略高度，頻頻向皇帝和宰相上書呼籲國政改革的人，面對百官為太后祝壽這等違禮之事，他若不站出來，誰又會站出來呢？

不畏權勢，直諫太后還政於帝

因反對百官賀壽，被晏殊斥責為「輕狂躁進、貪圖虛名」之後，范仲淹不卑不亢，回家立刻寫了一封信給晏殊，推心置腹，以明己志。其中幾句正氣浩然、擲地有聲，頗可顯露范公「寧鳴而死，不默而生」的襟懷氣度，特錄如下：

某天拙之效，不以富貴屈其身，不以貧賤移其心。倘進用於時，必有甚於今者，庶幾報公之清舉。如求少言少過自全之士，則滔滔乎天下皆是，何必某之舉也！

意思是說我范仲淹自從蒙您提拔，一心想要為國盡忠，以不辜負您的知遇之恩。可萬萬沒想到，今日竟因忠言直諫而得罪於您。如果您喜歡遇事緘默不語、只求自保的庸碌之士，這種人隨便一抓就是一大把，又何必舉薦我呢？

好一番「為國諫諍、舍我其誰」的忠勇之氣，對比明哲保身的晏殊，高下立判。

正所謂「儒者報國，以言為先」。此事之後，范仲淹乾脆再度上疏，打開天窗說亮話，直接要求太后速速還政：

陛下擁扶聖躬，聽斷大政，日月持久。今上皇帝春秋已盛，睿哲明發，握乾綱而歸坤紐，非黃裳之吉象也。豈若保慶壽於長樂，卷收大權，還上真主，以享天下之養！

翻譯成大白話就是您老人家掌權太久了，也該交接給皇帝了。以後跳跳廣場舞、練練健身操，做個安享清福的退休老太太就行了！

此篇猛奏一出，不僅晏殊嚇到趴下，連仁宗皇帝也驚得合不攏嘴：「天啊！這話連朕都不敢說啊！」畢竟，太后輔政近十年來，這是第一次有人敢於上疏言及還政。後來，范仲淹因此事官轉外地，但他依然上疏太后，要求還政、還政、還政！——此所謂「三軍可奪帥也，匹夫不可奪志也」。

讀到這裡，部分老謀深算、精通官場厚黑學的讀者，可能要說：「范仲淹死抓著太后還政這事不放，不會是看準了仁宗想親政，以此搞政治投機，間接獻媚皇帝吧？」不不不，事情不是這樣的。

後來太后去世，終於擺脫傀儡身分的仁宗，計畫清算之前的太后派人馬，於是從前阿諛奉承太后者個個倒戈，爭相到皇帝面前爆太后黑料，以期站對邊，博取皇帝的好感。此時，又獨有范仲淹頂著人格高光，逆向操作，語重心長勸誡皇帝：「太后輔政是受先帝所托，並非師出無名。十多年裡，對您也多有扶持保護之功，後雖有戀權不退之嫌，但也不能因此一處，就抹掉人家所有恩德。再者，保全太后之聲譽，就是保全聖上和朝廷的聲譽，萬望三思……」這一番入情入理之話，引得仁宗幡然悔悟，進而避免了一場不必要的政治風波。

對范仲淹來說，其於官場上的一切進退行止，考慮的均非個人得失，而是一心為公，志在報國。如果各位讀者還是不信，那我就繼續來說說范仲淹其他的忠貞事蹟。

始於范仲淹的宋朝忠義之風

在忠言直諫的路上，除了力勸太后還政，范仲淹還有另一項光榮戰績，那就是勇上《百官圖》。

事情是這樣的，在太后還政風波中，范仲淹的「膽大包天」給當時的宰相呂夷簡留下了難以抹滅的深刻印象。他高居相位多年，見不得光的事情可多著了，有了范仲淹這麼一個什麼都敢說的問題人物在京城，可謂心腹大患。

「嗯，必須得讓這個不知天高地厚的小京官一點顏色瞧瞧才行。」於是，呂夷簡先托人暗示范仲淹：「范大人啊，您現在是侍從官，以後就不必操心諫官該做的那些事了。」言外之意就是做好本職分內工作，管好你的嘴。

范仲淹聽罷，朗然一笑，說：「討論朝廷事務，正是侍從官的分內之事，您放心，在下定當知無不言，言無不盡！」

呂夷簡表示，呵呵，如此不上道，那就別怪我玩陰的了。於是他轉頭就讓范仲淹升職加薪，調任他為「首都市長」（開封知府）。

咦？這算什麼陰謀？不小心弄錯了吧？

非也非也。呂夷簡此招，意圖有三：其一，提拔了范仲淹，可博愛才重才之名，撇清打擊異己之嫌；其二，首都市長事務繁重，可令范仲淹焦頭爛額、無暇他顧；其三，事多必亂，亂易生錯，一旦范仲淹工作稍有差池，則可借機將其排擠出京。

好個一石三鳥之計！高招，實在是太高招了。

按理說，這計策可說是十拿九穩，最好的情況是可以讓老范滾出京城，大不了也能讓他暫時閉嘴。怎麼看，都是穩賺不賠的好生意。只可惜，他遇到了神一樣的范仲淹——但見我們老范走馬上任後，憑藉過人的政務能力，短短幾個月就令京城面貌一新，政通人和，男女老少齊聲讚：「朝廷無憂有范君，京城無事有希文！」

而且，在此基礎上，范仲淹還順手把朝廷百官的底細摸了個透徹，向仁宗上呈《百官圖》，將哪些官員是正常升遷、哪些官員是走了宰相向呂夷簡後門，花錢買官、破格提拔，分門別類，一一標注。最後，居然連新宰相都替仁宗物色好了，建議以「素有仁心，寬懷大度」的韓億取代呂夷簡。

范仲淹真是絕了，如此風輕雲淡地以一人之力，華麗麗地單挑了一個樹大根深、羽翼眾多的佞臣集團，氣得呂夷簡一口老血噴出三丈遠。這反殺力度，就問你服不服？

雖然此事的最終結果是呂夷簡以「越職言事，薦引朋黨❷，離間君臣」為由，將范仲淹貶官出京，但經此一役，老范取得的是人心和道義的勝利，不信來看當時朝中諸多有識之士的反應：

先是集賢校理余靖大步出列，上疏皇帝：「范仲淹說得不對嗎，為什麼不聽？不聽也罷了，怎麼還貶人家的官，這算什麼仁政？」館閣校勘尹洙緊隨其後：「既然說范仲淹『薦引朋黨』，那我就是他的同黨，要貶連我一起貶！」

嘲諷高手歐陽脩也高調加入范氏戰隊，以筆為刀，刀刀致命，將因附會呂夷簡而對范仲淹遭貶冷嘲熱諷的諫官高若納，罵到遺臭萬年。

北宋書法四大家之一的蔡襄也沒閒著，寫了首《四賢一不肖》詩，將范仲淹、余靖、尹洙、歐陽脩贊為大宋脊樑，斥高若訥為鼠輩小人。詩稿一出，瞬間廣為傳誦、洛陽紙貴，乃至被遼使帶回北國，傳之域外。

以上，誠如南宋朱熹所言：「宋朝忠義之風，卻是自范文正作成起來也。」《宋史》亦評價范仲淹曰：「每感激論天下事，奮不顧身，一時士大夫矯厲尚風節，自仲淹倡之。」

作為「先憂後樂」的一代名臣，我們老范對大宋王朝的貢獻可遠不止此，因為人家不僅文能提筆安天下，武也可縱馬邊疆，沙場秋點兵！

金玉其外，敗絮其內的北宋

先來介紹一下時代背景。一〇三八年，西北邊境黨項族建立西夏國，從此頻頻進犯大宋。一〇四〇年，西夏再次大舉侵宋。承平日久、兵不習戰的宋軍毫無招架之力，以

❷ 泛指士大夫結成利益集團，相互鬥爭。

致將亡地失，全軍覆沒，史稱「三川口之敗」。

消息傳來，朝野震驚。

震驚之餘，大家卻通通把目光投向了范仲淹——因為十五年前，他在《奏上時務書》中，就曾向太后和仁宗極力強調國家武備過於鬆弛，應居安思危，「防之於未萌，治之於未亂」，還借唐代「安史之亂」示警當下：

唐明皇之時，太平日久，人不知戰，國不慮危，大寇犯關，勢如瓦解。

更一針見血地指出，大宋與邊境少數民族的關係，必有變數：

古來和好，鮮克始終。

一年後，老范又在寫給宰相的《上執政書》中，再次對邊防問題做了深刻分析，認為「沿邊諸將，不謀方略，不練士卒，結援弭謗，固祿求寵」，以致「中原益困，四夷益驕」，並以拳拳之心，為朝廷獻計獻策：

備戎狄者，在乎育將材，實邊郡，使夷不亂華也。

可惜，人們總是不見棺材不落淚。當年老范這些先見之明，並未引起多大重視，待西夏打了過來，大家才驀然發覺，「哎呀，都被范仲淹說中了！」那還等什麼，你這麼有能耐，西北邊境靠你了，快去給我們大宋給打回來吧！

就這樣，年逾五十歲，身為一介文官，帶兵經驗值為零的范仲淹臨危上陣，遠赴邊疆，擔起了保家衛國的重任。那麼，當時的西北邊境，攤子爛到什麼程度呢？隨便舉個例子，讓大家感受一下。

三川口之敗後，軍事重鎮延州暴露於兩軍前沿，被派去擔任知州的官員嚇得半死不敢上任，一會兒說自己體弱多病、素不知兵，一會兒說家中尚有八十歲老母需要贍養……，總而言之一句話：「這擺明是個坑，我才不跳呢！」

見此情景，又是我們老范知難而上，為國去憂，主動要求兼管延州！這般操守境界，真可謂天壤之別。

然而想要退敵救國，僅靠操守境界高是不行的，還必須有與之匹配的硬實力。

當時關於對西夏的作戰策略，朝中無外乎兩種態度：一是主戰派，主張「必行進討，以期平定」；另一是防守派，認為應「來則禦之，去則勿逐」。然而在范仲淹眼裡，以上兩種方案都是頭腦簡單、脫離實際的迂腐之見：「呵呵，戰？說得容易，我們軍備鬆弛幾十年，戰鬥力低到負值，拿什麼戰？呵呵，守？兵士不練，將領不勇，城池不修，你想守就能守得住？」

看到這裡，你們肯定要問了：那究竟應該怎麼辦？老范您快告訴我們！別急，對邊境狀況做了詳細走訪調查後，范仲淹給出的答案是：

以和好為權宜，以戰守為實事。

具體作法是：

為今之計，莫若且嚴邊城，使之久可守。實關內，使無虛可乘。……若寇至，使邊城清野，不與大戰，關中稍實，豈敢深入！……二三年間，彼自困弱……此朝廷上策也。

國家用攻，則宜取其近，而兵勢不危；用守，則必圖其久，而民力不匱。

賊大至則守，小至則擊，有間則攻，方可就近以擾之，出奇以討之。

意思是說，表面要向西夏展現談和誠意，背地則須抓緊時間選兵練將、嚴肅軍紀、修建城寨、營田積穀……，待具備一定的防禦能力後，再伺機而動，突襲淺攻，逐步搶占軍事要點，如此一來，對方無機可乘，自會罷兵談和。

看看，什麼叫「具體問題，具體分析」，這就是啊！而且，令人拍案叫絕的是，范仲淹還在對敵實戰中，摸索出一套機動靈活的「遊擊戰術」：

銳則避之，困則擾之。夜則驚之，去則躡之。

是不是聽起來有點耳熟？一九二七年，井岡山革命鬥爭時期，毛澤東提出了遊擊戰術「十六字訣」：敵進我退，敵駐我擾，敵疲我打，敵退我追。誠可謂英雄所見略同也！

就這樣，在范仲淹「積極防禦，攻守兼備」的對敵戰略下，三年後，心力交瘁、國疲民乏的西夏主動求和，簽訂盟約。邊疆危機，就此暫除。

看到這，你以為老范終於可以休息了嗎？沒那麼容易！外患雖除，尚有內憂——風光一時的「慶曆新政」，即將登場。

力圖富國強兵的「慶曆新政」

慶曆新政前，趙宋開國已八十年，遠看是枝繁葉茂、欣欣向榮，但骨子裡其實已百病潛生：

今四夷已動，百姓已困，倉庫已虛，兵旅已驕，國家安危，實未可保。

於是，慶曆三年（一〇四三年），親政十載的仁宗決意發起改革，而領導改革的最佳人選，則莫過於十幾年前就上書呼籲國事更張，如今更以道德、文章、功績成為人臣楷模的范仲淹。

就這樣，風塵僕僕從邊塞趕回京城的老范，還沒來得及卸下一身的風霜，就在仁宗的殷殷目光中，上呈了著名的新政綱領《答手詔條陳十事疏》，提出了振聾發聵的改革宣言：

我國家革五代之亂，富有四海，垂八十年。綱紀制度，日削月侵，官壅於下，民困於外。夷狄驕盛，寇盜橫熾，不可不更張以救之。然則欲正其末，必端其本，欲清其流，必澄其源。

所謂「欲正其末，必端其本，欲清其流，必澄其源」，也就是說，范仲淹決意把改革的重點，放在最難啃的一塊骨頭上——即整頓官僚體制。

老范這麼做是有充足理由的。北宋官員的升遷制度只論年資，不分愚賢、不計功過，其初衷是為了人事公平，防範任人唯親。然而久而久之，卻導致各級官員不求有功，但求無過，混吃等死熬資歷：

天下官吏，明賢者絕少，愚暗者至多。民訟不能辯，吏奸不能防。才與不才，一途並進。故能政者十無二三，謬政者十有七八。

除此之外，宋朝的官員任用，還有恩蔭福利，也就是高階官員每逢皇帝生日、大禮祭祀或自身退休、去世時，均可薦舉其家族子弟跳過科舉選拔，直接擔任官職。一個學士以上的官員，經過二十年，一家兄弟子孫出任京官者可多達二十人，可謂「一人得道，雞犬升天」。宋朝冗官之弊，多由於此。

以上兩項制度一合併，宋代官僚體制的大致樣貌，也就不難想像了——人多、能力差，相當於國家花錢養著一群酒囊飯袋。於是，改革伊始，老范就對症下藥：一曰「明黜陟」——以後官員升遷不再只論年資，還要看政績，對有大功勞者，可破格提拔；二曰「抑僥倖」——限制高官的恩蔭特權，大幅縮減恩蔭人數及頻次；三曰「擇官長」——由朝廷特派員檢查地方官員政績，提拔能吏，罷免不才。……

可惜，改革的目標是美好的，可實行起來卻是相當得罪人的，因為每一條政策都會砸掉無數庸才的飯碗。於是，接下來的劇情，我想各位用腳趾頭想，也能猜得到：利益受到侵害的守舊官僚迅速拉幫節派，對革新派展開殊死反擊。而面對毫無汙點的范仲淹，他們也只能把「朋黨」的大帽子再次拿出來，硬是扣在老范頭上，汙其「朋比為奸、結黨營私」，因為這是封建皇權制度下，陷害忠臣最好用的辦法，只要用這招，皇帝絕對會降罪。

然而，對於守舊派的險惡伎倆，革新派隊員歐陽脩洞若觀火，看得清清楚楚：

自古小人讒害忠賢，其識不遠。欲廣陷良善，則不過指為朋黨；欲搖動大臣，則必須誣以專權。其何故也？夫去一善人，而眾善人尚在，未為小人之利，欲盡去之，……則善人少過，難為一二求瑕，惟指以朋黨，則可一時盡逐。至如大臣已被知遇而蒙信任者，則不可以他事動搖，惟有專權是人主之所惡，故須此說方可傾之。

可惜宋仁宗管不了那麼多，為了防止皇權有失，其寧可自毀改革，也不要所謂的「朋黨」威脅，最終，將范仲淹貶官出京。

就這樣，慶曆新政，就此功虧一簣。

穿越到北宋的現代經濟學家？

嘔心瀝血，為國改革，卻被仁宗猜忌貶斥；但即便如此，范仲淹依然不改其「先憂後樂」之志。在地方上，他每到一處都多有善政。尤其杭州任上，其所展現出的超越時代的傑出經濟才能，頗值一提。

皇祐元年（一〇四九年），杭州大旱，米價暴漲，一些家庭甚至要靠賣兒賣女度日，災情之重，受災百姓之多，史所罕見。而范仲淹就是在此番背景下，由鄧州轉任杭州——我們老范真是「以天下為己任」，哪裡有需要就往哪裡去！

邊境退敵、朝堂改革，都難不倒我們老范，地方救災當然更不在話下。沒錯，走馬上任後，范仲淹就火速提出三項救災策略：一是抬高糧食收購價，吸引江浙一帶的糧商爭先恐後販米至杭州，使城內米倉充實，價格回落。

二是以工代賑，實現生產自救。以饑荒年月勞動力價格低廉為由，說服杭州積財甚厚的各大寺院廣興土木，擴建廟宇。政府亦招募民工修建糧倉、官舍，如此，解決了不少災民就業問題，還解決了溫飽問題。三是刺激消費，發展第三產業。他組織富商大賈來到西湖競渡賽龍舟，還親往觀陣，吶喊助威。一時間吸引觀者無數，民眾們紛紛藉此在湖邊擺攤，引車賣漿，一時間，摩肩接踵，商貿繁榮……。

寫到這裡，我十分懷疑，老范是不是從二十一世紀穿越回大宋的，這套救災策略未免也太現代化了！要知道，從理論上來講，有目的地擴大消費、透過刺激生產以及興辦公共工程來增加就業的經濟策略，直到二十世紀三十年代，才被西方經濟學家用以作為復甦經濟市場的靈丹妙藥。而我們老范，在近千年前，就以此救災且立奏奇效（因救災效果太好，多數措施被立為朝廷政令，要求各地廣而效之）——這在中國古代乃至世界救荒史上，都是了不起的偉大創舉！

興學辦校，積極培育地方人才

除了政務上樣樣都做之外，范仲淹一生還極為重視興學育人，認為「夫善國者，莫先育材。育才之方，莫先勸學」，立志「得天下英才而教育之」。

范仲淹為官三十七年，他每到一處為官，必關注當地教育事業：廣德、泰州、睦州、蘇州、潤州、越州、饒州、延州、鄧州、杭州……，凡足跡所涉，沒學校的辦學校、已有學校的就擴大規模；每建一座新學舍，還都會盡己之誠邀請學問深厚的名士前往任教。

例如，任職廣德參軍時，范仲淹見當地無求學之風，遂利用廢舊祠堂興辦學舍，並聘請三位名士任教。在此之前，自隋唐科舉以來，廣德無一人中榜。直至范仲淹興學後，整個北宋，廣德中進士二十二人，南宋時中進士三十人。

任職祖籍蘇州期間，范仲淹曾買地一塊，欲建私宅，以供他日還鄉終老之用。風水先生看後嘖嘖稱讚，稱其選到了風水寶地，可保范家世代公卿。范仲淹一聽，當場立即決定將土地捐出，改建為蘇州府學，畢竟在老范心中一定是這樣想的：我一家出人才，哪比得上一個州出人才啊！

蘇州府學建成後，成為蘇州地區最早的官辦學校（之前都是讀私塾），也是北宋第一所州府級學校，生源之旺，規模之盛，甲於江南。蘇州歷史上，除唐代出過七個狀元外，自宋至清，另有四十三個狀元（居全國之冠），其中一半出自蘇州府學。如今，此校歷千年而不衰，現為蘇州中學，仍是蘇州最頂尖的高中！

范仲淹主持慶曆新政時，因仁宗動搖，大部分政策都無果而終，唯大力興辦州學一項方興未艾，僅江西一地就興學八十一所——「當是時，天下郡縣皆置學也，而學校之遍天下自公始。」可以說，慶曆新政的州縣興學，奠定了中國九百餘年的地方教育體系基礎。而范仲淹也是古代首位把興學育才和振興王朝、革新政治結合在一起的政治家。

除了大力興學之外，范仲淹還善於在民間發現人才、薦舉人才。例如，宋初的三位飽學之士，胡瑗、孫複、李覯，均以布衣❸之身，由范仲淹一路薦舉至國家最高學府太學任教。說得白話一點，就是三個連高考都沒通過的落魄千里馬，因范仲淹慧眼識才，最後得以到最高學府當教授。

還有北宋著名的目錄學家王洙，范仲淹曾向朝廷三薦其才，甚至不惜押上一生清名為其擔保。而王洙也無愧其三薦之恩，成為北宋校勘、編纂古代典籍的佼佼者，如東漢張仲景的《金匱要略》，即由他發現並傳之於後世，可謂利在千秋。

邊關名將狄青為士卒時，作戰勇猛，所向披靡。范仲淹認為其有將佐之才，教導他讀《春秋》、《漢書》，並對其曰「將不知古今，匹夫之勇，不足尚也」，於是狄青潛心苦讀，遍歷兵書，終成一代名將，名垂青史。

又如唐宋八大家之一的曾鞏，尚為落榜書生時，范仲淹既因賞愛其才，以宰輔之

---

❸ 布製的衣服，代指平民。

尊，與之交遊。後二人相別多年，范仲淹還寄送絹匹書信給他，鼓勵其求學應考，一展其才。

范仲淹為國攬才之舉眾矣，以上不過窺其一二。且其舉才皆出自公心，許多被舉薦者甚至不知是由誰人所薦。而范仲淹之所以畢生以極大熱忱興學、薦才，在於其始終站在「天下治亂」的高度，來看待「人才興衰」之得失：

天下治亂，繫之於人，得人則治，失人則亂。

國家之患，莫大於乏人。……材不乏而天下治，天下治而王室安。

得地千里，不如一賢。

王者得賢傑而天下治，失賢傑而天下亂。

致治天下，必先崇學校，立師資，聚群材，陳正道。使其服禮樂之風，樂名教之地，精治人之術，蘊致君之方。

說到底，還是為了國之興盛，民之安樂啊！

「寸懷如春風，思與天下芳。」所謂「先天下之憂而憂」，范公可謂名副其實矣！

創立義莊，惠及族人萬千後世

與范仲淹交遊甚深的北宋著名政治家富弼，曾評價范公曰：「人獲一善，已謂其難。公實百之，如無有然。」

的確，范仲淹以一身而舉事功無數，終生卻從未有居功自傲、安享富貴之舉。即使在高官厚祿的十年間，身邊亦未增一名僕役；非有賓客，家中不置魚肉，「既顯，門中如貧賤時，家人不識富貴之樂」、「妻子衣食，僅能自充」。

據宋人記載，范仲淹每日就寢前，會計算自己一家當日衣食住行所耗之資，與所做之事能否相稱，如兩相得稱，則酣然入睡；如若不然，則終夕難眠。

要知道，范仲淹有生之際，正乃宋代極盛之時，奢靡享樂之風，彌漫朝野，諸多名臣亦不能免俗。如晏殊，史載其「喜集賓客，未嘗一日不宴飲」；還有寇準，「少年富貴，性豪侈，喜劇飲」，且家中從不點油燈，連廁所都是燃蠟的（古代蠟燭很貴的）。兩相對比，老范律己之嚴，可見一斑。

看到這，大家可能有疑問了：宋朝京官的待遇極為豐厚，范仲淹最高曾官至副宰相，如此清儉，俸祿萬貫做何用？答案是：「都拿出來做慈善啦！」

范仲淹天性樂善好施，人有急必濟之。如「宋初三先生」之一的孫復，早年落魄，無錢奉養老母，范仲淹曾多次予以資助，最後更介紹他進入應天書院工作。宋代還有個流傳很廣的故事，說范仲淹在睢陽時，曾遣次子范純仁到蘇州老家搬運一船糧食，但之後范純仁空手而歸，父子間有如下對話：

范仲淹：「歸途中是否遇到了新舊朋友？」

范純仁：「碰到了石延年（寫「月如無恨月長圓」那位），因親人新喪，無錢運送靈柩回鄉，滯留丹陽。」

范仲淹：「那你怎麼不把糧食送他，作為還鄉之費？」

范純仁：「已經送了。」

范仲淹：「正該如此。」

此事如今雖已真偽難辨，但在宋代就已口口相傳，可見劇情與范公行事之風應是相當匹配。不僅樂善好施，范仲淹還終生視利祿如浮雲，認為「榮利無窮，千古困人」，追名逐利，實是自尋煩惱。事實上，他在邊關為將時，因護國有功，朝廷屢有豐厚賞賜，他皆散發給部下將佐，自身不留分毫。

甚至到了晚年，范仲淹還將自己畢生所餘俸祿，盡數捐獻——於祖籍蘇州購地一千二百畝，設立范氏義莊，所得營收均用以賑濟族中之貧弱者，不分親疏。另外，也在河南置義田四百餘畝，回報朱氏一族養育之恩。要知道，范仲淹自小喪父、隨母改嫁，成長歷程中，未受范氏宗族纖毫之恩，考取功名後到蘇州認祖歸宗，族人還擔心他來分討家產，欲加阻撓。在范仲淹承諾只為尋根復姓、絕無他意後，方才接納（這范氏家族也真是有眼無珠，差點就和整個家譜裡最為光宗耀祖的人失之交臂）。而范仲淹不計前嫌，以德報怨，顯達之後，對族人可謂幫扶之至。

> 文正公奮身孤邈，未嘗賴族人毫髮之力。既達，則闔族受解衣推食之恩。

之後，范仲淹之子范純仁官至宰相，也將所得俸祿絕大多數繼續投入義莊事業，將義田增至三千畝。到了明清兩代，范氏後裔凡出人頭地者，亦多有增置義田之舉。清末宣統年間，范氏義莊仍有田五千三百畝，且運作良好。直到一九四七年《中國土地法大綱》頒布實施，范氏義莊才宣告終結。

一項個人開創的慈善事業，可以歷經朝代更迭、戰火離亂，綿延近千年而不衰，即使在世界慈善史上，也堪為奇蹟。家風至此，實令人高山仰止。

其實范仲淹首創義莊之舉，不僅惠及族人千年，還引發了一系列連鎖反應：自其之後，江南士大夫爭先仿而效之，一時間義莊迭起。至南宋，范氏義莊更成為全國之榜樣，各地大族紛紛置地營之，幫貧扶弱，甚至催生了宋代官辦慈善機構的設立，開創了國家賑濟政策、福利制度的先河；傳承至今，則演化為近現代之扶貧事業。追本溯源，范仲淹實是功莫大焉！

然而由於家財散盡，范仲淹去世下葬時，無新衣可穿、無喪葬之費，得靠眾友人集資，喪禮才得以舉辦。其生前未置一房一屋，去世後，全家七十餘口無處可居，只得借住官舍。

臨終前，官員照例都有《遺表》上呈，可請朝廷為子孫賜官或照拂親屬，而范仲淹之《遺表》卻通篇無一字言及家事……

直道豈求安富貴，純誠惟欲助清光。

所謂「後天下之樂而樂」，范公亦可謂名副其實矣！

凝練畢生思想的代表作
——《岳陽樓記》

除了在政治上的重大成就外，在文學創作上，范仲淹亦文備眾體，辭賦兼擅。其詩文清新純真，自然流暢，且往往立意超凡，文品與人格兩相映襯。比如人人可誦的《江上漁者》：

江上往來人，但愛鱸魚美。
君看一葉舟，出沒風波裡。

此詩用詞精煉，出語平易，意在通過同情漁民勞作之艱辛，喚起人們對民生疾苦的關注，反映出范仲淹一以貫之的「先憂後樂」之情懷。

作詞時，范公則婉約、豪放兼擅，如婉約名作有描寫羈旅鄉愁的《蘇幕遮．懷舊》：

碧雲天，黃葉地。秋色連波，波上寒煙翠。山映斜陽天接水。芳草無情，更在斜陽外。

黯鄉魂，追旅思。夜夜除非，好夢留人睡。明月樓高休獨倚。酒入愁腸，化作相思淚。

全詞以沉雄清麗之筆，抒寫低迴深婉的鄉愁之思。一個正氣沖天、時刻以家國為念的人，偶爾亦會感性流露，頗有鐵漢柔情之韻，動人至深。另外，西北禦敵時，其筆下又有大氣磅礴的邊塞名作《漁家傲．秋思》：

塞下秋來風景異，衡陽雁去無留意。四面邊聲連角起，千嶂裡，長煙落日孤城閉。

濁酒一杯家萬里，燕然未勒歸無計。羌管悠悠霜滿地，人不寐，將軍白髮征夫淚。

此詞把軍旅生涯、邊塞景象、家國情懷熔為一爐。上片勾勒出一幅千嶂落日、孤城深閉的邊塞鳥瞰圖，恢廓蒼涼，氣魄極大；下片抒發邊關將士防守危城、鄉思無計的邊關之愁，極顯范仲淹憂國憐兵之情。

中國現代文史學家唐圭璋認為范仲淹是唯一的邊塞詞人，此詞不僅開宋代豪放詞先聲，即使放到佳作叢生的唐代邊塞詩中，亦毫不遜色。

除了詩詞外，論散文，范仲淹則有光芒萬丈的《岳陽樓記》，此文融記敘、寫景、抒情、議論為一體，字裡行間兼融范仲淹之才氣、骨氣、志氣，見其人格、追求、情操。同時文辭簡約，音律諧美，是范公一生精神思想的高度凝練與集中體現，如下：

> 慶曆四年春，滕子京謫守巴陵郡。越明年，政通人和，百廢具興。乃重修岳陽樓，增其舊制，刻唐賢今人詩賦於其上。屬予作文以記之。
>
> 予觀夫巴陵勝狀，在洞庭一湖。銜遠山，吞長江，浩浩湯湯，横無際涯。朝暉夕陰，氣象萬千。此則岳陽樓之大觀也，前人之述備矣。然則北通巫峽，南極瀟湘，遷客騷人，多會於此，覽物之情，得無異乎？
>
> 若夫霪雨霏霏，連月不開，陰風怒號，濁浪排空，日星隱耀，山嶽潛形；商旅

不行，檣傾楫摧；薄暮冥冥，虎嘯猿啼。登斯樓也，則有去國懷鄉，憂讒畏譏，滿目蕭然，感極而悲者矣。

至若春和景明，波瀾不驚，上下天光，一碧萬頃；沙鷗翔集，錦鱗游泳；岸芷汀蘭，郁郁青青；而或長煙一空，皓月千里，浮光躍金，靜影沉璧；漁歌互答，此樂何極！登斯樓也，則有心曠神怡，寵辱偕忘，把酒臨風，其喜洋洋者矣。

嗟夫！予嘗求古仁人之心，或異二者之為，何哉？不以物喜，不以己悲。居廟堂之高，則憂其民；處江湖之遠，則憂其君。是進亦憂，退亦憂；然則何時而樂耶？其必曰：「先天下之憂而憂，後天下之樂而樂」乎！噫，微斯人，吾誰與歸！

時六年九月十五日

文章開頭即交代作記緣由：當時，范仲淹的好友滕子京任官巴陵，重修岳陽樓，委託范仲淹作文一篇，傳之後世。

第二段寫洞庭之景，以「銜遠山，吞長江，浩浩湯湯，橫無際涯，朝暉夕陰，氣象萬千」之寥寥數語，寫盡洞庭湖水波壯闊、晦明變幻之大觀。

第三、第四兩段並行而下，文采飛揚，寫景鋪張，將自然界的風雨陰晴和「遷客騷人」的情緒反應兩相結合，一明一暗，一悲一喜，描繪出「覽物而悲」與「覽物而喜」這兩種截然相反的人生情境。

最後一段則筆調慷慨，道出了比時悲時喜更高一層的人生境界，即「不以物喜，不以己悲」，無論「居廟堂之高」還是「處江湖之遠」，均持「先憂後樂」的憂國念民之心。此為全文主旨之所在，既表達了范仲淹對古代聖賢的追隨之心，又寄寓了對友人滕子京的勉勵之情，更是他對自身人生信念與行事準則的夫子自道。

「不以物喜，不以己悲」的胸襟

《岳陽樓記》雖是范仲淹於五十七歲時寫就，然「不以物喜，不以己悲」卻並非其晚年才抵達的人生境界，其實自年少求學起，范公就已然有此不凡心胸。比如，在醴泉寺讀書時，因飲食艱苦，范仲淹曾有詩作如下：

陶家甕內，醃成碧、綠、青、黃；

措大口中，嚼出宮、商、角、徵。

你看，常人難以下嚥的粗糙食物，范仲淹不僅不以為苦，還吃出了清新鮮亮、音韻鏗鏘的詩意。是啊，以天下為己任者，豈會為此等小節悲戚自憐。之後，他一生仕宦四方，數遭貶謫，卻每臨大事有靜氣，從不見消沉怨懟之語，亦從不改報國以忠之誠。

例如，范仲淹因阻止宋仁宗廢除皇后時，被貶官睦州，其在謝上表中依然鏗鏘有力地表示，自己日後還將「理或當言，死無所避」：

臣非不知逆龍鱗者，掇齏粉之患，忤天威者，負雷霆之誅，理或當言，死無所避。忘雷霆之怒以報主，蹈湯火之急以救時。

赴睦州途中，江波險惡，他想到的卻不是自身安危，而是將來有能力時，不可忘卻在風浪中討生活的勞苦大眾：

《赴桐廬郡淮上遇風三首其一》

一棹危於葉，傍觀亦損神。
他時在平地，無忽險中人。

後來，又因《百官圖》貶官饒州，其在謝上表中依然表示「有犯無隱」、「許國忘家」，說明自己明知道「巧言者無犯而易進，直言者有犯而難立」，卻立志「欲傾臣節，以報國恩」、「恥佞人之名，慕忠臣之節，感激而發，萬死無恨」。

晚年范仲淹頂著巨大壓力主持慶曆新政，卻忠而被謗，遭仁宗始信而終棄，落官邠州，謝上表中卻仍是歷九死而不悔，再次剖白自己「不以毀譽累其心，不以寵辱更其守」的堅定信念。此後，其官轉青州，有詩作如下：

《登表海樓》

一帶林巒秀復奇，每來憑檻即開眉。
好山深會詩人意，留得夕陽無限時。

此時的范仲淹，承受著仁宗的誤解、新政流產的遺憾、保守集團的攻訐、青州災情的重擔（對，身為救火專業戶的老范，又去救災了），且病體沉屙，離謝世已不足一年。詩中卻是一貫的豁達自若，無絲毫「夕陽無限好，只是近黃昏」的消沉自憐之意。

蘇軾於《留侯論》中，曾有如下高論：「天下有大勇者，卒然臨之而不驚，無故加之而不怒，此其所挾持者甚大，而其志甚遠也。」用在范仲淹身上，可謂再恰當不過。生命的最後時刻，其於《遺表》中不言家事分毫，卻以最後一絲氣血勸誡仁宗，望其能勵精圖治，實現國泰民安之盛世：

調和六氣，彙聚百祥。上承天心，下徇人欲。明慎刑賞，而使之必當；精審號令，而期於必行。尊崇賢良，裁抑僥倖，制治於未亂，納民與大中。

這既是范仲淹對宋仁宗的拳拳期許，也是他對自己畢生政治理想的最後總結與展望。

但得葵心長向日……猶濟瘡痍十萬民。

所謂「不以物喜，不以己悲」，所謂「進亦憂，退亦憂」，范公可謂名副其實矣！

有史以來天地間第一流人物

皇祐四年（一〇五二年）五月，范仲淹病逝於徐州，享年六十四歲。消息一出，舉國痛惜，甚至偏野鄉村，也多有為之哭泣者。

朝廷特為其停止上朝一天，以示哀悼。連曾與其對戰的西夏也輟朝三日，敬之以國葬之禮。

此外，朝廷還將古代文臣的最高諡號「文正」賜予范仲淹，故後人又稱其為「范文正公」，而司馬光曾說「文正是謚之極美，無以復加」。

此後，歷朝歷代之名士，無一不將范仲淹視為儒家標竿兼人生楷模，紛紛提筆，表達追思、仰慕之情。

與其同朝為官、始終志同道合的歐陽脩，讚其曰：「公少有大節，於富貴、貧賤、毀譽、歡戚，不一動其心，而慨然有志於天下。」年輕時曾受教於范仲淹，後領導熙寧變法、對慶曆新政多有取師的王安石，評價其是：「嗚呼我公，一世之師，由初迄終，名節無疵。」

與范仲淹未見明顯交集的司馬光，亦對其極盡溢美之詞：「雄文奇謀，大忠偉節。充塞宇宙，照耀日月。前不愧於古人，後可師於來哲。固有良史直書，海內公說，亙億萬世，不可磨滅。」

大文豪兼萬人迷蘇軾，更以未能拜識范仲淹為平生之恨，評價其曰：「出為名相，處為名賢。樂在人後，憂在人先。經天緯地，闕謚宜然。賢哉斯詣，軼後空前。」蘇軾的弟子黃庭堅也緊跟恩師，對范仲淹敬仰之至：「當時文武第一人。」南宋朱熹更對范仲淹佩服到五體投地：「有史以來天地間第一流人物！」

不僅如此，宋朝之後，范仲淹依然聲譽不減：

金末．元好問：「文正范公，在布衣為名士，在州縣為能吏，在邊境為名將，其才其量其忠，一身而備數器。在朝廷，則孔子之所謂大臣者，求之千百年間，蓋不見一二。」

元．張啟岩：「學際天人，量擴宇宙，操堅金石者。」

明．高啟：「有宋名臣誰第一？公為國家真輔翼。豐功茂烈何煌煌？信與日月爭輝赫。」

清．紀曉嵐：「行求無愧於聖賢，學求有濟於天下，古之所謂大儒者，有體有用，不過如此。」

可見，論後世評價之高、風向之一致，縱觀有宋一代，幾乎無能出范仲淹之右者。古往今來，多少讀書人，口口聲聲喊著為國家為理想而奮鬥，其實不過為光宗耀祖、當官發財；像范仲淹這樣，真正大公無私、以天下為己任者，根本就是鳳毛麟角。更為難得的是，其並非空有「先憂後樂」的理想主義，而是自身也完全具備與之相應的能力及素質——范仲淹一生才兼文武，出將入相，是集政治家、軍事家、改革家、教育家、慈善家、文學家於一身，史上罕見的全能式人物，接連創下種種傳承千年的奇蹟，事業功績可與日月爭輝，道德文章堪稱無懈可擊，人格魅力則足為萬世師表！

最後，他更將自己踐行終生的理想與信念，凝結為一句格局高遠、震古鑠今的「先天下之憂而憂，後天下之樂而樂」，為中華民族增添了一份綿延千年的精神財富，激勵著一代代仁人志士為民效力、為國奮鬥。誠可謂「有史以來天地間第一流人物」！

功名富貴如流水，唯思想精神可永流傳。

范仲淹任職睦州時，因仰慕東漢隱士嚴光的高潔之風，為其寫過一篇《嚴先生祠堂記》，結尾的十六字，也恰是他自己一生精神風範的最佳寫照：

雲山蒼蒼，江水泱泱。
先生之風，山高水長。

085

范仲淹

如果宋朝有完人，他應該叫這個名字

周公子每期一問

晏殊

沒有十全十美的人生，
只有值得珍惜的當下

北宋明道二年（一〇三三年），垂簾聽政十一年的劉太后賓天歸西。二十三歲的宋仁宗終於知曉了身世——原來自己的生母是一年前去世的李宸妃，而非劉太后。

李宸妃原為劉太后的侍女，由於劉太后沒有生育，便派李氏侍寢於真宗。借腹產子之後，對外宣稱嬰孩乃劉太后所生，宮中無人敢言。直到太后去世，皇族中方有人告知仁宗實情，驚天祕密就此浮出水面，此即後來民間廣為流傳「狸貓換太子」的故事藍本。

乍知身世的仁宗如遭晴天霹靂，「號慟累日不絕」，對滿朝文武隱瞞實情、讓自己未能在李宸妃生前與其母子相認而深感憤怒。其中，時年四十二歲、任職參知政事（掌管行政的副宰相）的晏殊更是首當其衝，承受天子之怒。

因為李宸妃的神道碑文乃由晏殊所撰，而文中只言「生一女，早卒，無子」，於是，仁宗質問晏殊：「為何不在文中直言朕乃莊懿太后（李宸妃追封之謚號）所生，使天下知之？」

晏殊回：「碑文破題便是『五嶽崢嶸，昆山出玉；四溟浩渺，麗水生金』，已暗示莊懿太后誕育聖躬，只是陛下一直以章獻明肅太后（劉太后）為親母，臣實難明言。」

可惜，此番解釋並不能消除仁宗對生母之愧疚以及對群臣之怨憤，晏殊就此獲咎，被貶以禮部尚書知亳州（今安徽亳縣）。

兩年後，深盼回京的晏殊接到了遷官陳州的調令，在同僚們為其舉辦的送行宴上，因助興的歌妓唱了一句「千里送行客」，晏殊勃然變色道：「我平生調任，未嘗遠離京都五百里，何來千里送行客？！」

歌妓乃是按詞唱曲，並無實指，見晏殊忽然動怒，惶恐行禮賠罪。在座的同僚們則或斥責歌妓選曲不慎、或試圖岔開話題緩解尷尬的氣氛，無一人覺得晏殊小題大做。畢竟，過往四十幾年，晏大人一直都是天選之子般的人物，仕進之路順遂無比，此次被貶出京對他而言，的確已算極大的人生挫折。

備受矚目的神童

宋太宗淳化二年（九九一年），晏殊出生於江西撫州的一個基層武吏之家。雖然家境普通，其遠祖卻鼎鼎大名；據晏殊之子晏幾道所修的家譜考證，其先祖乃是春秋時期齊國著名的政治家、思想家、外交家——晏嬰。

「晏子使楚」、「南橘北枳」的故事，相信大家一定都不陌生。如果只說這些，大家還沒感受到晏殊的這個遠祖有多厲害的話，我們就再補充一點。

晏嬰是一位連太史公司馬遷都極為推崇的人物，其曾在《管晏列傳》中抒發對晏嬰的無限仰慕之情：「假令晏子而在，余雖為之執鞭，所忻羨焉。」意思是如果能有機會追隨晏嬰，即便做其馬夫、執鞭墜鐙，任由差遣，亦是吾所甘願。在我看來，基本上這句話可以對比鄭板橋（鄭燮）嘆服徐文長（徐渭）的那句「願做青藤門下走狗」（徐渭號青藤）了。能讓太史公崇拜到如此地步，可見晏嬰有多厲害；也難怪一千多年後，還要被人硬拉出來做祖宗。

晏殊這份遙遠的祖宗世系如今雖已真假難辨（出人頭地後，認同姓的前代大神做祖宗，也算古人的慣例了），但晏殊同學頗有晏子風采，自幼聰穎過人、善讀詩書確是史有所考。

據《宋史．晏殊傳》中記載他「七歲善為」；歐陽脩為其撰寫的墓誌銘中也說「公生七歲，知學問，為文章」；《晏氏宗譜》更誇耀五歲時就能即景賦詩，且出語老成：

《白塔詩》

白塔青松古道棲，塔高松矮不能齊。
時人莫訝青松小，他日松高塔又低。

小小年紀，看問題即如此辯證有深度，一時名震鄉里，號為神童。十四歲時，時任丞相的張知白巡視江西，得聞其名，遂薦舉晏殊參加朝廷素有神童舉的「童子科」考試。晏殊就此跳過州試、省試，直接和通過了省試的千餘名成年士子一起參加殿試，得一睹龍顏。

據史書記載，殿試過程中，十四歲的晏殊毫不怯場，「神色不懾，援筆立成」，且文辭敏捷華贍。宋真宗深為嘆賞，當場立即賜其同進士出身，並擢升為祕書省正字，就讀於祕閣。「祕書省正字」是從九品下的寄祿官；從九品下大約相當於現在的副科長，而所謂「寄祿官」則指據此品級享受俸祿，並不掌管具體事務。也就是說，在剛升入國中的年紀，晏殊已掛名副科長，留在國家圖書館公費讀書，宋真宗更欽點直史館（類似國家的歷史文獻研究室）的一代大儒陳彭年做他的指導老師。

此時，比晏殊年長兩歲的北宋名臣范仲淹還在山東埋頭苦讀，十年後方才得中進士；已年過二十的詞人柳永還在四處冶遊浪蕩，離中進士大概還有近三十年。

而同樣出身平凡、並無背景的少年晏殊卻如宋人汪洙《神童詩》中所述，「朝為田舍郎，暮登天子堂」，從此青雲直上，一路官運亨通——十五歲任太常寺奉禮郎、十七歲升光祿寺丞、十八歲為集賢校理、十九歲遷著作佐郎……，二十三歲輪值禮院，二十四歲則由宋真宗欽點為皇子趙受益（即後來改名為趙禎的宋仁宗）的伴讀侍官。

要知道，當時趙受益乃真宗皇帝的獨子（前面幾個哥哥都早夭了），立為太子是早晚之事，真宗如此安排，顯然是在為下一任皇帝培養宰輔級別的股肱之臣。

二十歲出頭，當絕大多數讀書人還在科舉考試這條獨木橋上競爭的頭破血流時，晏殊已站在了如此高度。而這，也不過是他仕途上的一個小小節點罷了。

年紀輕輕平步青雲，前途無量

天禧二年（一〇一八年），九歲的升王趙受益被立為皇太子。東宮伴讀的晏殊自然一榮俱榮，不到兩年間便官拜翰林學士兼太子左庶子——這真是不得了呀！

翰林學士乃皇帝之機要秘書，凡宮中發出的重要文件幾乎均由其草擬，如果認為詔令有不妥之處，翰林學士還有權「論奏貼正」、提出不同意見，是皇帝最親近的政治顧問。

北宋前期的翰林學士，承襲唐朝，起先未設品級，為兼任之職。宋神宗元豐改制後，翰林學士定為正三品。例如，北宋文壇的扛把子蘇軾就任過翰林學士知制誥（負責起草詔令的官吏）；但要知道富有才華的老蘇，也是年過五十才擔此要職。

在宋代，翰林學士幾乎是宰相、各大執政官僚的預備班。宋真宗朝近一半的宰相、參知政事、樞密使都出自翰林學士，晏殊之後的名臣歐陽脩、王安石、司馬光也都是經此職位晉升為副宰相。

這意味著，年方三十歲，晏殊就已摸到了宰相的門檻。與之同時，三十二歲的范仲淹還在地方上做基層推官（法官），九年後才在晏殊舉薦下調入京城；三十七歲的柳永還在科考和禮部試中苦苦掙扎（已數次名落孫山），徘徊在官場之外……。

再看看晏殊兼任之太子左庶子。此職位為東宮屬官，隨侍太子左右，「駁正啟奏」（指批駁糾正，向君王進言或稟告），負責將太子的言行上達天聽。各位你看看，跟皇帝、太子最親近的官職晏殊全占到了，這是什麼神仙官運。

之前晏殊還只是太子侍讀，這下只差除了睡覺之外都跟太子在一起；兩人如此天長日久，互相之間的感情絕非其他臣子可比。屆時太子登基，晏殊前途怎可限量！

令人稱羨的步步高升

西元一〇二二年，真宗駕崩，年僅十二歲的趙禎登基為帝，是為宋仁宗。此後幾年間，晏殊繼續加官晉爵、扶搖直上——仁宗繼位當年，三十二歲的晏殊官拜右諫議大夫兼侍讀學士，為皇帝講讀經史，成為名副其實的帝王師。

三十三歲時，又判太常禮院，掌管禮樂制度、儀式等事，在尊孔崇儒的封建王朝中，此屬朝廷要職之一，直接向皇帝負責。五十多年後，位列唐宋八大家之一的曾鞏也被任命為與此職務同部門的「判太常寺兼禮儀事」。只不過，此時曾鞏已年屆六十，離謝世僅餘四載。同年，晏殊還參與編修《真宗實錄》，能為前任天子編修史書實錄，乃何等榮耀之事！

三十四歲時，其又遷任禮部侍郎、知審官院，負責考核六品以下京官的業績，並據此提出相應的職位調遣方案。三十五歲時，晏殊升任樞密副使（掌管軍事的副丞相），成為當朝宰執之一，兩個月後又兼任刑部侍郎（從二品）……。

天啊！這十級順風相送、升官如同坐火箭的人生履歷，簡直讓人懷疑晏殊不是中國古代的文人臣子，而是自帶光環的男主角。畢竟，把中國古代文曲星們的生平集中在一起看的話，基本就是一場花式比慘大賽。

例如，大唐「一哥」李白，畢生夢想就是成為帝王師或宰相。結果，上天折騰了一輩子也沒實現，最後還稀裡糊塗鋃鐺入獄，冤得要「死」；還有與李大哥齊肩的杜甫，人家晏殊三十五歲都當副宰相了，他可好，這個年紀才奔赴長安找工作，落魄十載，孩子都餓死一個，四十好幾歲才得了個看管兵器庫的小官，結果上工沒幾天就發生安史之亂；寫下「慈母手中線，遊子身上衣」的中唐詩人孟郊，蹉跎半生，四十五歲才中進士；以「春水碧於天，畫舫聽雨眠」精準地描摹出江南神韻的晚唐詩人韋莊更慘，五十八歲才中進士……。

或許各位可能要為上述這些唐朝文人打抱不平，畢竟唐朝進士錄取率極低，的確不好考。那我們再來看下北宋的兩位頂級高手——在對比唐代科舉大幅擴招的情況下，歐陽脩、蘇軾這一對師生，都是二十幾歲中進士，然後幾經起落，一個五十三歲官拜副宰相，一個五十一歲成為翰林學士知制誥——這才是相對正常的節奏，但晏殊年僅三十五歲，就已將人臣之極的帝王師和宰輔之職盡收囊中，且看起來似乎毫不費力，完全擺脫了「文學成就高的人必定命途坎坷」的人生劇本。

什麼「文章憎命達」、「才命兩相妨」，什麼「窮而後工」、「天以百凶成就一詞人」，在晏殊身上通通失效……，他三十五歲之前的順遂至極、頗具傳奇色彩的人生際遇，真是李白、杜甫看了會流淚，歐陽脩、蘇軾聽了忍不住要發問：「晏大宰相，敢問您這是在哪個廟裡燒的高香啊？」

身處讀書人的黃金時代

其實，晏殊燒的這炷高香，與古往今來所有的幸運者沒什麼不同，無外乎六個字：天時、地利、人和。

先說天時。大家都知道，每個王朝伊始，為了積攢家底，都會來一波休養生息、緩和社會矛盾、發展經濟之類的有益舉措，大宋也不例外。

晏殊出生時，北宋王朝已在太祖、太宗兩兄弟的接力之下漸趨繁榮。至其成長為青少年的真宗時期，全國人口已從太宗時期的四百餘萬戶激增至近九百萬戶，全國州、府級別的大中城市及人口超過五十萬的城市均為唐代的兩倍。都城東京汴梁城更是「人煙浩攘，添十數萬不加多，減之不覺少，所謂花陣酒池、香山藥海，別有幽坊小巷，燕館歌樓，舉之數萬」。

那麼，當時大宋的財政收入闊綽到什麼程度呢？

國朝混一之初，天下歲入緡錢千六百餘萬。太宗皇帝以為極盛，兩倍唐室矣。天禧之末，所入又增至二千六百五十餘萬緡。

你看，宋太宗時期就歲收兩倍於唐朝，到真宗末期，又翻了近一倍。以至於「京城資產百萬者至多，十萬而上，比比皆是」，所以才有了《東京夢華錄》裡那歌舞昇平、繁華至極的盛世之景：

太平日久，人物繁阜。垂髫之童，但習鼓舞。班白之老，不識干戈。時節相次，各有觀賞。燈宵月夕，雪際花時，乞巧登高，教池游苑。舉目則青樓畫閣，繡戶珠簾，雕車競駐於天街，寶馬爭馳於御路。金翠耀目，羅綺飄香。新聲巧笑於柳陌花衢，按管調弦於茶坊酒肆。八荒爭湊，萬國咸通。集四海之珍奇，皆歸市易；會寰區之異味，悉在庖廚。花光滿路，何限春遊；簫鼓喧空，幾家夜宴？

此外，為避免黃袍加身的歷史事件重演，宋代本就有重文輕武的基本國策，再加上國家有錢了，就更想追求文化藝術以提升王朝格調，於是大肆擴招科舉人數。

宋太宗即位三個月內，就錄取了近兩百個進士，且授官極為優厚，進士第一、二等俱通判諸州（從五品或正六品，掌管一州之糧運、家田、水利和訴訟等事項，且對州府長官有監察之責），史稱「寵章殊異，歷代所未有也」。後來，又將中進士者列名放榜於尚書省的做法，改為殿前唱名、皇帝欽賜登第之制。這一改，中進士者直接成了「天子門生」，榮耀空前。

對比唐代，進士每次僅錄取二、三十名，例如，白居易參加科考的那次，才錄取了十七個；更要命的是，在唐代考中進士只是萬里長征的第一步，此後還須通過吏部篩選方能為官（且一般授官較低）。比如大文豪韓愈，中進士後因三試吏部而不得，又做了足足十年的布衣百姓。相形之下，北宋堪稱讀書人的黃金時代。

到了晏殊生活的真宗、仁宗時期，尊儒崇文有過之而無不及。真宗還尤喜神童舉（更有裝點盛世之效吧），宋太宗在位二十餘年，神童舉僅兩次，而到了真宗時期，神童舉竟多達十二次。

不僅如此，宋真宗更以九五之尊親自為「讀書求功名」搖旗吶喊、站臺勸學：

《勸學詩》

富家不用買良田，書中自有千鍾粟。
安居不用架高堂，書中自有黃金屋。
娶妻莫愁無良媒，書中自有顏如玉。
出門莫愁無人隨，書中車馬多如簇。
男兒欲遂平生志，六經勤向窗前讀。

你看，後世勸人讀書時，說得最多的「書中自有黃金屋」、「書中自有顏如玉」就出自這位大宋天子之口。而我們的主人公晏殊，就是在這樣的時代背景下，通過神童舉鯉魚躍龍門，實現了人生的大躍進。

說完天時，再來看看晏殊同學所占的地利。不過，這件事情放到今天來看，其實純屬封建迷信，僅供讀者一樂耳。

傳說晏殊的曾祖父晏延昌是個風水師，臨終前其用畢生之學為自己覓了一處風水吉穴，期望以此換得晏氏子孫飛黃騰達、光宗耀祖。

據說，晏延昌臨終前，交代兒孫在其所選穴址上挖到青石板即停，家人不解其意，晏延昌卻只言天機不可洩露。到了下葬當日，挖掘墓穴時果然被一塊青石板擋住，大家便停下工來，準備落棺事宜。期間，有位工人好奇心起，偷偷把青石板撬起一角，想看看這風水寶地究竟有何玄機，結果發現石板下是一汪清水，內有兩尾白鱔游弋其中，便忍不住用手中工具向水中撥弄。結果，一隻白鱔受驚，突然竄起，躍進了一旁的水潭中，不見蹤影。工人深知闖了禍，匆忙把石板放下，裝作無事發生。

此後幾十年，晏家的子孫們依然寂寂無聞，無任何大富大貴的跡象。直到晏延昌的重孫一輩，家裡一下出了兩個名鎮鄉里的神童——一個是晏殊，一個晏殊之弟晏穎。看來祖先之前選定的風水寶地，全都應驗在這兩兄弟身上了。

據史料記載，晏殊中舉留京後，真宗聞聽其弟晏穎也一樣警悟早慧，於是亦召其參加「童子科」，賜進士出身，留京與晏殊同讀於祕閣。可惜晏穎於十八歲即不幸早逝，臨終前還留下一首仙氣飄飄的詩：

《臨蛻遺詩》

江外三千里，人間十八年。

此時誰復見，一鶴上遼天。

而坊間均流傳晏穎的早夭，乃是當年的風水吉穴驚走了一條白鱔之故。這自然是無稽之言，多半是晏殊的成名路太過順遂，後人強行附會出的一些傳奇色彩而已。

遇見一生最大貴人：宋真宗

說完上面那玄妙的地利之因後，再看最後一項：人和。

晏殊的科舉、仕進之路之所以如此順遂，是因為一路都有貴人相助。先是欽差大臣張知白薦舉其參加科考，後來輔導其祕閣讀書的陳彭年又與他是江西老鄉，對其不僅悉心教誨、關愛有加，還常在同僚及真宗面前對晏殊之聰慧穩重，大肆誇讚一番。

不過要說晏殊一生中最大的貴人，仍莫屬宋真宗皇帝。

神童舉後，真宗賜其同進士出身時，名相寇準曾出言阻攔，說晏殊是江南人，出自蠻夷之地，不宜重用。真宗卻不為所動，回曰「唐代名相張九齡還是廣東人呢，更南邊呀！」此後，他對晏殊的喜愛只增不減。

景德二年（一〇〇五年），朝廷舉辦南郊祭祀，明確規定老弱病殘者不得參與。晏殊不想因年齡小而錯失良機，便主動上奏申請參加。結果，真宗不僅予以批准，還直接為了他把「低於十五歲者不能參與」的門檻給撤掉了。

後來，晏殊因父親去世回鄉守孝。但沒過多久，宋真宗便因過於思念他而下旨令其回京，並特別命淮南派運使船前往迎接。三年後，晏殊之母辭世。這次真宗直接「奪服」❹處理，讓晏殊處理完喪事即刻返京。再之後，晏殊的弟弟晏穎少年早亡，宋真宗更親自題寫「神仙晏穎」四字賜之，以示哀榮。除此種種之外，還有前文已述的不斷提拔升遷的官銜……

在封建時代，至高無上的皇帝能對一個臣子喜愛依賴至如此，彷彿片刻不能分離，名為君臣，情似父子，這是多少人臣窮極一生、夢寐以求的禮遇啊！

不過，打鐵還須自身硬。晏殊之所以能得真宗如此倚重，除卻過人的才華外，其純直誠實、審慎持重的性格也占有很大的因素。

個性耿介誠實，審慎持重

讓我們再把時間倒回到晏殊參加神童舉之時。

話說真宗賜晏殊同進士出身後，沒過幾日，又感過於草率；為了再次驗證其才學，便把晏殊叫來，另行出題，命他寫詩、詞、賦各一篇。

晏殊接過試題一看，發現所出題目自己私下曾練習過。面對這種情況，一般人考試押對了題目，多半都是臉上不動聲色、內心狂喜不已，三兩下就答完卷子，再跑出考場手舞足蹈、一跳三尺高，高聲歡呼「天助我也」！但晏殊卻毫不猶豫地坦誠以告，請真宗另行出題。

❹ 古代遇父母去世，子女須服三年喪期，三年內不做官，不嫁娶，不赴宴，不應考。奪服指喪期未滿，官員即應詔除去喪服，出任官職。

後來，真宗要為太子挑選侍讀官員，見其他大臣業餘時間皆往歌館酒肆中宴飲取樂（朝廷是准許的）。唯獨晏殊謹厚勤學、整日留在家中與弟弟講習詩文，於是就選中了他。晏殊知道原因後，又據實對真宗道：「我留在家中讀書，並非不喜遊樂，而是因為沒錢去玩。如果有錢，我也會出去玩。」

以上這些舉動，充分展示了晏殊為人之坦蕩真率，真宗每次聽罷，都感其德才兼備，喜愛更甚。

在侍讀太子（即後來的宋仁宗）過程中，晏殊也依然保持著一貫的淳樸誠實。當時太子年紀尚幼，嬉玩成性，不願讀書。有次宋真宗要來突擊檢查學業，小太子慌了神，央求晏殊代作文章，晏殊卻「不識抬舉」，死都不肯答應。此時另一位名叫蔡伯俙的侍讀，卻趕緊抓住這個討好拍馬屁的機會，代趙禎寫了篇錦繡文章。

然而宋真宗可不是好糊弄的，一眼便看出了蹊蹺，追問之下，晏殊如實稟奏。真宗因此狠狠訓斥了趙禎。這下子趙禎非常生氣，咬牙切齒地對晏殊道：「好你個姓晏的，敢告我的狀，等我當上皇帝，砍你的頭！」

晏殊卻不為所懼：「就算是殺頭，我也絕不弄虛作假！」

隨著年齡增長，趙禎漸漸明白是非，登基後非但沒有殺晏殊的頭，反而對其一路提拔，對當年「夠義氣」幫他當槍手的蔡伯俙卻漸漸疏遠，一直未有重用。

談完晏殊的耿介誠實，再來看看他審慎持重的性格。

據歐陽脩為晏殊所撰墓誌銘記載，宋真宗常在方寸小紙上向晏殊諮詢機密之事，晏殊答完後，每次都是連同真宗的紙條一併奉還，以示資訊絕無外洩。

還有一次，宋真宗召晏殊入宮，令其撰寫一連串重要職位的任免文件。晏殊當時還不是翰林學士，只是「外制」知制誥，而草擬皇帝詔書應是翰林學士、「內制」知制誥的職責。晏殊於是連忙提醒真宗，真宗聽罷才反應過來自己叫錯人了（這是有多喜歡晏殊呀），於是另召當時的翰林學士錢惟演來擬寫。當晚，晏殊為避免走漏詔書內容之嫌，沒有回家，而是直接住在學士院，待詔書公布之後方才離開。

除了在官場上沉謹老成，日常生活中，晏殊也一向低調樸實。二十幾歲時，他的第一任妻子因病去世；當時他是真宗皇帝跟前的紅人，又是太子的侍讀，數不清的高官大族向其拋出橄欖枝，願以女相嫁。晏殊卻通通拒絕，後來續娶了老家江西一個普通知縣的女兒。這種不攀附豪門、不加盟任何利益團體的做法，再次令真宗深為嘉許讚嘆。

晏殊主要以詞人的身分留名後世，內心敏感細膩自不必言，但就以上事蹟可見，其亦兼具一個成熟政治家的理性與智慧，否則也不可能僅憑文學才華，在三十幾歲就高登相位。

對比唐代的李白，四十多歲時成為翰林待詔，得以隨侍唐玄宗左右。結果，其日常風景卻是這樣的：

《溫泉侍從歸逢故人》

漢帝長楊苑，誇胡羽獵歸。子云叨侍從，獻賦有光輝。
激賞搖天筆，承恩賜御衣。逢君奏明主，他日共翻飛。

這首詩說的是李白陪唐玄宗到驪山打獵，歸來路上，碰到一位老朋友（也許只是一起喝過酒吹過牛），心情好，就給人家寫了首詩。而詩的大意是：西漢的楊雄曾陪伴漢武帝在長楊苑打獵，今天我也陪著皇上在驪山羽獵，還獻上了一篇文采翻飛的文章。皇上對我的生花妙筆激賞不已，當即就賜我御衣一件。改天我一定向皇上舉薦你，我們兄弟倆一起飛黃騰達！

你看，通篇洋溢著八歲孩子般的天真與張揚。尤其是最後一句：「逢君奏明主，他日共翻飛」——隨便一張口，就敢拍胸脯打包票，說會幫人家向皇帝要官，榮華富貴，不在話下。玄宗看到怎麼想？

從文學的角度來看，這份極致的天真與張揚固然是極為珍稀寶貴的人格特質，也是李白能成為詩仙的重要因素；可倘若以此性情行走在複雜的政治場域，則必如羊入虎狼之群，寸步難行。也就難怪，入宮不足兩年，李白就被唐玄宗賜金放還了（此處絕無貶低李白之意，僅從為官之道的角度來分析性格利弊。中國歷史上有數不清的宰相，璀璨奪目的詩仙卻僅此一位，李白沒能成為政客，是他個人的不幸，卻是中國文學史和萬千華人的萬幸）。

得罪劉太后，中年遭貶官外放

晏殊的仕途雖較其他古代文學家來說，堪稱順遂之極，但三十五歲後，也曾經歷過三次波折。

天聖三年（一〇二五年），垂簾聽政的劉太后提拔淮南節度使張耆為樞密使，身為樞密副使的晏殊上書極力反對：

樞密與中書兩府，同任天下大事，就令乏賢，亦宜使中材處之。耆無它勳勞，徒以恩幸，遂機寵榮，天下已有私徇非材之議，奈何復用為樞密使也？

意思是說，樞密使這麼重要的職位，就算一時找不到特別優秀的人上崗，也應該選拔個中等偏上、各方面說得過去的人來擔任。張耆無功無勞，僅憑太后恩寵，已經為官不低，天下人早都對此議論紛紛，怎麼可以再提升他為樞密使呢？

這一番話惹得劉太后相當不高興。至於劉太后為何甘遭天下非議去提拔一個無能之輩，這要從她的身世說起。

劉太后原名劉娥，出身寒微，早年跟隨一個四川銀匠到京師賣藝討生活。當時宋真宗尚為皇子，聽說四川多美女，便令左右人幫助尋覓，王府屬官張耆便把劉娥介紹給了真宗。

不久，此事被宋太宗知曉，認為真宗納江湖女子為侍妾很不像話，於是下令將劉娥逐出王府。真宗哪裡捨得？便將劉娥金屋藏嬌於張耆家中，不時約見；直到十幾年後登基為帝，才將劉娥迎入宮內，封為美人，後又升其為修儀、德妃，直至將其立為皇后，母儀天下。

劉娥得勢後，對幫助自己改寫命運的張耆一路大力提拔，這才有了任用其為樞密使之事。

晏殊公然站出來反對之後，自知已開罪了劉太后，於是事事處處更加小心謹慎，力求不落把柄。

一年後，晏殊陪同宋仁宗到玉清昭應宮，僕從送笏板（大臣上朝時所持手板）姍姍來遲。晏殊急怒之下，用手板打了僕從一下，擊落了其一顆牙齒。御史以此彈劾晏殊「忿躁無大臣體」，劉太后便順水推舟，將晏殊貶為宋州（今河南商丘）知州。

唉，千小心萬小心，還是沒能躲過。

這次貶官外放，是晏殊自十四歲踏入仕途以來，第一次到京城之外任官。然而，黯然離京的他絕對沒有想到，在宋州，竟有三大意外收穫在等著他。

一是外放期間，他寫出了著名的個人代表作《浣溪沙・一曲新詞酒一杯》：

一曲新詞酒一杯，去年天氣舊亭臺。夕陽西下幾時回？
無可奈何花落去，似曾相識燕歸來。小園香徑獨徘徊。

全詞語言圓轉流利，清麗自然，既有「無可奈何花落去」的傷春惜時之感，又有「似曾相識燕歸來」的欣慰達觀之情，結句「小園香徑獨徘徊」透露出無限的思索意味，啟迪著讀者去體悟花開花落、人生終究有涯而春去燕歸、宇宙無盡迴圈的深廣命題，哲思滿滿。王國維在《人間詞話》中說：「詞以境界為最上。有境界則自成高格，自有名句。」用來評價此詞，殊為恰當。

第二個收穫，是他在應天府看到五代以來歷經戰亂，學校荒廢，就著力大興教育，拉開了宋朝興學的序幕，史稱「自五代以來，天下學廢，興自殊始」。

三是他延請了一位在當地守母喪的基層官員到應天府當校長，「以教諸生」；次年，又薦其入京，擔任祕閣校理。這位官員就是未來領導慶曆新政、寫出光照千古的《岳陽樓記》的一代名臣范仲淹。

因感念晏殊的知遇之恩，比其還年長兩歲的范仲淹終身對其執門生之禮。

二遭貶謫，替劉太后背鍋

外放商丘兩年後，三十八歲的晏殊奉召回京，又歷任御史中丞、兵部侍郎、三司使（最高財政長官）、參知政事（掌管行政的副宰相），再次位高權重。

另外，還曾知禮部貢舉（即擔任進士主考官），擢後來成為一代文宗的歐陽脩為第一名，同榜進士中還有詞史留名的張先（寫「雲破月來花弄影」的那位，比主考官晏殊還大一歲）、北宋四大書法家之一的蔡襄、理學先驅石介等。一眾未來的北宋大咖都成了晏殊的座下門生。

可惜五年後，太后去世之時，風波再起。

文首已述，晏殊因未在李宸妃的神道碑文中道破仁宗身世而再遭貶謫，以禮部尚書知亳州。這次被貶，晏殊覺得十分委屈——劉太后當政期間，滿朝文武，皇親貴胄，無一人敢挑破仁宗身世，帝王的家事即國事，如貿然道出驚天祕密，難以預料會掀起怎樣的驚濤駭浪，實非我晏殊膽小怕事！

其實宋仁宗又何嘗不知晏殊是替劉太后背鍋而已，只是親母與劉太后都已亡故，自己內心對親母之愧疚、對劉太后之怨怒，總要找個出口宣洩。

五年後，四十八歲的晏殊又被召回京師，並一路升遷至同中書門下平章事（掌管行政的宰相）、集賢殿學士兼樞密使（最高軍事長官），抵達其一生仕途的巔峰。

一〇四〇年，西夏與大宋交戰。

晏殊先是推薦能臣范仲淹、韓琦到邊關為將，又廢除軍隊中內臣監兵、以陣圖制約前線指揮官等制度，讓邊關將帥能及時主動地根據敵情決定攻守策略。此外，晏殊還積極籌措軍費，甚至協調動用宮內財物、資助邊關，終於使得西夏主動求和，簽訂盟約。

此時，晏殊高居相位，和仁宗的君臣之誼也早已修復如初，已故的三代祖宗（父親、祖父、曾祖父）全都被追封為太師、中書令之類的高官，仁宗更為晏氏家廟親筆題寫「袞繡堂」的匾額。

真可謂一人得道，祖輩升天，光耀門楣，風光無兩。這樣位高權重、聖眷優渥的日子又過了六年，最後一次、也是對晏殊打擊最大的一次貶謫到來了。

捲入新舊黨爭，三次外放京城

西元一〇四三年，范仲淹領導的慶曆新政登場，自此「革新派」和「守舊派」產生激烈碰撞。

為避免黨爭愈演愈烈，維持政局穩定，晏殊將革新派中鋒芒畢露、衝在鬥爭第一線的嘴人大將軍歐陽脩調離京城，外放為河北都轉運使。

革新派中的其他人早就對晏殊的審慎圓融、在新舊鬥爭中不表態的行為，心存不滿，見他外放歐陽脩之後，便掉轉槍頭，把炮火對準了他——當年的弟子門生、大書法家蔡襄撰寫檄文，彈劾他役使官兵修建私人宅第。晏殊因此罷相，以工部尚書知潁州（今安徽阜陽）。

宰輔之臣役使手下兵丁，在當時其實是被容許的，不得以此論罪。而晏殊依然被貶，很大程度上是因為當時革新派、守舊派都看他不順眼：革新派嫌他選邊不明確、對改革的支持力度不夠有力主動；而在守舊派眼裡，革新派骨幹（范仲淹、歐陽脩、富弼、韓琦）哪個不是晏殊提拔起來的人啊，他明明就是幕後大BOSS！

對此情形，晏殊感到有口難言，革新的最終目的不是為了國富民強嗎？可這樣爭來鬥去最終只能是兩敗俱傷、朝堂紊亂……。事緩則圓，為什麼就不能迂迴推進、以柔克剛，以最小的代價去爭取最大的成果呢？畢竟，鬥爭不是目的，把事情做成才是正解啊！

可惜自己的弟子門生們都太年輕了，血氣方剛、做事激進的他們認定自己就是明哲保身、閉眼和稀泥的圓滑之人，唉，自己的良苦用心又該何處訴說呢？

帶著被弟子門生們攻訐和誤解的傷痛，五十三歲的晏殊第三次離開京城，歷經潁州、陳州（今河南周口）、永興軍（今西安），外放十年之久。其筆下那首看淡名利、嘆息知音難求的詞作《喜遷鶯．花不盡》應出自此時期：

花不盡，柳無窮。應與我情同。觥船一棹百分空。何處不相逢。朱弦悄。知音少。天若有情應老。勸君看取利名場。今古夢茫茫。

此詞明寫離情，但表面的灑脫豁達之下掩飾不住宦海沉浮的疲憊與無奈。名利如夢，轉頭即空，何如放眼當下，寄情山水詩酒？

在西安任職期間，他已年過六十、去京八年，偶然間聽到一個歌女自述悲苦身世，不禁有了「同是天涯淪落人」的感觸，為之贈詞一首：

《山亭柳．贈歌者》

家住西秦。賭博藝隨身。花柳上、鬥尖新。偶學念奴聲調，有時高遏行雲。蜀錦纏頭無數，不負辛勤。
數年來往咸京道，殘杯冷炙謾消魂。衷腸事、託何人。若有知音見採，不辭遍唱陽春。一曲當筵落淚，重掩羅巾。

這首詞可說是宋朝版的《琵琶行》，記敘的是歌女前後經歷、遭遇落差之大，表達了對其無比的同情，但字裡行間又何嘗沒有晏殊自我晚年流落邊關的悲戚之情？誠可謂「借他人酒杯，澆自我胸中塊壘也」。

仁宗至和元年（一〇五四年），六十三歲的晏殊因病獲准返回汴京療養。仁宗念他是東宮舊臣，許他五日一朝前殿，儀從如宰相。次年正月晏殊逝世，享年六十四歲。仁宗親臨祭奠，並下詔輟朝（停止朝議）兩天以示哀悼。

雖仕途上有如上三次波折，但晏殊每次外放的官銜均不低，與中國古代文學史的其他人物相比，依然稱得上是人生順遂的典範；因其一生均在太平盛世，所以政治上並無極為突出之建樹，主要還是以詞人的身分，留名史冊。

「詞」興起於中晚唐與五代，期間曾湧現出溫庭筠、韋莊、馮延巳、李煜等一大批優秀詞人。而從五代後期至宋初的百餘年間，由於戰爭不斷、社會動亂，詞的創作發展陷入頹勢。直至宋代的真宗、仁宗兩朝，經過半個多世紀的休養生息，文化才又逐步振興。

晏殊就是在如此背景下登上歷史舞臺，擔負起將詞從晚唐五代過渡到北宋的重任，成為一個承前啟後的關鍵性人物——因其歷任高官，與眾多文人學士往來唱和，眾星捧月，是當時名副其實的詞壇盟主。

終生與晏殊交好、凡有詞作必請晏殊雅正的詞人宋祁（因其詞作《玉樓春．春景》中一句「紅杏枝頭春意鬧」，人稱「紅杏尚書」）曾在筆記中盛讚晏殊道：「相國（晏殊）不自貴重其文，凡門下客及官屬解聲韻者，悉與酬唱。」意指晏殊不擺官架子，也不吝嗇筆下詩詞，無論是同僚還是後輩，只要雅好聲韻，都樂意與其交遊酬唱。

當時晏家的文學沙龍「空杯宴」聲名遠播——晏殊喜宴賓客，但事先並不特意準備，客人來了，則每人置空杯一隻，斟酒以後，陸續上點簡單的果蔬小菜，賓主間便縱談風雅；宴罷則鋪紙研墨，揮灑辭賦，再相互點評品鑒……。哇！真的是好一個太平盛世、詩酒風流。

自帶富貴氣質，感性與理性並行

——《浣溪沙．一向年光有限身》

太史公司馬遷認為古今文學皆是「聖賢發憤之所為作也」。但晏殊的作品恰恰相反，其少年得志、終生富貴顯達，發而為詞，則多「富貴之聲」、「嫻雅之語」；文辭珠圓玉潤、溫潤秀潔，氣度雍容華貴、清俊疏朗。大體來說，晏殊的詞作有如下幾個顯著特點。

第一個特點是吟詠富貴而不言金玉，重在氣象。宋人筆記《青箱雜記》中說，真宗朝有位進士名曰李慶孫，其曾作《富貴曲》曰：「軸裝曲譜金書字，樹記花名玉篆牌。」意思是說，富貴人家的曲譜都是金字寫就，花草樹木的名字則均篆刻在玉石之上。晏殊看了卻搖頭道：

> 此乃乞兒相，未嘗諳富貴者。

筆記提到，故晏殊每吟詠富貴，不言金玉錦繡，而唯說其氣象。若「樓臺側畔楊花過，簾幕中間燕子飛」、「梨花院落溶溶月，楊柳池塘淡淡風」之類是也。「窮兒家有這景致也無？」

在歐陽脩的《歸田錄》中也有類似記載，說晏殊評寇準的「『老覺腰金重，慵便枕玉涼』，未是富貴語，不如『笙歌歸院落，燈火下樓臺』（白居易），此善言富貴者也。」

由此可見，晏殊反對在詩詞中堆金砌玉以顯富貴，主張略貌取神——不停留在事物的表面，而應抓住事物的精神氣質，於神采風韻、情致氣格中自然展現。

說到底，富貴的最高境界乃是內在修養與審美情趣。例如，其筆下的一首《浣溪沙・小閣重簾有燕過》：

小閣重簾有燕過。晚花紅片落庭莎。曲闌干影入涼波。
一霎好風生翠幕，幾回疏雨滴圓荷。酒醒人散得愁多。

通篇無金玉之詞，但富貴之象自顯——先不說普通人家哪裡有重重幕簾的小閣、片片落紅的庭院、曲闌干影的池塘，為生計忙碌奔波的人可能連「酒醒人散」的閒愁，都未必有時間去體會。

富貴嫺雅的生活還使得晏殊之詞往往色彩繽紛、華美明麗，例如：

紅鸞翠節，紫鳳銀笙。玉女雙來近彩雲。（《長生樂・閬苑神仙平地見》）

此葉此花真可羨。秋水畔。青涼傘映紅妝面。（《漁家傲・荷葉初開猶半卷》）

金風細細，葉葉梧桐墜。綠酒初嘗人易醉，一枕小窗濃睡。

（《清平樂・金風細細》）

你看，「紅」、「翠」、「紫」、「銀」、「彩」、「青」、「金」、「綠」，諸多明豔色彩，穿插其詞。就連大部分人眼中淒清蕭瑟的秋日，在晏殊筆下也是無比燦爛明媚：

一霎秋風驚畫扇。豔粉嬌紅，尚拆荷花面。（《蝶戀花・一霎秋風驚畫扇》）

芙蓉金菊鬥馨香，天氣欲重陽。遠村秋色如畫，紅樹間疏黃。（《訴衷情・芙蓉金菊鬥馨香》）

高梧葉下秋光晚，珍叢化出黃金盞。還似去年時。傍闌三兩枝。
（《菩薩蠻·高梧葉下秋光晚》）

晏殊詞的第二特點為雍容和緩、哀而不傷，感性與理性並行，淡淡的憂愁中時而透露出自我解脫的氣度。其筆下最能代表此特點的作品，當屬以下這首：

《浣溪沙·一向年光有限身》

一向年光有限身。等閒離別易銷魂。酒筵歌席莫辭頻。
滿目山河空念遠，落花風雨更傷春。不如憐取眼前人。

你看，上片前兩句剛表達了時光飛逝、友人別離的傷感之情，不等旁人寬慰，晏殊就在最後一句給出了自我解脫的方法：「莫若今朝有酒今朝醉，痛快地喝一杯吧！」

下片也一樣，前兩句還在傷春懷人，感性滿滿，之後筆鋒一轉，晏殊的理性就已上線：「與其徒勞惦念遠方之人，為何不如好好珍惜眼下之人？」晏殊這一詞作特點在文學作品中極具辨識度，因為多數文學家都是感性有餘而理性不足的。例如李煜，葉嘉瑩先生說李煜對痛苦的情緒，常常是沉溺其中、往而不返，毫無解脫的辦法，且似乎也沒打算從中解脫：

離恨恰如春草，更行更遠還生。（《清平樂．別來春半》）

問君能有幾多愁，恰似一江春水向東流。（《虞美人．春花秋月何時了》）

胭脂淚，留人醉，幾時重。自是人生長恨水長東。（《相見歡．林花謝了春紅》）

唐代的李商隱也一樣，一直以來都是一往情深且執迷不悟的：

《暮秋獨遊曲江》

荷葉生時春恨生，荷葉枯時秋恨成。

深知身在情長在，悵望江頭江水聲。

你看，「深知身在情長在」——只要一息尚存，李商隱就永遠是以情為骨、以淚為心，絕無可能解脫的。

反觀晏殊之詞，常以曠達的胸懷和圓融的理性去化解感性上的憂愁，所以既無淒厲之音，亦無決絕之語，多風流嫻雅，和婉明麗。

誠如薛礪若在《宋詞通論》中所述：「其最特異之處，即在能於一切平易之境，含有一種極舒緩閒適的情緒。如微風之拂輕塵，如曉荷之扇幽香，令人暴戾之氣為之頓消。」

晏殊詞作的第三個特點，是詠嘆愛情含蓄蘊藉、情意濃摯，無輕佻淫褻之語。類似的詞作有很多，如：

《蝶戀花・檻菊愁煙蘭泣露》

檻菊愁煙蘭泣露。羅幕輕寒，燕子雙飛去。明月不諳離恨苦。斜光到曉穿朱戶。
昨夜西風凋碧樹。獨上高樓，望盡天涯路。欲寄彩箋兼尺素。山長水闊知何處？

《玉樓春・春恨》

綠楊芳草長亭路。年少拋人容易去。樓頭殘夢五更鐘，花底離情三月雨。

無情不似多情苦。一寸還成千萬縷。天涯地角有窮時，只有相思無盡處。

還有「多少襟情言不盡，寫向蠻箋曲調中，此情千萬重」、「紅箋小字，說盡平生意。鴻雁在雲魚在水，惆悵此情難寄」，也都是字字深情，寫相思情愛而不流俗穢。

此特點的反面案例是同時代的柳永，其筆下部分愛情詞作如「鎮相隨，莫拋躲，針線閒拈伴伊坐」、「留取帳前燈，時時待、看伊嬌面」都過於露骨俗豔，而無觸動人心的情感力量。

對此，葉嘉瑩先生曾評曰，晏殊的情愛之詞「所喚起的只是一份深摯的情意，而此一份情意雖然或者乃因兒女之情而發，然而卻並不為兒女之情所限，較之一些言外無物的淺露淫褻之作，自然有高下、雅鄙的分別。而其形成此一差別的緣故，則正是因為一者是寫其心靈上的感受，而一者則是寫其感官上的感受。所以大晏（晏殊）之不屑於瑣瑣記金玉錦繡，喋喋敘狎暱溫柔，大部分該是由於他的天性使然」。

晏殊詞作的第四個特點，乃是常常慨嘆時光飛逝、人生有涯的無奈。這在詩詞歌賦中雖是極為常見的吟詠主題，但在晏殊詞中出現的頻率之高，依然令人咋舌。翻開《珠玉詞》所表達光陰促迫的語句，可謂俯仰皆是：

春花秋草，只是催人老。（《清平樂・春花秋草》）

暮去朝來即老，人生不飲何為。（《清平樂・秋光向晚》）

所惜光陰去似飛，風飄露冷時。（《破陣子・憶得去年今日》）

可奈光陰似水聲，迢迢去未停。（《破陣子・湖上西風斜日》）

燕子歸飛蘭泣露，光景千留不住。（《清平樂・春去秋來》）

急景流年都一瞬，往事前歡，未免縈方寸。（《蝶戀花・南雁依稀迴側陣》）

說起這一點，也與其人生際遇分不開。晏殊雖仕途顯達順遂，但終其一生卻飽嘗與至親生離死別的極苦——早在其二十幾歲時，其弟、其父、其母、其妻就在四年內接連離世；及至中年，長子和第二任妻子又先後病故。這不可避免地讓晏殊對人生無常、生命短促產生極其強烈的感觸，從而對有限的生命產生無限的珍愛之心，盡最大努力樂享當下的每時每刻：

人生樂事知多少，且酌金杯。（《采桑子・櫻桃謝了梨花發》）

座有嘉賓尊有桂，莫辭終夕醉。（《謁金門・秋露墜》）

新酒熟，綺筵開，不辭紅玉杯。（《更漏子・菊花殘》）

勸君莫做獨醒人，爛醉花間應有數。（《木蘭花・燕鴻過後鶯歸去》）

浮生豈得長年少。莫惜醉來開口笑。須通道。人間萬事何時了。（《漁家傲・畫鼓聲中昏又曉》）

這種在理性冷靜的狀態下所做出的「人生苦短，及時行樂」的舉動，並非一時的消極頹廢，深藏其內的，恰是晏殊對生命的熱愛、對人生無常的抗爭、對超越苦難的努力——既然生命的長度無法增加，那我就要盡己所能地去增加它的密度和濃度。

世事無常，唯有活在當下

——《踏莎行・小徑紅稀》

晏殊之詞的最後一個特點，則是其詞作往往情中有思，餘韻悠長，經常會觸發讀者對整個人生產生一種並無答案的哲想與思索。最典型的便是前文已提及的「無可奈何花落去，似曾相識燕歸來。小園香徑獨徘徊」三句。

如中國學者葉嘉瑩先生所評，其實晏殊「也未嘗有心於表現什麼『思致』，只是讀這三句詞的人，卻自然可以感受到它所給予讀者的，除去情感上的感動外，另外還有著一種足以觸發人思致的啟迪……其所觸動者已不僅為讀者之感情，而且更觸動了讀者有關整個人生的一種哲想，因此大晏詞乃超越了其表面所寫的人生之一面，而更暗示著人生之整體。」

以下這首《踏莎行・小徑紅稀》，在我看來，亦屬此類：

小徑紅稀，芳郊綠遍。高臺樹色陰陰見。春風不解禁楊花，濛濛亂撲行人面。
翠葉藏鶯，朱簾隔燕。爐香靜逐遊絲轉。一場愁夢酒醒時，斜陽卻照深深院。

「一場愁夢酒醒時，斜陽卻照深深院」——結尾這句顯而易見地瀰散著一縷莫名的、與整體人生相關聯的淡淡哀愁與憂傷，令人心中漣漪不斷，卻又難以清晰明瞭地道出這哀愁與憂傷因何而來，指向何處。

而晏殊之詞因何會蘊含如此情思，中國學者程千帆先生在《兩宋文學史》中給出了極為精準之答案：「優裕的物質生活並不能滿足他渴求著探索人生奧祕的心靈，他心靈的觸角常常是其來無端地伸向人心的深處，而又沒有找到自己所尋覓的東西，於是一縷輕煙薄霧似的哀愁就上升到了他的筆頭，化成為幽怨動人的小詞。」

由此可見，品讀晏殊之人生與詩詞的最大意義，或許就在於它會讓我們明白世上並無十全十美的人生，即使順遂顯達如晏殊，也無法擺脫世事的無常、生命的短促，也依然會對人生的真諦有著不盡的惶惑與探尋。

面對莫測又沒有答案的人生，我們唯一能做的，就是活在當下。誠如法國作家卡繆（Albert Camus）所言：「對未來的真正慷慨，是把一切都獻給現在。」

周公子每期一問

晏大宰相，您這是什麼好運體質啊！太令人羨慕忌妒了吧！
ZGZ
但事業一帆風順的同時，喪父、喪母、喪妻、喪子……這樣的人生，你要和我交換嗎？
呃……那還是算了，普普通通的一生也挺好的……。
人生啊，哪有什麼十全十美？各有各的遺憾罷了……。

歐陽脩

一代文宗是如何煉成的？

北宋天聖八年（一〇三〇年），春，都城汴京。

尚書省內，三年一次的進士科禮部試即將開始。試場四周帷幕高掛，正前方的香案上燈燭通明，香煙繚繞。等候多時的考生們手提飲料、飯食，經由胥吏（古代基層公務員）一一唱名，搜檢衣物後依序入場。不多時，考生全然落座，帷幕垂放，試題出示。

這一年的賦詩題目，叫作「司空掌輿地圖賦」。知舉官則是早年即以神童聞名的御史中丞晏殊。依照試場規則，如考生對考題有所疑義，可請教於主考官；陸續有考生起身請示又一一歸座，晏殊卻眉心微蹙，輕輕搖頭。

此時，又一位考生來至其座前：「敢問知舉官，司空一職，周朝及兩漢均有設置，然而職責卻不盡相同，本次賦題是寫周代司空還是漢代司空？」

晏殊凝視著眼前這位身形瘦削卻面色沉穩的年輕人，不禁頷首微笑：「今日所有考生，唯你一人真正認清題目，考題所指正是漢代司空。」

待到尚書省放榜，這位青年舉子果然不出晏殊所望，被擢為省試第一。

事實上，在此之前，他已連獲廣文館選試第一、國子監解試第一，緊跟其後的金鑾殿試雖未奪魁，但也名列前茅，進士之榮就此納入囊中。這位給晏殊留下深刻印象的年輕考生，並非等閒之士，正是後來領袖北宋文壇長達三十年的歐陽脩。

修母畫荻，勤學苦讀

未來的文壇領袖在科舉考試之戰中一路開掛，貌似不足為奇。然而事實並非如此，這已是歐陽脩第三次參加進士考了。至於前兩次為何鎩羽而歸，那就要從頭說起了。

在唐宋八大家中，歐陽脩童年的命苦程度，可謂僅次於韓愈。他四歲喪父，家無餘資，跟隨寡母寄居叔父家以賴生計。因家境窘迫無力聘請塾師，又買不起紙墨筆硯，母親便帶他在河邊以荻草為筆，借沙盤作紙，日夕勤學苦練；這就是後世廣為流傳的「修母畫荻」之故事。

而歐陽脩也不負其母所望，自小聰明穎慧，悟性極高。日常四處借書抄誦，往往書未抄畢，已能成誦，以致小小年紀便已下筆老成，詩賦文章，不見稚嫩之氣。

某日，其叔父讀到歐陽脩的日常習作，大喜過望，對其母預言道：「嫂無以家貧子幼為念，此奇兒也，不惟起家以大吾門，他日必名重當世。」意思是歐陽脩是個奇才，將來不僅能重振門庭，而且一定會名揚當世，勸慰嫂子勿以家貧子幼為愁。

這話聽起來是不是有點耳熟？沒錯，因為前面剛介紹的范仲淹也被人這樣預判過，可見人優秀到一定程度，真的是鶴立雞群，非常容易被看見啊。

師法韓愈的為文之道與剛直不屈的個性

大約十歲時，一件對歐陽脩日後的文學創作風格，以及未來人生際遇產生重大影響的事件，以一種極為日常的形式發生了。

歐陽脩幼年生活的隨州，其城南處有一戶李姓大戶人家，家中藏書甚豐。歐陽脩與李家的幾個孩子年齡相仿，常在一起嬉戲玩耍。

一次，幾個玩伴又在李家院落間追逐打鬧，歐陽脩無意間在牆角壁櫃中拉出一個裝滿舊書的破筐，發現有部殘缺不全的《昌黎先生文集》雜駁其中。

歐陽脩隨手翻閱，旋即被韓愈雄辯滔滔、汪洋浩瀚的文風與氣勢所吸引，於是便向李家借閱了這部「書頁脫落顛倒無次序」的舊書，從此傾心沉醉於韓愈古文，為將來引領北宋文壇改革埋下一顆蓄勢待發的茁壯火種。

不過，雖然歐陽脩一心仰慕韓愈作品，奈何韓愈宣導的古文運動在晚唐即告衰落，在歐陽脩的成長時代，駢文❺早已全面復辟。所以，歐陽脩的科考之路，與韓愈有著驚人之相似：都因文風平實古樸，不被駢文風行的時代所接納，導致科場考試屢番受挫。

兩次落榜後，急於獲取功名以改變生活狀況的歐陽脩，不得不違心習作駢文，迎合考場風氣——果然，聰明的人，學什麼都快。懂得在科考上投其所好後，第三次參試，歐陽脩終如文首所述，輕輕鬆鬆取得進士資格，就此開啟了官場從政之路。

那麼家境苦寒，上有老母，且三次科考才終於取到仕途入場券的歐陽脩，行走官場是否會如履薄冰、戰戰兢兢，不敢有絲毫行差踏錯之舉呢？

沒有，事實恰恰相反。

歐陽脩不僅繼承了韓愈的為文之道，也同樣被韓愈豪邁果敢、無所畏懼的人格所引領，宦海沉浮數十載，始終保持著剛直不屈、一以貫之的勇者姿態。

直言不諱，大膽進言

讓我們一起穿越到北宋明道二年（一〇三三年）的西京洛陽；此時，新上任的西京留守王曙正在官衙內與一眾部下商討政務。

❺ 講求對偶駢偶、平仄韻律，多用典故，重視辭藻修飾的一種文體。

各項事宜一一梳理完畢後，王曙離席欲去。一眾府僚見老闆轉身，姿態瞬間放鬆，伸腰拉臂間嬉笑互議晚間去何處飲酒遊樂。此時，一隻腳已跨出房門的王曙驟然轉身，面色沉鬱，如炬似電的目光往座中部下一一掃過後，厲聲發問：「你們日日如此縱酒享樂，難道不知寇準公晚年是如何招致災禍的嗎？！」

寇準乃是王曙岳父，雖為一代名相，然晚年生活奢靡，豪飲無度，因此被彈劾貶官，落魄而死。眾人聽罷，唯唯不敢作聲。場面陷入尷尬之際，一位年輕官員霍然起身，朗聲應道：「依屬下之見，寇準公晚年遭難，並非因此得罪。」眾人心中立時稍安：太好了，還好有大才子在，救場有望！然而，年輕人接下來話鋒一轉，口吐利劍：「其招致災禍的真正原因，不在杯酒，而在年老不知身退也。」

此語一出，字字化作滾滾炸雷，不僅響在了一眾僚屬的頭上，更劈在了王曙心口。因為此時王曙已七十一歲，亦屬高齡在位（朝廷規定的退休年齡是七十歲）。你看，這傢伙用一句話就嗆了翁婿兩人，有夠厲害。

不過眾同僚聽罷，心中叫苦不迭，頭垂得愈來愈低了：「大哥你可行行好吧，想死也不要拉上我們啊！」

這位膽氣超群，勇抒己見，敢於跟頂頭上司嗆聲且出手便是一劍封喉的小夥子，就是剛剛踏入官場兩年，時年二十七歲，任職西京留守推官的歐陽脩。

他運氣不錯，王曙雖為人嚴厲卻是個有德長輩，聽罷默然而去，並未與其為難。然而不久之後，二人再次產生爭執。

當時有位士兵從服役地逃回洛陽，按律當斬，案子由歐陽脩負責。幾日後，王曙碰到歐陽脩，問起案情：「那個士兵因何還未判罪？」歐陽脩據實以答：「此案尚須進一步調查，應送其回服役地複審為妥。」

王曙一聲冷笑：「這種案子，本官不知斷過多少，焉有如此複雜？年輕人做事，未免太過縮手縮腳！」

歐陽脩卻完全不買帳：「此案如由您負責，立判斬首，屬下亦無異議。可既然在我職下，便須依法處置，相公所言，恕不能從命。」

王曙聽罷，拂袖而去。幾日後卻星夜急召歐陽脩，再次確認案件是否定罪。得知尚未定罪後，他才深吁一口氣：「甚幸甚幸，差點誤事……。」原來王曙接到上峰公函，該士兵的罪實屬情有可原，罪不至死。

從此，王曙對歐陽脩大為改觀。聽聞其不久前做過的另一件「怪事」後，更認定此年輕人不僅剛直耿介，更是位不可多得的忠心體國之人。

膽敢教訓范仲淹的改革腳步太慢？

此「怪事」要從當年四月，范仲淹回京任職右司諫說起。回京不足月餘，范仲淹便接到了一封由洛陽寄來的《上范司諫書》。沒錯，信乃素未謀面的歐陽脩所書。范仲淹啟而閱之，但見對方開篇明義：

司諫，七品官爾，於執事得之不為喜，而獨區區欲一賀者，誠以諫官者，天下之得失、一時之公議繫焉。

您任職的右司諫乃七品芝麻小官，得到了也沒什麼可高興的。可我卻要向您表達由衷之祝賀。為什麼呢？因為諫官一職，關乎天下之得失、輿論之導向，官小責任大！

諫官雖卑，與宰相等。……天子曰是，諫官曰非，天子曰必行，諫官曰必不可行，立殿陛之前，與天子爭是非者，諫官也。

諫官品級雖低，重要性卻可媲美宰相。一件事，天子說對，而諫官說不對；天子說可行，而諫官說不可行，在大殿之上有權跟天子爭是論非者，唯有諫官。

宰相、九卿而下失職者，受責於有司；諫官之失職也，取譏於君子。有司之法，行乎一時；君子之譏，著之簡冊而昭明，垂之百世而不泯，甚可懼也！夫七品之官，任天下之責，懼百世之譏，豈不重邪！非材且賢者不能為也。

宰相或其他官職如果做不好，只會被有司（官吏）追責；而諫官若是失職，則為君子所不齒。有司追責不過一時而已，而君子不齒，則會書於史冊，垂之百世而不泯！你說可不可怕？！

所以說，一個七品官卻要負起天下重擔，經受千秋萬代之考驗，這麼重要的官職，可謂非賢能之士不可勝任也。

讀到這裡，大家可能既納悶又著急：說來說去，歐陽脩也沒講清楚寫這封信到底意欲何為，難道僅是為了拍七品諫官范仲淹的馬屁？別急，前面種種，皆為鋪陳。接下來，我們的歐陽脩同學又要祭出「一劍封喉」的絕招了：

近執事始被召於陳州，洛之士大夫相與語曰：「我識范君，知其材也。其來不為御史，必為諫官。」及命下，果然，則又相與語曰：「我識范君，知其賢也。他日聞有立天子陛下，直辭正色面爭庭論者，非他人，必范君也。」拜命以來，翹首企足，佇乎有聞，而卒未也。竊惑之，豈洛之士大夫能料於前而不能料於後也，將執事有待而為也？

從您自陳州被召返京城，洛陽的士大夫們就奔相走告：「以范仲淹的才華，這次返京不做御史，必為諫官。不信，我們等著瞧。」到右司諫的任命發布，大家更是額手稱慶：「范仲淹不僅才華高，重點還是難得之忠臣，日後能在天子跟前義正詞嚴、據理力爭的人，除了他，沒別人！」

自從您走馬上任，我們大夥是日日翹首踮腳，一心等著您手撕奸臣、腳踢小人，轟轟烈烈地大有作為一番。結果沒想到都一個多月了，還是什麼動靜都沒有。是怎麼了？我們這群洛陽粉絲錯看您了？還是您的大招還沒準備好呢？

看出來了嗎？這才是歐陽同學修書一封的真正底牌。

不是閒聊，更非拍馬屁，而是指責前輩范仲淹在諫官任上不抓緊時間上諫書、提意見、為國為民謀福利。

部分讀者看到這裡可能會疑惑：跟人家素不相識，又不在一個部門，直接寫信非議人家工作，歐陽脩不會是打著公忠體國的幌子借題發揮、有意攻擊范仲淹吧？

這倒真不是。能夠證明歐陽脩此信是對事不對人的證據，就是很快他又做出了為范仲淹挺身而出、兩肋插刀的義氣之舉。

震撼朝野的檄文

——《與高司諫書》

由於得到王曙舉薦，歐陽脩洛陽任職期滿後，被調入京。兩年後，已任職開封府尹的范仲淹為推動改革向仁宗進獻《百官圖》，觸怒宰相呂夷簡，被貶官饒州。一時朝野激憤。

其中，一位名叫高若訥的諫官，不僅不挺身而出、在御前直言相救，反在一場聚會中公然譏諷范仲淹之舉是謀求升進、論事狂直，理合該貶。不幸，當時歐陽脩也在場。

於是他義憤填膺，以筆為刀，當即龍飛鳳舞，寫下了震撼朝野的著名檄文《與高司諫書》。

讓我們挑其中的一些精華段落，來見識一下什麼叫作「得罪誰都可以，就是不要得罪會寫文章的人」：

夫人之性，剛果懦軟，稟之於天，不可勉強，雖聖人亦不以不能責人之必能。今足下家有老母，身惜官位，懼饑寒而顧利祿，不敢一忤宰相以近刑禍，此乃庸人之常情，不過作一不才諫官爾。雖朝廷君子，亦將閔足下之不能，而不責以必能也。

本段先是以退為進，試以設身處地之立場來理解和憐憫高若訥：人之性格，剛正果敢也罷，怯懦柔弱也好，都是天生的，無法強求。你家有老母，愛惜官位，既怕挨餓受凍，又貪錢財利祿，不敢忤逆宰相，也屬人之常情。如果你僅是默不作聲，只能說明你是個庸人兼不成器的諫官而已，大家也並不會因此苛責於你。

一番看似寬容善良的分析後，歐陽脩卻筆鋒一轉，開始挾風帶雨、言辭犀利地揭示對方連「庸人」、「愚者」都不如的卑劣本質：

今乃不然，反昂然自得，了無愧畏，便毀其賢，以為當黜，庶乎飾己不言之過。夫力所不敢為，乃愚者之不逮；以智文其過，此君子之賊也。

結果沒想到，你卻連庸人的底線都守不住！膽小怕事、不敢為范仲淹辯護也就罷了，居然還有臉大言不慚地公開詆毀人家，想靠這種把戲來掩飾自己身為諫官卻不敢忠言極諫的過失，簡直就是人人得而唾之的小人、賊子！

考慮到高若訥看到這，可能會以「范仲淹不賢，所以我才出言譏諷」來狡詐自護，歐陽脩再一次以退為進，用一個漂亮的兩難推理，將高若訥徹底逼迫到一個無可辯駁的死地：

足下身為司諫，乃耳目之官，當其驟用時，何不一為天子辨其不賢，反默默無一語，待其自敗，然後隨而非之？若果賢邪，則今日天子與宰相以忤意逐賢人，足下不得不言。是則足下以希文為賢，亦不免責；以為不賢，亦不免責。大抵罪在默默爾。

假設范仲淹乃不賢之臣，當初皇上任命他時，你為何不加以阻攔？當時一句話不說，等人家落難後，才跳出來叫囂人家不賢、活該被貶，這是不是小人行徑？反之，如果說范仲淹是個賢良君子，那他如今遭人陷害，你身為諫官，為何卻又似縮頭烏龜，不敢為其仗義執言？所以說，不論范仲淹賢與不賢，你都沒盡到一個諫官應盡的職責，由此可見，閣下是貨真價實沒臉沒皮之小人也。

看看，什麼叫罵人的最高境界，就是我不僅罵你，我還罵得理所當然，邏輯謹密，面面俱到，讓你張不開嘴，還不了口。

接下來歐陽脩一鼓作氣，乘勝追擊，將歐陽氏「一劍封喉」之獨門絕技運用到爐火純青之境，以一句「不復知人間有羞恥事爾」將對方的無恥之行蓋棺定論，讓其遺臭萬世：

> 昨日安道（余靖）貶官，師魯（尹洙）待罪，足下猶能以面目見士大夫，出入朝中稱諫官，是足下不復知人間有羞恥事爾！

余靖和尹洙不是諫官，卻都能為范仲淹上疏辯護，如今一個被貶，一個待罪。你身為諫官卻毫無作為，竟還有臉出門見人，甚至穿梭朝堂以諫官自謂，說明閣下真是全然不知人間還有羞恥二字了！

整篇檄文辭辣氣盛，論證嚴密，層層推進之中給對方以排山倒海、摧枯拉朽式的猛烈抨擊，千載之下讀來仍感大快人心，且不得不為之拍案叫絕：什麼叫作一支纖纖細筆，勝過千軍萬馬，這就是！

用一支筆得罪了全世界

籃球之神麥克・喬丹（Michael Jordan）說過一句話：「我從來不要求隊友去做我做不到的事情。」那麼，這話放在歐陽脩身上就是：他對范仲淹、高若訥身為諫官的表現都頗為不滿，如果有天這職位落他自己身上，他能確保一定做得比別人好嗎？畢竟這是個專門挑剔朝政失誤、指摘君臣過錯的崗位，雖歷朝歷代都賦予諫官挑刺無罪、找碴有理的特權，但實際上，還是相當得罪人的工作啊！

你別說，這一天還真就來了。

風水輪流轉，今年到你家——一〇四三年，歐陽脩終於也被委以諫官之職。讓我們一同來看看他的戰績如何。

歐陽脩上任後第一次入朝議事，就上奏了《論按察官吏劄子》。內容通俗易懂，就是建議仁宗弄一個中央特派組，到地方上去執行稽核、查政績，有能力的官員提拔到中央，沒有能力的就通通革職。

你看看，一上場，就放出了計畫砸無數人飯碗的超級大招。他還嫌力道不夠，對官場中的無能奸邪之輩更輔以各種指名道姓、事無巨細的彈劾：《論凌景陽三人不宜與館職奏狀》、《論蘇紳奸邪不宜侍從劄子》、《論李淑奸邪劄子》、《論趙振不可將兵劄子》、《論郭承祐不可將兵劄子》、《論李昭亮不可將兵劄子》、《論止絕呂夷簡暗入文字劄子》……；短短一年的諫官生涯，類似以上令各路昏官庸吏聞風喪膽的劄子，歐陽脩寫了足足九十五篇！

如果單純看奏章名字還不足以令你顫抖，那就再來見識一下奏章中歐陽脩「句句戳心」的凌厲措辭。比如，彈劾某不才之臣應退職讓賢，他是這麼寫的：

最號不才，久居柄用，柔懦不能曉事，緘默無所建明，且可罷之，以避賢路……伏望陛下思國家安危大計，不必顧惜不材之人，使妨占賢路。

如此字字扎心、毫不留情地砸人飯碗，容我不恰當地問一句：假設這奏疏彈劾的是你，你想不想拿起菜刀跑去找歐陽脩拼命？！

所以在諫官之職上，歐陽到底開罪了多少官場同僚，樹立了多少政敵，說是多不甚數，一點也不誇張。

力挺范仲淹，為「朋黨」提出新解——《朋黨論》

歐陽脩在諫官任上做得熱火朝天之際，范仲淹宣導的慶曆新政也在如火如荼地開展中。兩位賢哲一向政見相近，於是，歐陽脩又義不容辭扛起了為革新大業全力輔助的歷史重擔。

當時保守派們為保護自身階層的既得利益，對革新派群起攻之，汙其「朋比為奸、結黨營私」。所謂「君子群而不黨」，自古以來，皇帝們最怕的就是大臣們拉幫結派，威脅皇權，所以，「朋黨」一詞歷來都是保守派排斥打擊革新勢力的殺手鐧。

果不其然，此論一出，本來大力支持改革的宋仁宗頓時左右搖擺，心生疑竇。而恰恰此時，范仲淹又在應對政敵朋黨論的攻擊中出現失誤，令仁宗的猜忌更進一步。而當時，范仲淹是這麼回應的：

> 方以類聚，物以群分，自古以來，邪正在朝，未嘗不各為一黨，不可禁也，在聖鑒辨之耳。誠使君子相朋為善，其於國家何害？

不論哪個朝代，大臣們都是有忠有奸，這是沒法杜絕的事情，關鍵在於皇上要能辨別忠奸。君子們即便結為朋黨，也只會做好事，這對國家又何害之有呢？

范仲淹這話，站在他自己的忠臣角度來看，確實沒問題。但換成仁宗的皇權角度，那就大不相同了——君子結黨，只做好事，那如果你們覺得我這個皇帝不稱職，造反把我換掉算利國利民的大好事，你們是不是也會做？

看到沒，皇帝最在乎的，不是你做的是好事壞事，也不是對國家有利沒利，而是首先要確保皇權在握，天下姓趙。所以范仲淹這個回應的致命之處就在於：既沒有消釋仁宗的疑慮，還等於間接承認了自己就是在糾結朋黨。這就好比保守派在革新派點了把火，范仲淹本來是去救火的，最後不僅沒救成，還糊裡糊塗地讓它燒得更旺……。

在此新舊兩派激烈交戰、生死存亡之際，但見救火大隊長歐陽脩不畏槍林彈雨，挺身而出，再一次以其滔滔辯才與卓絕見識向奸邪小人們猛烈開炮，揮灑出彪炳史冊的《朋黨論》：

臣聞朋黨之說，自古有之，惟幸人君辨其君子小人而已。

文章開篇便對范仲淹的朋黨之語，做出了大大方方的承接，看似平平無奇。然而接下來，歐陽脩卻筆鋒一轉，正面迎敵，劈空來了一句：

大凡君子與君子，以同道為朋；小人與小人，以同利為朋，此自然之理也。

好一個以子之矛，攻子之盾！怎麼樣？就許你們守舊派汙蔑革新派結黨，我們就不能把同樣的帽子扣你們頭上嗎？漂亮！

接下來，為了徹底打消仁宗的疑慮，歐陽脩又對這一觀點做出了精彩絕倫的細緻闡述：

然臣謂小人無朋，惟君子則有之。

意思是說：在我看來，其實小人根本結不成「朋黨」，只有真正的君子才能結「朋黨」。這話猛一看，是不是驚出大家一身冷汗：「媽呀，這麼說，不是比范仲淹的失誤還大？」

別急，大招在後面（歐陽同學的一貫風格）：

其故何哉？小人所好者祿利也，所貪者財貨也。當其同利之時，暫相黨引以為朋者，偽也；及其見利而爭先，或利盡而交疏，則反相賊害，雖其兄弟親戚，不能自保。故臣謂小人無朋，其暫為朋者，偽也。

小人因利益錢財而聚在一起，當利益沒了，他們也就作鳥獸散了。

君子則不然。所守者道義，所行者忠信，所惜者名節。以之修身，則同道而相益；以之事國，則同心而共濟；終始如一，此君子之朋也。

而君子不同，君子是因道義而聚在一起（道義就是忠君愛國），行的是忠信之事（堅決忠於皇帝和大宋），惜的是氣節名譽（絕不會造反和叛國）……。

你看看，歐陽脩對君子之朋的這番論述厲不厲害——因為皇帝的疑慮是萬萬不能說破的，革新派絕不造反的口號更是沒法明著喊出來。但又要把這兩點都在文中表達出來，好讓皇帝徹底安心。這麼高難度的事，唯有歐陽脩以其超世之才做到了。

這番「君子之朋」的論述，字字句句都像是在朝仁宗揮手吶喊：「趙老闆，您放心，我們革新派生是您的人，死是您的鬼，您就是我們君子同盟的領袖大哥大。」

徹底解除了皇帝的擔憂後，歐陽脩又不忘使出「一劍封喉」的平生絕學，給保守派狠狠補上一刀：

故為人君者，但當退小人之偽朋，用君子之真朋，則天下治矣。

老闆，只要您摒棄保守派那幫小人，相信我們革新派這群君子，則天下大治，指日可待！

看看這反攻力道，我忍不住直接按一萬個讚！

不過，所謂剛者易折。這篇文章雖幫革新派打了一個漂亮的翻身仗，卻也將歐陽脩推到了整個保守派的長槍短炮之下。再加上其在諫官任上得罪的那一票死對頭，使得歐陽脩後半生成為一個箭靶人物，承受著來自四面八方的密集攻擊，避無可避。

遭誣桃色糾紛，外貶滁州

慶曆五年（一〇四五年），開封府尹楊日嚴在瀏覽下級的工作日誌時，對一樁已婚女子與家中男僕的私通案，展現出極大興趣。因為從卷宗上的資訊來看，涉案女犯竟是歐陽脩的外甥女！

想到自己曾因貪汙瀆職被歐陽脩狠狠彈劾，楊日嚴把案宗翻來覆去研究，想找個突破口，順帶把歐陽脩拉下水。結果發現這個外甥女屬歐陽脩妹妹的繼女，和歐陽家並無血緣關係。歐陽脩妹妹早年喪夫後，可憐繼女無依，便攜其依附兄長歐陽脩生活。這令楊日嚴深感天賜良機，不容錯過：這女犯與歐陽脩無血緣關係，又自小在歐陽脩家長大，現下犯的又是通姦案，這不正是往男女關係上做文章的絕佳素材嗎？且此類桃色新聞最能滿足圍觀群眾的獵奇窺探之欲，傳播最快，而被汙蔑的當事人又極難自證清明，實在是損人聲譽、潑人髒水的「絕佳妙招」！

於是楊日嚴責令手下對這個外甥女張氏嚴刑審訊，威逼誘供，迫其胡言亂語，說婚前寄養在歐陽脩家中時，曾與其發生過汙穢曖昧之事。

朝堂上下，不知有多少人欲置歐陽脩於死地而後快。風聞此事，個個摩拳擦掌，添油加醋，一個個都想著要把事情搞大。比如，諫官錢明在宰相陳執中授意下，立即上疏彈劾歐陽脩與外甥女有染，且意欲霸佔張氏家財。

哼，就算扳不倒你，也要搞臭你！為了讓自己的言論取信於人，錢明還煞費苦心地從歐陽脩作品中挑出一首詞，作為呈堂證據：

《望江南・江南柳》

江南柳，葉小未成陰。人為絲輕那忍折，鶯嫌枝嫩不勝吟。留著待春深。
十四五，閒抱琵琶尋。階上簸錢階下走，恁時相見早留心。何況到如今。

真行！一首對爛漫少女表達無限憐愛的清新小詞，到了無恥之徒眼裡，竟演變成了一樁通姦大案的文字證據。

呵呵，把想像當推理，視斷案如兒戲。真是滑天下之大稽！在工作上找不到人家纖毫瑕疵，便在道德私事上無事生非，牽強附會，何其卑劣！

為確保此事萬無一失，一眾仇家還刻意安排一位與歐陽脩有過節的宦官參與此案複審。可惜他們千算萬算，卻沒算到那位宦官竟是位正派之人，堅決不肯同流合汙。最終，此事因證據不足，未能羅織成案。但在無罪情況下，歐陽脩依然被降級處分，外貶滁州。

《自河北貶滁州入汴河聞雁》

陽城淀里新來雁，趁伴南飛逐越船。

野岸柳黃霜正白，五更驚破客愁眠。

經受如此重大的人格打擊，貶途中的歐陽脩於夜半被孤雁的哀鳴驚醒，心緒蒼涼，再難成眠……。

罷官外貶之後，開啟創作高峰

——《醉翁亭記》

到了滁州，政務之外，滿身疲憊的歐陽脩投入到山水泉林間，以此滌蕩前事遺留在心頭的重重陰霾。遠離了鉤心鬥角的朝堂，他性格中浪漫多情的一面漸得釋放，迎來了一段文學創作的高峰期。例如，他在春日幽谷種花、夏日傾聽啼鳥、冬日踏雪尋梅：

《謝判官幽谷種花》

淺深紅白宜相間，先後仍須次第栽。

我欲四時攜酒去，莫教一日不花開。

《畫眉鳥》

百囀千聲隨意移，山花紅紫樹高低。
始知鎖向金籠聽，不及林間自在啼。

南山一尺雪，雪盡山蒼然。
澗谷深自暖，梅花應已繁。
使君厭騎從，車馬留山前。
行歌招野叟，共步青林間。

（《游琅琊山》）

滁州的秀麗山水與淳樸民情，療癒著身心受創的歐陽脩，也催生出他筆下那篇膾炙人口的散文代表作《醉翁亭記》。由於文章寫得實在太好，優美嫻雅、格調清麗，又兼強烈的抒情性，特此全文錄入：

環滁皆山也。其西南諸峰，林壑尤美，望之蔚然而深秀者，琅琊也。山行六七里，漸聞水聲潺潺而瀉出於兩峰之間者，釀泉也。峰迴路轉，有亭翼然臨於泉上者，醉翁亭也。作亭者誰？山之僧智仙也。名之者誰？太守自謂也。太守與客來飲於此，飲少輒醉，而年又最高，故自號曰醉翁也。醉翁之意不在酒，在乎山水之間也。山水之樂，得之心而寓之酒也。

若夫日出而林霏開，雲歸而巖穴暝，晦明變化者，山間之朝暮也。野芳發而幽香，佳木秀而繁陰，風霜高潔，水落而石出者，山間之四時也。朝而往，暮而歸，四時之景不同，而樂亦無窮也。

至於負者歌於途，行者休於樹，前者呼，後者應，傴僂提攜，往來而不絕者，滁人遊也。臨溪而漁，溪深而魚肥。釀泉為酒，泉香而酒洌；山餚野蔌，雜然而前陳者，太守宴也。宴酣之樂，非絲非竹，射者中，弈者勝，觥籌交錯，起坐而喧譁者，眾賓歡也。蒼顏白髮，頹然乎其間者，太守醉也。

已而夕陽在山，人影散亂，太守歸而賓客從也。樹林陰翳，鳴聲上下，遊人去而禽鳥樂也。然而禽鳥知山林之樂，而不知人之樂；人知從太守遊而樂，而不知太守之樂其樂也。醉能同其樂，醒能述以文者，太守也。太守謂誰？廬陵歐陽脩也。

文章第一段，起筆即見功力。區區五字，便將滁州群山環抱的地理環境一筆勾出。接下來，鏡頭收縮，由山而峰，由峰及泉，由泉至亭，一步一景中逐步引出醉翁亭。然後，以兩個自問自答之句自然轉向敘事抒情，點出「醉翁之意不在酒，在乎山水之間也」的全文主旨，句句銜接，不落痕跡。

中間兩段，先分述山間朝暮四季的變幻之美，觀察入微，筆觸如絲。再轉到吏民同遊、共樂山水的太平祥和之景，歡樂喧囂之情溢於紙面。

最後寫宴會散而眾人歸，借禽鳥之樂過渡到人與太守之樂，完成最後的總結和抒情。

全篇凝練精粹而又有往復百折的層次感，平易流暢卻兼具一唱三嘆的音律美，使人讀來如同跟隨一臺高畫質攝影機，由遠及近，層層推進，在山水泉林間俯仰流連，觀朝暮變幻、賞四時美景、享同遊之趣……。

除此之外，此文和前面敘及的那些縱橫捭闔、筆鋒老辣的檄文奏章，風格可謂迥異。一剛一柔，前者側辯論，好似滾滾波濤；後者喜抒情，恰如瀲灩秋波。

以一人之力，將此兩類文章風格都寫至巔峰水準，除了證明歐陽脩的文字功力已臻化境外，也讓我們認識到其剛柔並濟的性格底色。非此，不能兩擅其美也。

《醉翁亭記》不僅在後世被嘆為「歐陽絕作」，一經問世，亦即風靡大宋。

天下莫不傳誦，家至戶到，當時為之紙貴。

因文章寫就後，即便刻石立於亭側，於是全國各地讀者紛紛跑來打卡，謀取拓本。以致山上琅琊寺中的庫存氈子全被拓碑用盡，最後連和尚們日常睡覺用的氈子也不得不拿出來，供狂熱的遊客們拓碑使用。更為誇張的是，還有很多商人前來拓印，遊走四方做生意遇到關卡時，將此拓本送與官員，竟有免稅過關之奇效。

有人說，挫折是老天在幫你規劃更長遠的東西。對歐陽脩來說，貶官滁州就是對這句話的絕佳驗證。神作《醉翁亭記》一舉奠定其文壇宗主之地位，為歐陽脩日後革新科場文風打下了堅實基礎。

錄取名單最華麗的一場科舉考試

離開滁州十載後的嘉祐二年（一〇五七年），歐陽脩被任命為禮部進士試主考官。

當時的北宋文壇，正流行著一種生僻怪澀，以與眾不同、博人眼球為創作宗旨的不良文風，號稱「太學體」。對此深惡痛絕的歐陽脩，下定決心要趁這次擔任主考官的機會，改革科場風氣，推行自己平實自然、言之有物的文學主張。於是他在批閱試卷時，凡是發現為文奇崛險怪者，一律大筆劃掉，毫不手軟。

然而，他卻因此遭到無數落榜舉子的瘋狂報復；他們怒不可遏，趁著歐陽脩上早朝時，聚眾上千圍攻他的車駕，公然謾罵侮辱，一時聲勢頗大。甚至還有些極端之人寫《祭歐陽脩文》，投入其家中，咒其該死；至於那些翻出陳年舊聞製造流言蜚語、詆毀其人品私德者，就更是多不勝數了。

不過，歷經風雨的歐陽脩對此早有預料並已做好充分心理準備，任你風吹浪打，我自巋然不動，誓將文體改革進行到底。

最終，事實終歸勝於雄辯。

歷史的進程，證明了歐陽脩改革的正確性。經此一役，北宋文壇的文體、文風皆發生巨變，且不再回潮。而更能直觀展現歐陽脩改革成果的，則是此次科舉考試，獲取人才之盛，堪稱空前絕後：文壇上的蘇軾、蘇轍、曾鞏（「唐宋八大家」中的「宋六家」，一下占了三人）；政壇上的呂惠卿、章惇、曾布、王韶、呂大鈞（都是後來王安石變法中新舊黨爭的風雲人物）；學壇上開創「程朱理學」的程顥、程頤，「關學」的創立者張載……全在這場科考中脫穎而出，被歐陽脩擢為進士。

一場科舉考試，幾乎將北宋中後期文壇、學壇、政壇的精英人物網羅殆盡，歐陽脩具何等之慧眼也！

捲入宗室之爭，無端受累

可惜，在道德、文章、官位皆已步入巔峰的晚年，歐陽脩竟再經歷風波，身心巨創。而事情要從仁宗去世，英宗繼位說起。

因仁宗沒有子嗣，英宗是其從皇族中挑選過繼的兒子。那麼，關於英宗繼位後該如何稱呼自己親爹這個問題，朝堂上下產生了激烈爭議。

絕大多數人認為英宗既已過繼給仁宗，以前的爹就不能認了，應該喊皇伯（伯父），一小部分人覺得兩個爹都認也行，可以喊皇考（老爸）。

在我們現代人看來，爭論這種「究竟該叫自己親爹是爸爸還是伯父」的事，簡直就是吃飽了撐著沒事幹一樣，然而在古代，則是關係人倫綱常的大事（明代嘉靖朝掀起狂瀾巨波的大議禮，與此如出一轍）。

在這件事裡，歐陽脩站隊少數派，認為可以喊爹（其實主要是英宗想喊爹，推歐陽老師出來測風向）。就這樣，作為「喊爹派」的臺柱兼第一辯手，歐陽老師一時間又站在了風暴中心，四面受敵：

> 伏見參知政事歐陽脩首開邪議，妄引經據，以枉道悅人主，以近利負先帝……伏請下脩於理（指大理寺），以謝中外。

不僅提到要把歐陽脩扔進大理寺監獄，嚴刑伺候，最後更激化到要對他「乞行誅戮以謝祖宗」。

哎，現在看起來，這都是在替英宗背鍋擋箭啊，好心疼歐陽老師。

最後，雖然「喊爹派」取得了勝利，英宗如願以償認了親爹，但兩派之間的梁子可算結下了。

在這次名分之爭中，有個叫蔣之奇的人，是歐陽脩的門生。為了謀求前程，他跟著自己老師站隊英宗，事後被歐陽脩舉薦為監察御史（在古代，舉子考中進士後跟主考官會自動形成師生關係，此人跟蘇軾是同年進士，所以算歐陽脩座下門生）。

因當時朝堂上大部分人都是皇伯派，故蔣之奇雖然升了官，卻遭到同僚排斥孤立。又加上英宗很快過世，神宗上位，蔣之奇更認為自己押錯了寶，站錯了隊，悔之不迭。

恰在此時，歐陽脩夫人的堂弟因事要被貶官，他仗著自己姐夫身居高位，認為歐陽脩一定會出手相救。結果沒想到歐陽脩不僅沒幫他，還特意要求朝廷秉公辦理，導致其被罷官免職。這位堂弟因此對歐陽脩恨之入骨，到處散播謠言，誣歐陽脩與自己的長媳吳氏關係曖昧，似有亂倫之嫌。

這事情傳到蔣之奇耳中，他立刻決定借此倒戈，與歐陽脩劃清界限，讓官場同僚重新接納自己。於是獨身上殿，向神宗彈劾自己的恩師「帷薄不修[6]」，並伏地不起，堅

---

[6] 比喻家中男女淫逸，穢亂放蕩。

請神宗降旨，將歐陽脩立判處斬，暴屍示眾。

是的，你沒看錯，蔣之奇伏地不起，要求將歐陽脩立判處斬，暴屍示眾！為謀一己私利，在無任何調查和實證的情況下，就欲置對自己有師生之名與提攜之恩的人於死地而後快！其心腸之惡毒，人品之卑劣，實令人為之髮指！

而對歐陽脩而言，遲暮之年，再次蒙受如此奇恥大辱，其憤怒慘澹的心境可想而知——於一個月內連上十三道奏摺，堅請神宗徹查此事，還己清白：

> 之奇誣罔臣者，乃是禽獸不為之醜行，天地不容之大惡。臣若有之，萬死不足於塞責；臣若無之，豈得含糊隱忍，不乞辨明……
>
> 苟有之，是犯天下之大惡；無之，是負天下之至冤。犯大惡而不誅，負至冤而不雪，則上累聖政，其體不細。由是言之，則朝廷亦不可含糊不為臣辨明也！

同樣的髒水被人潑兩次，是可忍，孰不可忍啊！

最終，此事以蔣之奇「我沒證據，我也是道聽塗說」為結論，落下帷幕（道聽塗說你就想把人家處以極刑、暴屍示眾？！簡直喪盡天良到極致了！）。而對歐陽脩來說，此番枉遭大辱，幾陷不測，再加上已身老體衰，他再也無心戀戰朝堂，決意急流勇退，退休致仕。

此後，他不斷上書請辭，四年後，終以觀文殿學士、太子少師致仕，退居潁州。

自此，他自號「六一居士」，與一萬卷藏書、一千卷金石遺文、一張琴、一局棋、一壺酒相伴悠遊，並著手對平生作品做最後的整理選編。

一年之後，《居士集》定稿，一代文豪平靜謝世。

兼擅詩、文、詞、賦的「六一居士」

——《蝶戀花．庭院深深深幾許》

歐陽脩是北宋時期極為重要的政治家、文學家、史學家。於政壇而言，他最高官至參知政事（副宰相），參與諸多國家重大政治活動與改革事件。

文學上，歐陽脩是宋代第一位兼擅詩、文、詞、賦的大家，其縱橫文壇、領袖群倫三十年，對北宋一代文學思潮及文學發展脈絡產生巨大且深遠影響。唐宋八大家中的宋六家，除他自己外，其餘五個要不是他的門生（蘇軾、蘇轍、曾鞏），就是曾得到過他的提攜舉薦（蘇洵、王安石）。

個人創作上，其散文從容嫻雅、情韻邈遠。針對其文章之美學特色，文學史上甚至產生了一個專有形容詞，叫作「六一風神」（因其自號六一居士）。「六一風神」意指歐陽脩散文蘊含著一往情深的情韻之美，一唱三嘆的往復之美，以及一波三折的搖曳之美；《醉翁亭記》即這一風格的典型代表作。詩歌上，歐陽脩反對雕琢浮豔的西昆體，主張用語自然平易：

《晚泊岳陽》

臥聞岳陽城裡鐘，繫舟岳陽城下樹。
正見空江明月來，雲水蒼茫失江路。
夜深江月弄清輝，水上人歌月下歸；
一闋聲長聽不盡，輕舟短楫去如飛。

例如，這首《晚泊岳陽》，以平易流暢的語句描繪出一幅清麗明快的洞庭夜景圖，委婉含蓄地表達了旅中思歸之情。

至於詞的成就，則比詩又更進一層。如早年洛陽任職時，其筆下的一些表達離情別傷之詞，即已頗見水準，在此附錄兩首：

《玉樓春．尊前擬把歸期說》

尊前擬把歸期說。未語春容先慘咽。人生自是有情癡，此恨不關風與月。
離歌且莫翻新闋。一曲能教腸寸結。直須看盡洛城花，始共春風容易別。

《浪淘沙．把酒祝東風》

把酒祝東風。且共從容。垂楊紫陌洛城東。總是當時攜手處，遊遍芳叢。
聚散苦匆匆。此恨無窮。今年花勝去年紅。可惜明年花更好，知與誰同？

總的來說，其詞以抒情為主，風流蘊藉，用語真切。比如以下這首閨怨名作，情景交融，渾然一體，曾被李清照反覆按讚：

《蝶戀花．庭院深深深幾許》

庭院深深深幾許，楊柳堆煙，簾幕無重數。玉勒雕鞍遊冶處，樓高不見章臺路。
雨橫風狂三月暮，門掩黃昏，無計留春住。淚眼問花花不語，亂紅飛過鞦韆去。

而另一首《蝶戀花．誰道閒情拋棄久》，上片自設問答，形式極為新穎，被梁啟超推崇為「文前有文，如黃河伏流，莫窮其源」：

誰道閒情拋棄久？每到春來，惆悵還依舊。日日花前常病酒，不辭鏡裡朱顏瘦。
河畔青蕪堤上柳。為問新愁，何事年年有？獨立小橋風滿袖，平林新月人歸後。

當中，也不乏描繪男女相思慕戀的愛情詞作，如以下這首樸實自然、饒有韻味的《生查子．元夕》：

去年元夜時，花市燈如畫。
月上柳梢頭，人約黃昏後。

今年元夜時，月與燈依舊。
不見去年人，淚溼春衫袖。

史學方面，他負責編撰了著名的《新唐書》和《新五代史》，其中《新五代史》更是其耗時近二十年，以一人之力獨自完成。在二十四史中，以一人之力主持編撰兩部史書者，乃是空前絕後，絕無僅有。同時，他還是著名的經學家，對《詩經》、《周易》、《春秋》皆有深入研究；更是金石學的開山鼻祖，所著《集古錄》一書是中國現存最早的金石學著作。

退休後的花甲之年他亦耕耘不輟，以隨筆、漫談的形式，品評賞析前人詩歌，題為《六一詩話》——開中國筆記體文學評論之先河，此後繼之而起的歷代詩話不可勝數，還有隨之衍生的詞話、曲話、賦話、文話等文學評論的新體制蜂擁而來，一直綿延影響到近現代。

總的來看，歐陽脩可謂是中國歷史上極為罕見之文化全才兼學術巨匠。一代宗師，可謂實至名歸也。至於他為何能取得如此高遠豐碩之人生成就，不唯在其才高，更在其自來立志高遠也：

草木鳥獸之為物，眾人之為人，其為生雖異，而為死則同，一歸於腐壞、澌盡、泯滅而已。而眾人之中，有聖賢者……雖死而不朽，逾遠而彌存也。其所以為聖賢者，修之於身，施之於事，見之於言，是三者所以能不朽而存也。

生而為人，如若不想死後像草木鳥獸一樣泯滅無跡，則唯有成為聖賢之人，立德、立功、立言，將自己的思想火炬永遠傳遞下去，唯此可「死而不朽，逾遠而彌存也」。

歐陽脩畢生以此終極人生意義自我鞭策，出身孤寒卻具凌雲之志，一生多歷患難卻始終不改勇者本色，為官以忠，治學以勤，終以一代文宗、政壇名宦、學術泰斗等多重成就，當之無愧地位入聖賢之列，光耀百代而垂範千古也。偉哉，歐陽公！

周公子每期一問

歐陽老師，那些汙蔑你的人實在是太可惡了，氣死我了！
①
別生氣，生氣就是讓這些人稱心如意了。
②
可是我嚥不下這口氣啊，可惡！
③
上天讓他們成為卑劣的人，就是對他們最大的懲罰；讓我們做個好人，就是對我們最好的獎賞。
④
還是歐陽老師境界高啊！受教了！
⑤
好耶！
走，一起找蘇軾去喝酒吧！
⑥

王安石

千古名相，還是亂臣賊子？

北宋熙寧七年（一〇七四年），天下大旱。直至四月，全國大部分地區已長達十個月滴雨未落。宋神宗憂急如焚。

這一年，他二十六歲，已登基七年，與王安石攜手的變法革新也邁入了第五個年頭。朝中諸多重臣都認為天災是變法不得民心所致，紛紛上書請求罷黜新法。神宗左右為難。

就在此時，一幅叫作《流民圖》的畫作送呈御覽，年輕的皇帝被畫中的景象深深震驚了：只見畫卷上是成群結隊、流離失所的災民，他們個個面如菜色、身無完衣，擠滿了京師街道。有的甚至雙腳拴著鐵鍊在伐樹掙錢，以償還政府的青苗貸款……。

與畫作一同呈上的，還有一封奏疏。裡面說嚴重的旱災導致民不聊生，很多人靠吃草根樹皮充饑，還有的人賣兒賣女，砍桑拆房。在這樣的情況下，政府竟然還在追繳賦稅！圖中所示還僅為皇城門外的景象，天子腳下，已然如此，千里之外的慘狀，豈非更加難以想像！

閱罷圖文，神宗潸然淚下：「自己登基以來，勵精圖治，不曾懈怠，革新變法明明是為了富國強兵，為何卻落得如此局面……。」當夜，神宗將畫卷攜入寢宮，皇后和太后看完，也紛紛哭訴王安石誤國。

次日，神宗下令停止推行新法。極富戲劇性的是，詔令一出，當天開封地區即天降甘霖，萬眾歡騰。然而，一眾變法派官員的心情卻難以飛揚：數年之功，廢於一旦，惜哉！痛哉！

外表看似強大，實則積弱不振的時代

很多人讀完上一段，可能會納悶：不都說宋朝是中國古代經濟最繁榮、文化最昌盛、人民生活最富裕的朝代嗎？日子過得如此開心，為何還要搞什麼變法革新呢？

沒錯，宋朝的確經濟文化空前繁榮，但開國百年後，一切都成了浮華表象，內裡早已是一副積貧積弱的爛攤子：冗官、冗兵、冗費，三大弊病纏身，大宋帝國的身軀已然搖搖欲墜，再不加以救治，隨時都可能轟然倒下。

二十歲的神宗一上臺，面臨的就是如此局面。他太需要一個可靠的人來到身邊，幫助他一起診治帝國的沉痾頑疾！為此，神宗發布了誠意滿滿的納諫召集令，大致意思是希望文武百官暢所欲言，只要是對國家和人民有所裨益的意見，自己都會採納。

新老闆都說話了，那還等什麼，大臣們紛紛上書獻計獻策，狂刷存在感。但說來說去，無非都是那些寬泛空洞的老生常談：什麼「虛懷納諫，賞罰分明」、「近賢臣，遠小人」之類，說了等於沒說。就連司馬光、富弼這樣的元老重臣，給出的建議也沒能跳出這個大框架。

神宗失望至極：「哥要的不是這些漂亮話，誰能給朕來點解決問題的具體建議啊！」

關鍵時刻，有人舉起手來：「王安石能，找他吧！」

不做文學家，而是想做影響後世的聖人

推薦王安石的人叫韓維，是神宗皇帝的老師。而他為什麼如此篤定王安石是改革朝政的最佳人選呢？讓我們從一〇四一年說起。

這一年科舉考試後，一群年輕的舉子正在汴京街頭的酒館歡飲狂歌。一名官府小吏

馳馬而來，向座中一名考生耳語幾句後，考生隨即臉色大變，拍案怒罵：「是誰搶了我的狀元郎！」這位考生名叫楊寘，因為哥哥楊察是當朝宰相晏殊的乘龍快婿，所以透過內部管道提前得知了名次：位列第四。

沒想到，幾天後正式放榜，楊寘發現自己竟然高居榜首，第四名則換成了王安石，立時大喜過望。

為什麼會有這樣的變化呢？

事出必然有因：這次科考本來主考官們一致圈定王安石為第一，交由皇帝做最終裁奪時，卻出了一個小插曲。因為王安石的答卷中，用了一個「孺子其朋」的典故，取自周公對周成王說的一句話，意思是：「你這個孩子啊，以後要和大臣們打成一片，像朋友一樣和諧相處。」

周公是周成王的叔父，這句話屬於一個長輩對晚輩的教誨。但王安石當時才二十二歲，卻用這麼老成的語氣教育年長於自己的皇帝，惹得宋仁宗非常不高興。一不高興就取消了王安石的狀元名次，而第二名、第三名都屬於在職官員參加科考，按規定不可取為狀元，所以就把第一名和第四名做了對調。

換做是我們，因為一個典故就丟了風光無限的狀元郎，還不得後悔得直拍大腿或者

「意不能平、委屈之至」什麼的，然而，王安石的反應卻是這樣的：

荊公生平未嘗略語曾考中狀元。

意思是說，王安石這輩子壓根兒都沒提過自己曾考中狀元這回事。所謂科舉，在他眼裡不過是實現人生理想的一個小階梯，名列第幾並不重要，因為人家的目標可比這些都要遠大得多：

此時少壯自負恃，意氣與日爭光輝。……
材疏命賤不自揣，欲與稷契遐相希。

（《憶昨詩示諸外弟》）

看到沒，王安石從年輕時代就立志做一個與日月爭輝之人，要成為如同堯舜禹時代的稷、契那樣的治世能臣，區區一個科舉名次，是何等微末之事焉！所謂成大事者，不拘小節。

後來，他在京城為官期間，前輩歐陽脩因賞識其才華，曾寫詩相贈：

《贈王介甫》

翰林風月三千首，吏部文章二百年。
老去自憐心尚在，後來誰與子爭先。
朱門歌舞爭新態，綠綺塵埃拂舊弦。
常恨聞名不相識，相逢罇酒盍留連？

詩意乃是誇讚他的文采可與李白（曾任翰林待詔）、韓愈（曾任吏部侍郎）比肩，自己已經老了，以後文壇上怕是沒人能與王安石一較高下了。歐陽脩這話，細細品來，頗有幾分要將手中文壇盟主的接力棒傳給王安石之意（當時蘇軾還在老家四川讀書，尚未登上歷史舞臺），可以說是很高的稱譽和認可了。

結果，王安石卻並不買帳，認為歐陽脩並不懂自己的鴻鵠之志，在回詩中寫了這麼兩句：

他日若能窺孟子，終身何敢望韓公？（《奉酬永叔見贈》）

哪天我能夠達到孟子的高度我就心滿意足了，哪敢跟韓愈比呢？但實際上這是句反話。王安石的真正意思是說，歐陽脩小看了他，自己的人生目標可不是做韓愈那樣的文學家，而是要做像孟子一樣影響千秋萬世的聖人。

深耕地方，不願到中央為官

既然王安石胸懷如此不凡的人生抱負，那麼踏入官場後，想必一定十分追求上進吧？可奇怪的是，恰恰相反，王安石人生的上半場，居然是以不愛升官而馳名朝野。

慶曆二年（一〇四二年），王安石進士登第後，被安排到揚州任節度判官。期滿後按照規定，他可以透過考試選拔到中央任職。一般來說，能到中央誰願意待在地方啊，離皇帝越近前程越遠大嘛！可出人意料的是，王安石居然主動放棄了這次選拔資格。

此後，他一直紮根基層，離開揚州後先到鄞縣（今浙江鄞州）做縣令，一做就是五年，期滿後又到舒州做通判。鑒於政績優異，期間中央高官多次向朝廷舉薦他到京城任職，都被王安石一一謝絕。可王安石越辭官，上層就對他越惦記。

由是名重天下，士大夫恨不識其面。朝廷常欲授以美官，惟恐其不肯就也。

待王安石舒州通判期滿後，朝廷乾脆強來，直接下了一道諭令，讓王安石到集賢院做校理（相當於皇家圖書館的高級研究員），不僅免考，而且還破例提高他的官階，享受更高的薪資待遇。

換作一般人，有這等好事，還不馬上飛奔入京。可王安石居然連上四道辭呈，堅決拒絕。這就令人納悶了：王同學既然能考中狀元，人應該不傻，行為為何如此反邏輯，難道是沽名釣譽？不然實在解釋不通嘛！

我們來看看，王安石給的理由是什麼：

臣祖母年老，先臣未葬，弟妹當嫁，家貧口眾，難住京師。

怪不得，原來是嫌帝都物價高。

朝廷一看，既然如此，那就給你一個俸祿高、油水大的爽缺：群牧司（主管國家用馬匹的機構）判官，這下你總可以來了吧？

沒想到王安石還是不願意去，關鍵時刻歐陽脩出場了：「你一而再、再而三地辭官，朝廷也要面子的，差不多夠了吧！」實在推辭不掉，王安石這才勉為其難，走馬上任。

其實仔細想想，王安石不願到京師任職，絕不會僅僅是出於經濟考量這麼簡單。擔任群牧司判官的兩年裡，他又向朝廷遞交了十幾封要求到地方任職的申請書。在寫給宰相文彥博的一封信中，他解釋說：我之所以想去地方，是因為只有這樣才能將自己平生所學之經世致用的學問，在具體的事務中加以實踐和檢驗，才能實實在在為百姓做點事。反之，在京城任職，每天就是喝茶看報消磨時間，實在令人受不了啊！

原來如此。

人家王安石死活不做京官，是因為只有在地方才能確實體察民情，制定切合實際的政策；只有擔任地方官，才有足夠的決策權去突破常規，大膽革新，為將來做大事打下堅實基礎。比如在鄞縣任職時，王安石就曾嘗試施行公糧借貸。具體辦法是在青黃不接、農戶生活困難時，將政府儲存的糧食借貸給農戶，待秋天收糧後付息償還。

這樣一來，不僅解決了農戶的溫飽問題，還讓公家的陳糧得以更新，順便還能為政府創造收入，一舉三得，皆大歡喜。

大家應該也看出來了，這就是後來正式變法中「青苗法」的雛形，在鄞縣取得了良好的試辦成果。此外在農田水利、賦稅徵收等方面，王安石在地方上也都做了深入的走訪調查和革新探索。

《登飛來峰》

飛來山上千尋塔，聞說雞鳴見日升。
不畏浮雲遮望眼，只緣身在最高層。

這首詩就是他在鄞縣任滿後回鄉探親，途經杭州時所寫。從中不難看出，雖然身在基層，但當時的王安石早已是心懷天下，對未來的變法強國充滿信心。

調入朝廷工作後，王安石也抓住一切機會實踐自己的革新理念。比如任職知制誥時，他反對官府壟斷茶葉買賣，主張讓茶商、茶民自行販賣，國家徵收茶稅即可，如此一來，茶葉販賣就完全實現了市場化；茶葉品質提高了，民眾和國家的收益也都有所增加，政策一出，好評如潮。

這件事大大鼓舞了王安石，於是他趁熱打鐵，上了一封萬言書給仁宗皇帝，將自己在地方任職十多年的觀察、調查和研究整理成一份全面且有系統的報告，以及力陳自己的改革設想。可沒想到，奏疏呈上後，仁宗沒有任何回應。

王安石不死心，緊接著又上了一封火力更猛的短書，告誡皇帝再不厲行改革，等到大宋王朝病入膏肓時才後悔，那可就來不及了！可沒等大宋王朝病入膏肓，年老體邁的仁宗先行撐不住了。

王安石上書後不到兩年，仁宗就撒手西去。新上位的英宗，在位不到四年，也追隨老爹仁宗而去，把帝國的爛攤子留給了年輕的宋神宗。

「總把新桃換舊符」的王安石變法

神宗登基的第三天，三司便向皇帝上交了一份財政報告，裡面是觸目驚心的八個字：「百年之積，惟存空簿。」

意思就是你爹可沒留遺產給你，國庫裡現在沒有一毛錢。

你說，神宗生不生氣，著不著急，要不要變法？！所以當他最信任的老師力薦王安石後，神宗立刻下詔邀其進京，共商大事（當時王安石在南京守母喪）。就這樣，一個年輕力壯有決心，一個人到中年有方案，君臣二人一拍即合，轟轟烈烈的變法運動就此展開。

《元日》

爆竹聲中一歲除，春風送暖入屠蘇。
千門萬戶曈曈日，總把新桃換舊符。

這是王安石在變法伊始時，寫下的一首詩，行文輕快明朗，喜氣洋洋，一句「總把新桃換舊符」以新年喻新法，充滿了除舊布新的喜悅與期望。

還有以下這首《浪淘沙．伊呂兩衰翁》：

伊呂兩衰翁。歷遍窮通。一為釣叟一耕傭。若使當時身不遇，老了英雄。
湯武偶相逢。風虎雲龍。興王只在笑談中。直至如今千載後，誰與爭功。

此詞鑑古論今，說商朝名臣伊尹本躬耕於田間，後得到湯王的重用成為開國元勳；姜子牙也曾於渭水之濱垂釣，遇見西伯侯姬昌，被拜為太師，後又成為周國軍事統帥，輔佐周武王消滅商紂，建立周朝。

王安石借這兩位古代名臣「歷遍窮通」的遭際和名垂千載的功業，抒發了自身獲神宗知遇，希冀開展變法、大展宏圖的豪邁情懷。

是啊！為了這一刻，王安石已積聚了二十多年的力量。富國強兵，在此一舉，加油吧！

然而，不知道寫下這兩首詩詞時，他是否預料過自己的變法將會遭遇怎樣的阻力與鬥爭。

毋庸置疑，變法的初衷是好的，過往在基層試辦也取得了不錯的效果。可到了在全國推行，就出現了諸多弊端。比如爭論最激烈、名氣最大的青苗法❼，地方為追求政績出現強制攤派，貪官汙吏提高利率從中揩油，繳納利息不收糧食只收錢幣超出了北宋的經濟發展水準等。

讓一般百姓民眾人心惶惶的還有保甲法❽，以為要派他們去打仗，很多壯丁紛紛自殘身軀以求免於訓練，逃亡事件更是層出不窮。

朝堂上下也因此分裂成了針鋒相對的新舊兩派，雙方就變法內容展開了激烈的論辯和爭鬥，由此拉開了北宋「新舊黨爭」的序幕。

水深火熱，互不相容的新舊黨爭

當新法政策還在討論、尚未有一項政策正式推出時，就有諫官跳出來彈劾王安石「大奸似忠，禍國殃民」，還言之鑿鑿地羅列了「十大罪狀」，其中連什麼氣死大臣、不團結同事之類的罪名都拼來湊數。更有甚者，還有人跑到王安石辦公室指名道姓地罵，誰敢勸連他也一起罵！這已經夠誇張了吧，結果還有比這更誇張的。

某天退朝後，有位諫官不經皇帝允許，從袖中抽出卷軸便高聲朗讀，內容全是控訴

❼ 指在每年春夏間農家經濟拮据時，政府可貸款給農民。秋收後，農民再將本息一併歸還政府，以免農民受高利貸剝削。

❽ 為地方基層的自衛組織。以十家為一保，設保長，徵召壯丁，教習戰陣。目的在於訓練鄉民具有自衛的能力。

王安石的「不法行為」，還多達六十多條。皇上幾次三番要求停止，結果他完全不聽，還越唸越激動，每唸完一條，就指著王安石嚷嚷：「我說的對不對，是不是這樣！」

等到讀完後，真正令人嘆為觀止的時刻到來了——這位憤怒的諫官居然指著御座，對宋神宗說道：「皇上要是不聽微臣所言，這個位子我看您也坐不久！」

語罷揚長而去，只剩下目瞪口呆的神宗皇帝和相顧失色的侍衛大臣。

雖說大宋開國以來不殺文人士大夫，但當朝恐嚇皇帝，這膽子也太大了吧！後來更發展到王安石在元宵節進宮陪皇帝賞燈時，居然被守門衛士阻止，還動手毆打了王安石的馬匹和隨行僕從……區區侍衛竟敢對當朝宰相動粗，必是背後有人指使了。

就這樣，朝堂之中反對王安石的浪潮是愈演愈烈，明槍暗箭，防不勝防。從元老重臣的司馬光、歐陽脩到後起之秀的蘇軾、蘇轍，甚至連王安石自己的親弟弟，都堅決地站在了變法的對立面。

面對如此強大的阻力，王安石撐得住嗎？

要回答這個問題，必須先瞭解王安石的個人性格。晚唐詩人杜牧曾寫過一首關於項羽的詩：

《題烏江亭》

勝敗兵家事不期，包羞忍恥是男兒。
江東子弟多才俊，捲土重來未可知。

詩的大致意思是對項羽兵敗自刎提出批評和惋惜：勝敗乃兵家常事，怎可打了敗仗就尋死？大丈夫當能屈能伸，先逃回江東，重整旗鼓，他日帶著人馬捲土重來，才是真英雄。

但王安石可不這麼看，針對杜牧的觀點，他寫了一首《疊題烏江亭》：

百戰疲勞壯士哀，中原一敗勢難回。
江東子弟今雖在，肯與君王捲土來？

意思是說，上百次的戰爭已使士兵們心衰力竭，中原之爭的失敗已是大勢所趨，經歷了「鴻門宴」未殺劉邦的失誤及垓下之圍的眾叛親離，就算江東子弟還在，也未必肯為項羽賣命了。從這首翻案詩中，可見王安石是極具獨立思考能力的人，堅定有主見，並不人云亦云。

除了寫詩，他在為官行事中也是如此執著、有原則。三十幾歲任職群牧司判官時，王安石和司馬光是部門同事，長官則是大名鼎鼎的包拯包大人。

時值三月，芳菲滿園。某日，群牧司衙門內舉辦了一場牡丹宴，大家喝酒賞花，不亦快哉（論文人風雅，真是沒誰比得過宋朝了）。酒席上，包拯向同僚們一一敬酒，連平時不善飲酒的司馬光也勉強作陪。只有王安石，不管大家怎麼勸，就是不肯喝。包拯想給他倒酒，他擋起酒杯，堅持說自己一向滴酒不沾——說不喝就不喝，長官出面也無法勸我進酒。

別說長官了，王安石一旦認定的事，有時連朝廷的話也不聽。

話說有一年，朝廷委託他對開封府的一樁案件進行複審，案情是這樣的：有個開封少年養了一隻鵪鶉，朋友看到後心生喜愛，想借來玩玩，少年不同意，朋友便趁其不備搶了就跑。少年惱怒追打，一腳踢到了人家肋下，結果用力太大，居然把人踢死了！少年因此被開封府判為死刑。

王安石複審此案，認為少年的朋友未經允許搶走鵪鶉如同盜竊，少年反擊則屬於「捕盜自衛」，罪不至死。

結果開封府不服，案子又提交給大理寺裁決，最終是維持原判。按規定，王安石「敗訴」應該到開封府登門道歉，或者遞交檢討書。結果王安石堅持認為自己沒有錯，打死不肯向開封府低頭，朝廷再三發出公函督促，他也不予回應，最後朝廷也只得將他調換崗位，不了了之。

這下大家應該都明白王安石為什麼被人稱作「拗相公」了吧！他就是這樣一個執拗倔強，設定了原則就絕不妥協的人。所以他認定的事，即便有一萬頭牛也拉不回來。

意志再堅定的鋼鐵人，也有疲倦的時候

憑藉著超強的主見和定力，王安石在洶湧的反對聲浪中急流勇進，堅定地推動著革新事業。不僅不妥協，還喊出了振聾發聵的革新口號：

天變不足畏，祖宗不足法，人言不足恤！

在他看來，重症必須下猛藥，要做大事，就不能墨守成規，畏懼天命人言。要推行變法，就必須以鐵面相對、以鐵腕相爭。可惜對於大宋王朝，王安石畢竟掌握不了百分之百的決策權，他的上面，還有一個宋神宗。

客觀來說，針對變法，神宗的確給了王安石足夠的信任和盡可能的最大支持，但站在神宗的位置上，他不可能做到像王安石一樣決絕。

首先，「天變不足為畏」，他就不可能徹底做到。在封建迷信大行其道的古代，老天爺發怒可是不得了的大事情，變法是為了強國，如果老天爺生氣了，直接把天下從我們老趙家手裡拿走，那變法還有什麼意義？

所以當天氣持續大旱，反對派們甚囂塵上將之與變法聯繫起來後，神宗開始動搖了。加上又發生了一系列華山山崩、彗星出現等自然異象，真是天不助變法啊！

在這種時機下被呈送御前的《流民圖》，一下子成了壓垮新法的最後一根稻草，結果就是新法廢除，王安石罷相歸家。

雖然後來在變法派苦口婆心的爭取下，神宗又恢復了變法的諸項政策，還特地下詔邀王安石回京。但經此一役，雙方之間的信任關係已不可避免地出現了裂痕。返京路上，心情複雜的王安石在客船中仰望著夜空中的一輪圓月，寫下了那首「超然邁倫，能追逐李杜陶謝」的七絕名篇《泊船瓜洲》：

京口瓜洲一水間，鍾山只隔數重山。

春風又綠江南岸，明月何時照我還？

此時的他，多麼希望新法推行的形勢能儘快穩定下來，自己好退出這紛紛擾擾的名利場，歸隱還鄉，享受無憂無慮的田園生活。是啊，王安石也是人，反對派不好直接開罵宋神宗，就把所有的髒水和指責都導向了他，在這種長期的人身攻擊和變法推行的高壓工作下，終於他也感到疲倦了。

回到朝堂後，不僅君臣之間的默契不如從前，變法派內部也出現了各種問題，比如，為了爭名奪利，互相內鬥，王安石的弟子呂惠卿為獨攬大權，更是各種想方設法陷害王安石。

屋漏偏遭連夜雨，這期間他的長子王雱又因病去世……心力交瘁的王安石再也不想在朝廷久留，不到兩年，五十七歲的他再次辭去宰相一職。

誰似浮雲知進退，才成霖雨便歸山。

（《雨過偶書》）

遠離朝堂，潛心於文學創作

回到江寧（今江蘇南京）後，王安石放歸田園，日常生活十分低調，與普通百姓無異，就算出門，也只是騎一頭毛驢而已。

遠離了波譎雲詭的朝堂紛爭，他開始潛心於文學創作，比如那首著名的《梅花》就出於此時：

牆角數枝梅，凌寒獨自開。
遙知不是雪，為有暗香來。

這首小詩清新樸素，看似平實，卻又自有深致，那凌寒獨放的梅花不正是王安石對自身品格的最好寄語嗎？

還有下面這首《書湖陰先生壁》，也是膾炙人口的佳作，描繪了其歸隱生活的閒適清幽：

茅檐長掃淨無苔，花木成畦手自栽。
一水護田將綠繞，兩山排闥送青來。

不過離開了朝堂，王安石就真的能心如止水，種菜賞花，將變法事業盡數忘卻嗎？答案當然是否定的。

雖然退居南京期間他寫了很多含蓄深婉、雅麗精絕的絕句詩篇，但我認為下面這首詞作，才是他當時心境的真正寫照：

《桂枝香．金陵懷古》

登臨送目，正故國晚秋，天氣初肅。千里澄江似練，翠峰如簇。歸帆去棹殘陽裡，背西風酒旗斜矗。彩舟雲淡，星河鷺起，畫圖難足。

念往昔，繁華競逐，嘆門外樓頭，悲恨相續。千古憑高，對此謾嗟榮辱。六朝舊事隨流水，但寒煙衰草凝綠。至今商女，時時猶唱，後庭遺曲。

晚秋時節，天氣颯爽清涼，千里澄江宛如一條白練，蒼翠的山峰聚集在一起聳立江岸，如血的殘陽中，歸航的船隻緩緩行駛，如同在淡雲中浮游，白鷺好似在銀河裡飛舞，王安石在這丹青妙筆也難描摹的壯麗秋色中臨江覽勝，憑弔古今：遙想當年，故都金陵何等繁盛堂皇。可嘆定都在此的六朝君主一個個地相繼敗亡，自古多少人在此登高懷古，對歷代榮辱嗟嘆感傷。六朝舊事已隨流水消逝，唯餘寒煙慘澹、綠草衰黃。時至今日，歌女們還常常吟唱陳後主的遺曲《後庭花》。

退居江寧的多數時間裡，他的心情該是和這首詞作的意境一樣蒼涼失落吧：筆下寫的是浮沉過往，心中念及的何嘗不是紛亂當下？

王安石一生作詞不多，但僅憑這首《金陵懷古》就足以在兩宋詞壇中佔據一席之地。這首詞完全可以與蘇軾的《赤壁懷古》相提並論，從雄渾闊大，感慨深沉來講，甚至有過之而無不及。

蘇軾本人也確實對此作十分拜服，讀罷曾連連讚嘆：「此老真乃野狐精也！」（狐狸精也能是誇人的話嗎？老蘇你真行！）

新法盡罷，深受打擊後辭世

王安石罷相八年後，年僅三十七歲的神宗去世，司馬光復出為相，盡罷新法。王安石得知後，初時極為平靜，直到聽說連守舊派都十分認可的「免役法」也未能保留時，才愕然失聲，良久喃喃自語道：

亦罷至此乎？此法終不可罷，安石與先帝議之兩年，乃行，無不曲盡。此法一罷，天下事尚可為乎？尚可為乎？

知道司馬光上臺一定會罷黜新法，但沒想到，連這項頗得民心的政策也不能被容忍……。深受打擊的王安石次年辭世，追隨神宗而去。臨終前寫就一首《新花》詩，字裡行間充滿了理想覆滅的痛苦與絕望：

老年少忻豫，況復病在床。
汲水置新花，取慰此流芳。

流芳柢須臾，我亦豈久長。
新花與故吾，已矣兩可忘。

老年人還有什麼喜怒哀樂呢？何況我已病臥在床。給新栽的花兒澆水，在芬芳的花香中獲得些許安慰。可花兒的生命不過是須臾之間，而我也將不久於人世，不管是花兒還是我，都終將會被人們遺忘。

「我始終認為革新變法沒有錯，但為什麼會是這樣的結局？」

蓋棺論定，卻褒貶不一

王安石不僅生前就飽受爭議，死後更是褒貶兩極，用中國學者康震的話說，王安石的身後名是集「古今中外，讚不絕口」與「身後罵名，空前絕後」於一身。

從南宋開始，在封建士大夫主流論調裡，對其一直是討伐為主，比如，南宋皇帝趙構直接將北宋亡國之罪甩鍋給王安石，認為天下大亂都是拜變法所賜！

宋人楊時亦曰：「今日之禍（靖康之恥），實安石有以啟之。」還有人將其與秦檜相提並論：「國家一統之業，其合而遂裂者，王安石之罪也。其裂而不複合者，秦檜之罪也。」

到了明朝大才子楊慎的口中，王安石則更是成了集王莽、曹操、司馬懿等所有奸臣於一體的天下第一奸邪之人：「安石之奸邪，合莽操懿溫為一人者也。……宋之南遷，安石為罪之魁。求之前古奸臣，未有其比。」

近代撰寫《歷朝通俗演義》的蔡東藩也評價如下：「上有急功近名之主，斯下有矯情立異之臣。如神宗之於王安石是已。沽名釣譽，厭故喜新，安石一生，只此八字。」說是「罵名空前」絲毫不為過，那肯定王安石的又是哪些人呢？

最著名的當屬近代改革家梁啟超，他從變法至人品全面肯定王安石，讚其胸懷如千里湖泊，氣節似萬仞高山，譽其曰：「若乃於三代下求完人，惟公庶足以當之矣。悠悠千年，間生偉人，此國史之光，而國民所當買絲以繡，鑄金以祀也。」意思是說，從夏商周到現在，四千多年歷史中，王安石堪稱古今第一完人！清代學者顏元則評價他：「荊公廉潔高尚，浩然有古人正己以正天下之意。及既出也，慨然欲堯舜三代其君。」

王安石不僅在中國國內爭議空前，還有極大的國際影響力，比如俄國的列寧

（Vladimir Lenin）十分贊同王安石的土地國有政策，稱其為「中國十一世紀的改革家」；美國第三十三任副總統華萊士（Henry Agard Wallace）也稱讚王安石是中國推行新政第一人，美國經濟危機時發放農業貸款即是受到王安石青苗法的啟發，對挽救美國經濟起了很大作用。

說了這麼多，罵的人挺多，誇的人也不少，王安石變法究竟是對是錯，時至今日，仍未蓋棺定論。但不可否認的是，在變法之外，王安石的私人品德近乎無可挑剔。

唐宋時期，官員士大夫納妾成風，王安石曾兩度擔任宰相，錢權皆有，終生卻只有一位妻子。他的夫人曾悄悄花九十萬文錢為他買來一位美貌侍妾，王安石見到後，便詢問女子來歷，瞭解到女子原有家庭，其丈夫乃是負責押運糧船的小官，結果船翻糧失，賠償不起，才將妻子賣了抵債。王安石聽了十分難過，不僅沒要回夫人支出的九十萬文錢，還額外又送了他們一些錢財，並囑咐那位丈夫，以後再困難也不能賣老婆啊！

眾所周知，北宋是中國古代官員俸祿最高的朝代，尤其是京官。王安石任宰相時，月薪約五十萬文錢，相當於新臺幣四十幾萬，其生活卻異常簡樸。

宋人筆記中曾記載，有一次，王安石兒媳婦的娘家親戚來京城遊玩，王安石邀請他們來家中吃飯。那位蕭公子一聽，大宰相請吃飯，必是山珍海味，特意換了一身華麗服飾前往赴宴。結果到了王安石家，招待他的只有幾張胡餅，四塊燒豬肉，一碗飯，一杯酒，一份菜湯，沒了。蕭公子大失所望，拿起胡餅把中間有餡的地方象徵性吃了幾口，就將餅放在了一邊。結果，令他目瞪口呆的事情發生了，王安石居然極其自然地將他吃剩的胡餅拿起來吃掉了。蕭公子見狀，羞愧難當，溜之大吉。

而王安石之所以能夠克服人性的弱點，對奢侈享樂無任何興趣，究其根本，還是在於其志向高遠、胸懷天下之大義。王安石初與神宗討論變法事宜時，認為對神宗而言，漢文帝、唐太宗都不值得效仿；對他自己而言，諸葛亮、魏徵也不是最高目標。意思就是他期望神宗和自己的功業能超越過往那些公認的明君賢臣，成為君臣遇合、功垂千秋的新標竿。

撇開政治立場不談，北宋黃庭堅認為王安石：「余嘗熟觀其（王安石）風度，真視富貴如浮雲，不溺於財利酒色，一世之偉人也。」南宋朱熹雖對王安石變法有異議，但對其德、才、智、識也是讚不絕口，認為王安石之品德遠超揚雄和韓愈，甚至不輸顏回與孟子：

若論其（王安石）修身行己，人所不及。

王介甫為相，亦是不世出之資。

最後，讓我們再讀一首王安石的詩：

《鳳凰山》

歡樂欲與少年期，人生百年常苦遲。
白頭富貴何所用，氣力但為憂勤衰。
願為五陵輕薄兒，生在貞觀開元時。
鬥雞走犬過一生，天地安危兩不知。

如果人生可以選擇，王安石也願意活在無憂盛世，鬥雞走狗，戲謔一生，多輕鬆啊！說到底，富國強兵、革新變法並不是他必須擔起的責任，他也不是不知道那是一條無比艱難的路，可他依然選擇了負重前行。因為這樣的事，總要有人做。

至於生前身後名，當他邁出第一步時，就註定已將其置之度外。可惜風流總閒卻，千秋功過任評說。

周公子每期一問

①
②
③
④

蘇軾

北宋全能之王

西元七〇五年，神龍政變。

時任宰相的張柬之率禁軍誅殺武則天男寵張易之、張昌宗，包圍長生殿，武則天被迫退位，中宗復辟。

這是歷史脈絡中清晰可見的大事件，而在歷史的褶皺深處，還潛藏著無數生動的枝蔓與細節。比如，在這一年的元宵節，誕生了一首美麗的元宵詩：

《正月十五夜》

火樹銀花合，星橋鐵鎖開。
暗塵隨馬去，明月逐人來。
遊伎皆穠李，行歌盡落梅。
金吾不禁夜，玉漏莫相催。

此詩乃歌詠神都洛陽元宵夜「端門燈火」之盛況，首聯寫燈火輝煌，成語「火樹銀花」即由此而來；頷聯寫人流如織，明暗相間；頸聯寫夜遊之樂，突出歌伎之豔若桃李；尾聯寫人們通宵暢遊、樂而忘返之情。全詩詞采華豔，韻致流溢，好似一幅古代節慶風俗畫，讓人百看不厭。

在辛棄疾的《青玉案．元夕》問世前，這首應該算是元宵詩榜上的龍頭之作。而此詩的作者，名為蘇味道，武則天時期曾官至宰相。在初唐，這位老兄與杜審言、崔融、李嶠並稱為「文章四友」。

大家都知道，杜審言後來有個十分厲害的孫子，名為杜甫。而蘇味道的後人，在整個唐代詩壇都再沒翻出過什麼水花。那麼，蘇氏一脈的詩才，就止於這首《正月十五夜》了嗎？令人欣慰的是，答案是否定的。

事實上，這一家只是反射弧比較長，屬於厚積薄發型——蘇氏一門人品大爆發，祖墳集體冒青煙，因為他們的後人中出現了以下三個名字：蘇洵、蘇軾、蘇轍。

父子三人隨便扯出一個來，都是光耀當世、垂範千古的重量級人物。當然，其中光芒最盛者，當數蘇軾。

太優秀，所以和狀元郎失之交臂？

宋仁宗景祐三年（一〇三六年），四川省眉山市內草木豐茂、秀麗多姿的彭老山一夜之間花草凋零，樹木枯萎。同年，當地一個中產家庭迎來一位新生兒，就是我們本章的主人公蘇軾。相傳，彭老山的鐘靈毓秀，從此就附著在這個五千年方得一遇的文化巨人身上了。

二十年後，蘇家父子三人赴京趕考。

嘉祐二年（一〇五七年）的這場科考，可能是整個中國科舉史上知名度最高的一場，因為考生陣容實在過於豪華，除了蘇軾、蘇轍外，還有同樣位列「唐宋八大家」的曾鞏，後來都做到宰相的曾布、呂惠卿和章惇，以及「程朱理學」的開創者程顥、程頤兩兄弟，「關學」的創立者張載等。主考官則是大名鼎鼎的文壇盟主歐陽脩。

這是一場直接影響了北宋歷史的考試，因此號稱「千年科舉第一榜」，又稱龍虎榜。而我們的主人公蘇軾，在這場千年來競爭最為激烈的廝殺中，一舉脫穎而出，差點考了個全國第一。

為什麼說是「差點」呢？

事情是這樣的，宋朝科考和唐朝大不一樣，唐代科舉不糊名，走後門、靠關係的比比皆是。而宋朝就公平多了，不僅糊名，考完後還派專人將答卷重抄一篇，連閱卷老師根據字跡放水的可能性都沒有。就因為這樣，話說主考官歐陽脩讀完蘇軾的卷子後，連呼妙文，立時就想取為第一。方提筆欲圈，心中忽閃一念：這麼優秀的答卷，十有八九是自己的弟子曾鞏所為，若將其圈為第一，恐遭非議。

於是轉手就給了個第二，蘇軾就這樣與狀元郎失之交臂。

深受歐陽脩喜愛，大宋開國百年第一人

塞翁失馬，焉知非福。蘇軾雖錯失第一，卻也因此給歐陽脩留下了深刻印象。試卷解封後，歐陽老師立即對他另眼以待，並抑制不住欣賞之情發了文：「此人可謂善讀書，善用書，他日文章必獨步天下」，還標註了很多同事；後來讀到蘇軾的《謝歐陽內翰書》之後，更是感慨連連：讀蘇軾來信，竟喜極汗下，果然後生可畏，老夫當讓出一條路，讓年輕人出人頭地。

不僅如此，歐陽脩還曾對自己的兒子說：「再過三十年，不會再有人提起你老爹的名字啦。」意思是長江後浪推前浪，到時自己已被蘇軾拍倒在沙灘上了。

其實不用三十年，被當代文壇領袖如此讚譽，蘇軾在科考後就紅遍京師。從一個默默無名的四川小伙子，華麗轉身成為北宋文壇上的一匹強力黑馬，從此每有新作必上暢銷榜——歐陽老師每篇必按讚，還留言說每讀到他的文章都會開心一整天；皇帝的侍從也說，只要皇上在吃飯中途放下筷子，必定是在讀蘇軾的奏表。

然而，蘇軾的科考戰績，並不止於此。三年後，他和弟弟蘇轍又一同挑戰難度最高的制舉考試——由皇帝特別下詔，並親自主持的特科招考，選出來的那絕對都是人中之龍。在兩宋三百年歷史中，考中制舉者僅四十一人，而考中進士的有四萬多名，相差一千倍，含金量完全不在一個層次。

在這次考試中，蘇軾再一次震驚世人，破天荒地取得了第三等的好成績！

我猜大家此時肯定噓聲一片：「什麼，才三等就炫耀成這樣了？」

各位讀者們，你們有所不知，這個級別的考試，一二等純屬虛設，整個宋朝都沒人考中過。事實上就連三等，大宋開國一百年來，在蘇軾之前也僅一人曾獲此殊榮，而且所考的科目還與蘇軾不同。所以，在這一次的制舉科目中，蘇軾是響噹噹的全國第一兼開國第一。蘇轍比哥哥差了點，得了第四等（蘇轍表示：哎，沒辦法，有這麼個才華洋溢的哥哥，也只能一輩子活在他的陰影裡了）。

據說殿試之後，宋仁宗興沖沖地跑回宮中，對皇后說：「朕今天為子孫得了兩個太平宰相！」

不得不說，做皇帝的，果然看人就是準。後來蘇轍最高官至門下侍郎，相當於副宰相，而蘇軾也曾距宰相之位僅一步之遙而已。

政治失意，卻造就文學高峰
——《飲湖上初晴後雨》、《水調歌頭》

那麼，問題來了：蘇軾才華滿腹，又被皇帝看好，為什麼終究沒能做到宰相呢（同屆考生中可是出了一打宰相）？哎，總歸一句話，都是「口無遮攔」惹的禍。

熙寧二年（一〇六九年），著名的王安石變法開始啟動，北宋新舊黨爭也自此拉開序幕。

蘇軾認為變法應徐徐圖之，不該急躁冒進，所以一開始他站在保守派這邊。但很快保守派集體遭到排擠，歐陽脩退隱林泉，不久辭世；司馬光則閉門不出，埋頭撰寫《資治通鑑》。蘇軾執著地上了幾篇言辭犀利的萬字奏章後，發現勢難挽回，於是也自請外調，選擇到地方上發光發熱。

從這個階段開始，文人身上亙古不變的規律，開始在蘇軾身上顯現：每每政治失意時，便也是文學創作佳篇翻飛的巔峰時刻。任杭州通判期間，他寫出了那首膾炙人口、「遂成為西湖定評」的經典七絕：

《飲湖上初晴後雨》

水光瀲灩晴方好，山色空濛雨亦奇。
欲把西湖比西子，淡妝濃抹總相宜。

此詩前兩句既寫了西湖的水光山色，也寫了西湖的晴姿雨態。首句寫晴日映照下的瀲灩湖波，次句寫煙雨籠罩下的靄靄群山，後兩句則略貌取神，以西施喻西湖，空靈貼切，堪稱妙手偶得的神來之筆。

在密州（今山東諸城），他初試「豪放詞風」便出手不凡：

《江城子．密州出獵》

老夫聊發少年狂，左牽黃，右擎蒼，錦帽貂裘，千騎卷平岡。為報傾城隨太守，親射虎，看孫郎。

酒酣胸膽尚開張，鬢微霜，又何妨！持節雲中，何日遣馮唐？會挽雕弓如滿月，西北望，射天狼。

這首詞上片寫出獵的雄姿，蘇軾左手牽黃犬，右臂架蒼鷹，隨從的將士也是個個錦帽貂裘的行獵裝束，千騎同奔，平岡馳騁。為報答傾城前來圍觀的百姓們，我一定要像三國的孫權那樣，親自彎弓射虎！

酒酣之後，詞人胸膽開闊，興致益濃，雖鬢邊已有白髮，卻依然胸懷壯志。漢文帝時，雲中太守魏尚抗擊匈奴有功，但因誇大軍功，獲罪削職，後來文帝又派馮唐持符節去赦免了魏尚。蘇軾借此表示，如果朝廷也能派我到邊疆抗敵，我定會挽弓如滿月，將侵擾大宋的西夏和遼國打敗！

全篇可謂「狂」態畢露，一詞即出，便橫掃昔日詞壇上的軟骨媚氣，充滿陽剛之美。自此，蘇軾開宗立派，將詞從專寫花間月下、男女相思的促狹範圍中解放出來，詩詞一體，詞亦言志，大幅拓展了宋詞的境界和表現形式。

而在這期間的某個中秋，他因思念七年未見的弟弟蘇轍，歡飲達旦，才情爆發，大醉中寫下那闋絕唱古今的中秋詞：

《水調歌頭．明月幾時有》

丙辰中秋，歡飲達旦，大醉，作此篇，兼懷子由

明月幾時有？把酒問青天。不知天上宮闕，今夕是何年？我欲乘風歸去，又恐瓊樓玉宇，高處不勝寒。起舞弄清影，何似在人間？

轉朱閣，低綺戶，照無眠。不應有恨，何事長向別時圓？人有悲歡離合，月有陰晴圓缺，此事古難全。但願人長久，千里共嬋娟。

此詞全篇皆佳句，上片凌空而起，由實入虛，借明月自喻清高；下片波瀾層疊，自虛轉實，以月圓襯托離別。整首詞既道出了對人間悲歡離合的無奈，又展現了對宇宙

人生的哲思追尋。前半段極具李白的瀟灑仙逸之姿，結尾處卻又回歸煙火俗世的溫馨祝福。

千百年來，激賞者無數。其中，尤以宋人胡仔《苕溪漁飲叢話》中的評價最具代表性：「中秋詞，自東坡《水調歌頭》一出，餘詞俱廢。」

不過，當時的蘇軾，不僅是個大刀闊斧的文學改革者，更是個身在地方而心憂天下的赤誠人臣。

在他筆下，除了這些歌唱人生感慨的千古大作，更有不少針砭時弊、不寫不快的「政治吐槽詩」。比如諷刺新法與民爭時，他寫了「贏得兒童語音好，一年強半在城中」，意指新法手續繁雜，農民們為了辦理這些貸款手續，一年中有大半年的時間耗在城裡，耽誤了生產勞動，孩子們倒是因此都有城裡口音了；針對朝廷壟斷鹽業，鹽價過高，導致山民長期淡食，他寫了「豈是聞韶解忘味，邇來三月食無鹽」……。

只不過蘇軾萬萬不會想到，這些為民呼號的隨手之作，卻差點給自己惹來殺身之禍。

手足情深的依靠和慰藉

元豐二年（一〇七九年），盛夏七月，一艘從湖州至京城的官船停泊在太湖的蘆香亭下。那天晚上，月到中天，繁星點綴。一個身材頎長的中年人悄然步出船艙，眉頭緊蹙地望著微風拂動的湖面，很顯然，他不是來對月吟詩的。事實上，他正在糾結是否該一躍而下，將自己的生命付諸清風流水，如此便可不再拖累家人友朋，也不用遭受牢獄審訊的侮辱。

一隻腳已踏上船舷，耳畔卻忽然傳來弟弟的一聲急喝：「我兄，萬不可以死服罪！」聲音是如此真切，彷彿子由就在自己身後，猛然回首，卻只有微風拂過。難道是手足連心？

一陣悵惘之後，他猛然醒悟：「是啊，子由說得對，如果此刻放棄生命，豈不等於伏法認罪？而我又何罪之有？！是的，不能死，活著才能洗刷冤屈。」

我們要感謝蘇轍，正是因為對他的手足情深，最終讓蘇軾在被捕途中打消了自尋短見的念頭。

是說，只是寫寫詩，發幾句牢騷而已，怎麼就會落到下獄治罪的地步呢？唉，政治鬥爭，從來不能只看表面。

元豐年間的政局與熙寧年間已大不相同。新法的推行深陷泥沼，變法派唯恐大權旁落，榮華盡失，急需找一個突破口壓制蟄伏待起的保守派力量。是的，此時的政治鬥爭已不完全是變法問題，更多的是官場利益的互相傾軋。而蘇軾正是在這個節骨眼上，撞在了變法派的槍口上。彼時他密州任期已滿，調任湖州太守，按照慣例要給皇上寫感謝信。好巧不巧，在這封《湖州謝上表》裡，他寫了如下幾句「陰陽怪氣」的話：

知其愚不適時，難以追陪新進；察其老不生事，或能牧養小民。

意思是皇帝知道我愚昧不合時宜，難以追隨那些升遷迅速的官場新貴，也知道我年紀大了不會胡來，所以安排我到小地方照顧老百姓。這幾句暗含譏諷的話，算是徹底捅了馬蜂窩。

因為蘇軾名氣高，詩歌傳播度廣，變法派早就對這個整天唱反調的「大喇叭」咬牙切齒，正愁找不到地方下手；這下好了，你自己遞上了小辮子！太好了，就拿你開刀，把你們保守派一舉殲滅！

變法派中的得勢小人們，就此輪番上陣彈劾蘇軾，從《湖州謝上表》追查到個人詩集，控訴蘇軾在詩文中處處抨擊新法，蔑視朝政，最後居然言之鑿鑿地列出了四大該殺之罪。

蘇軾就此鋃鐺入獄，而這就是大名鼎鼎的「烏臺詩案」，也是蘇軾一生的分水嶺。在獄中，他受盡折磨，御史臺為了逼其認罪，動輒辱罵甚至撲打，還經常通宵審判，使他不得休息，企圖擊潰他的心理防線。

當時，關押在隔壁牢房的一位犯官曾寫詩記錄蘇軾遭受的非人待遇：「遙憐北戶吳興守，詬辱通宵不忍聞。」（吳興守指的是湖州太守）。讓同為囚犯的人都起了同情之心，可見蘇軾當時處境有多慘。不過，萬幸的是，雖然小人們處心積慮，誓要致蘇軾於死地而後快，可神宗到底還是憐惜蘇軾的才華。再加上太后和一些元老重臣紛紛求情，關押四個多月後，蘇軾終於虎口脫險，免於一死。

這其中，特別令人動容的是，為蘇軾上書辯護的竟還包括昔日的政敵王安石。彼時，王安石也已被小人構陷退休，卻特地寫信給神宗：「豈有聖世而殺才士者乎？」

這句話在營救蘇軾上起了至關重要的作用。同時也讓我們看到了君子和小人的真正區別：君子和而不同——你我雖政見不同，但不影響我對你的欣賞和處事決斷的公正。

烏臺詩案種下內心陰影

死罪可免，活罪難逃——蘇軾就此被貶為黃州團練副使，但這只是個空頭虛職，基本上就是由黃州政府代為看管的罪人一枚，如果擅離黃州都算違法。

此時蘇軾四十五歲，人到中年，卻深陷低谷。初到黃州，他常整天閉門不出，只有晚上才會一個人悄然出門，在月色溶溶下獨自散步。朗月清輝下，天地之間是如此安寧美好，只有在這種時刻，他才能稍稍忘卻心中的恐懼與傷痛。

一天夜裡，他漫步走到了長江之畔，佇立江邊，靜聽風濤陣陣。遠處，一鉤殘月斜掛在梧桐樹梢。忽而，一隻受驚的孤鴻從雲中掠出，在江岸樹叢盤旋良久，卻終究不肯擇枝棲息，最後悲鳴一聲，飛越江水，輕輕地落在了江心那片寂寞的沙洲之上……，蘇軾被此景深深地觸動了。這孤傲的鴻雁與自己何其相似，都是心有悲恨無人領會，也都是品格清高不肯與世沉浮，想到這，一首托物自喻的《卜算子・黃州定慧院寓居作》自然流出：

缺月掛疏桐，漏斷人初靜。誰見幽人獨往來，縹緲孤鴻影。
驚起卻回頭，有恨無人省。揀盡寒枝不肯棲，寂寞沙洲冷。

「烏臺詩案」的確給蘇軾留下了相當大的心理陰影。最初，他給朋友寫信，末尾大多是這樣：

……然信筆書意，不覺累幅，亦不須示人。

……拙詩一首，聊以記一時之事耳，不須示人。

……看訖，便火之，不知者以為詬病也。

你看，要麼是叮囑不要給別人看，要麼乾脆讓對方閱後即焚。彼時的蘇軾，如同一隻驚弓之鳥，深恐哪句不合時宜的話再被好事小人揪住大做文章。他曾向朋友自述當時心態：

得罪以來，深自閉塞，扁舟草屨，放浪山水間，與樵漁雜處，往往為醉人所推罵，輒自喜漸不為人識。

自被降罪以來，我一心閉門思過，不與外界往來。常乘小舟，穿草鞋，放浪於山水之間，跟漁民樵夫混雜相處，常被醉漢推搡怒罵。從前名滿天下，現在無人識得，心裡反倒暗自高興，做個普通人不也挺好的嘛！

除了對陌生環境的恐懼，當時的蘇軾還承受著人情冷暖、世態炎涼的衝擊：

平生親友，無一字見及，有書與之亦不答，自幸庶幾免矣。

往日的狐朋狗友們，誰也沒有給句安慰話，寫信給他們也不回。呵呵，看來我真該慶幸自己與世隔絕，不會再惹禍上身了。

除卻精神層面的痛苦，他在黃州的物質生活，也面臨巨大挑戰。

逆境下的體悟，大江東去浪淘盡——《念奴嬌》

蘇軾不善理財，之前雖為官多年，然「俸入所得，隨手輒盡」。到了黃州之後，因身屬犯官，除一份微薄的實物配給外，不再有正常俸祿，也因此一家二十幾口的衣食住行都成了大問題。在給弟子秦觀的書信中，他說為了維持生計，想出了如下「省錢妙方」：

> 初到黃，廩入既絕，人口不少，私甚憂之，但痛自節儉，日用不得過百五十。每月朔，便取四千五百錢，斷為三十塊，掛屋梁上，平旦，用畫叉挑取一塊，即藏去叉，仍以大竹筒別貯用不盡者，以待賓客。

意思是他現在力行節儉，每日消費不得超過一百五十錢。每月初取四千五百錢，分為三十份，掛在屋梁上，每天用掛書畫的長柄木叉挑下一份，就把叉子藏起（防止消費超額），每日如有結餘，則放到大竹筒裡存起來，用來招待客人。

然而，就算節約如斯，過往儲蓄也僅能支撐一年。好在天無絕人之路，關鍵時刻，蘇軾的鐵粉馬夢得替他向黃州政府申請了幾十畝荒地開墾種植，又在黃州人民的幫助下蓋了幾間房屋，生活總算有了著落。由於耕種的地方位於黃州東門外，蘇軾就幫自己的地取名「東坡」，並自號「東坡居士」。

某現在東坡種稻，勞苦之中亦自有其樂。有屋五間，果菜十數畦，桑百餘本。身耕妻蠶，聊以卒歲也。

在日復一日的躬耕之中，蘇軾參悟著生命與自然的原始意味，慢慢洗去從前的傲氣與鋒芒，日漸平和穩健；恐懼與畏禍的情緒漸次消退，而反思自我、直面人生的勇氣卻在無形中增長。是的，逆境的最大價值就在於它會強迫我們轉過頭來認清自己。終於，在七百多個日夜的思索與沉澱中，脫胎換骨的時刻到來了。

又是一個月下漫步的夜晚，蘇軾來到了赤壁磯頭——相傳三國時期周瑜大破曹軍的古戰場。

望著滾滾而逝的江水，俯仰古今，蘇軾不禁心潮激蕩，浮想聯翩：羽扇綸巾、風姿瀟灑的周瑜風華壯年既已建功立業，而自己年近半百，卻仕路蹭蹬，功業成空，怎不令人感懷憂憤！然而，放眼歷史長河，即使周瑜、曹操這樣的一時豪傑不也都被大浪淘去，不留一絲痕跡嗎？既然千古風流人物都難免如此，那麼一己之榮辱窮達又何足嘆兮！

想到這裡，蘇軾壯懷激烈，詞情奔湧，就此揮灑出北宋詞壇上最負盛名的傑作：

《念奴嬌．赤壁懷古》

大江東去，浪淘盡，千古風流人物。故壘西邊，人道是：三國周郎赤壁。亂石穿空，驚濤拍岸，捲起千堆雪。江山如畫，一時多少豪傑！

遙想公瑾當年，小喬初嫁了，雄姿英發。羽扇綸巾，談笑間，檣櫓灰飛煙滅。故國神遊，多情應笑我，早生華髮。人生如夢，一尊還酹江月。

是啊，放眼整個江山歷史，誰的人生不似夢一場呢？可是，就算是做夢，也要做一個熱熱鬧鬧、轟轟烈烈的好夢啊！既然辛辛苦苦地上臺，就要唱一齣精彩的好戲，把每一天都過得有聲有色！在驚濤拍岸的江聲中，他大笑而歸，就此與命運握手言和——從前的蘇軾不見了，一個嶄新的蘇東坡誕生了。

心念一轉，人生處處皆風景
——《定風波》、《記承天寺夜遊》

從小我的憂患中抽離出來，蘇軾重新煥發出對生活的無限熱愛。原本就是吃貨的他，在黃州研製出大名鼎鼎的「東坡肉」：

> 黃州好豬肉，價賤如糞土。富者不肯吃，貧者不解煮。慢著火，少著水，火候足時它自美。每日早來打一碗，飽得自家君莫管。

果然，美食使人快樂。

此外，農務越來越上手之後，他於閒時也開始研究養生或練習書畫，也不忘向朋友分享：

某近頗知養生，亦自覺薄有所得。見者皆言道貌與往日殊別。……兼畫得寒林墨竹已入神矣，行草尤工……

最近養生有道，別人都說我越來越年輕了，耶！還有啊，我現在畫樹林和竹子簡直已出神入化，書法也越來越厲害。看來蘇大哥這一身的藝術細胞，藏都藏不住！

心窗已開，朋友也越來越多，官員、農夫、道士、和尚，形形色色；與友人們一起兩遊赤壁，又譜寫出為後人所熱烈追捧的前後《赤壁賦》（對於這兩篇神文，沒什麼好說的，大家記得背誦全文就對了）。

某次，他呼朋喚友，一同去相田買地。歸來途中，偶遇風雨，同行友人皆狼狽奔走，唯他泰然處之，緩步而行，曠達胸襟，躍然紙外：

《定風波・莫聽穿林打葉聲》

莫聽穿林打葉聲，何妨吟嘯且徐行。竹杖芒鞋輕勝馬，誰怕？一蓑煙雨任平生。

料峭春風吹酒醒，微冷，山頭斜照卻相迎。回首向來蕭瑟處，歸去，也無風雨也無晴。

心念一轉，則人生處處都是風景。

有時晚上睡不著，還興之所至，跑到承天寺，把那兒的朋友張懷民找來，一起庭中漫步，細觀清月朗照，一不小心，又寫出了整個宋代最令人驚喜的散文隨筆《記承天寺夜遊》：

元豐六年十月十二日夜，解衣欲睡，月色入戶，欣然起行。念無與為樂者，遂至承天寺尋張懷民。懷民亦未寢，相與步於中庭。庭下如積水空明，水中藻荇交橫，蓋竹柏影也。何夜無月？何處無竹柏？但少閒人如吾兩人者耳。

院中月光如水，松柏修竹影印其中，好似水草縱橫交錯。結尾的「何夜無月？何處無竹柏？但少閒人如吾兩人者耳」，言已盡而意無窮，既為自己情趣高雅、善於發現美享受美而自豪，又暗含無辜被貶，壯志難伸，不得不做個「政治閒人」的自嘲之意。一語雙關，妙極！妙極！

平日，忙完農活，晚間他也常和友人在東坡雪堂喝酒串門子，嗨到半夜。有一次大醉晚歸，家中門童已鼾聲如雷，怎麼敲門都不應。他也不生氣，索性倚在門口，賞水天相接，聽江濤陣陣：

《臨江仙．夜飲東坡醒復醉》
夜飲東坡醒復醉，歸來彷彿三更。家童鼻息已雷鳴。敲門都不應，倚杖聽江聲。
長恨此身非我有，何時忘卻營營。夜闌風靜縠紋平。小舟從此逝，江海寄餘生。

是啊，此時的蘇軾已是「尚有身為患，已無心可安」——心靈的昇華已然完成，只是還要為衣食身家而奔波。他多想就此脫離俗世，駕一葉扁舟，在煙波江海中了卻餘生……，但人生有意思的地方就在於，你永遠也猜不透命運下一步的安排。

居黃州四年後，蘇軾「江海寄餘生」的願望沒實現，倒等來了「柳暗花明又一村」的仕途飛升。

不謂新舊黨派，只論是非對錯

元豐八年（一〇八五年），神宗病故，哲宗年幼，支持保守派的太皇太后垂簾聽政。朝堂之上，風雲突變。司馬光復出為相，蘇軾則一路開掛，在一年半的時間內，從地處偏遠的戴罪犯官一路直升到三品大員，飛躍十二個官階，距宰相僅一步之遙。

照理說，舊黨已翻身做主人，蘇軾的日子該是如魚得水了吧？結果並沒有，因為他「口無遮攔」的毛病，居然又犯了！

司馬光上臺後，下令全面廢除新法，蘇軾卻從舊黨隊伍裡一個大步向前，昂首道：「我反對！」同僚們瞬間驚呆：「大哥，有沒有搞錯，你到底站哪一邊啊？被新黨整得最慘的，難道不是你嗎？」

然而，這才是真正體現蘇同學格局和境界的時刻。

一開始，蘇軾的確是反對新法的先鋒部隊，但經過長期觀察，他發現新法也並非一無是處。所以現在他反對這種一刀兩斷的廢除，認為應「校量利害，參用所長」。

什麼叫實事求是？什麼叫具體問題具體分析？這就是！每每看到此處，在下對蘇同學的欽佩之情，便猶如滔滔江水，連綿不絕。這是一個為了堅持真理，不惜狂打自己臉的人啊！

從前因為反對新法而九死一生，現在卻能不以個人好惡和官場利益出發，只為國計民生考慮——法無新舊，唯善從之。此何等無私之心胸也！佩服佩服！

就這樣，蘇軾戰完新黨戰舊黨，多次和司馬光產生激烈爭論，搞得自己「新黨看他像舊黨，舊黨看他像新黨」，裡外不是人，兩面不討好。

要知道，如果他當時選擇只為個人仕途著想、唯司馬光馬首是瞻的話，他是極可能在司馬光去世後榮登相位的。當然，果真如此，蘇軾也就不是我們心目中的蘇軾了。

最終，在新舊兩黨的夾攻下，蘇軾被迫再次申請外放，又歷任多地「地方首長」，政績卓著。其中最具代表性者，莫過於他任職杭州時，對西湖的治理改造；不僅造福了北宋百姓，還為後人留下了風景如畫的「蘇堤春曉」與「三潭印月」。

另外，在為百姓服務的過程中，還有很多妙事可一窺他的仁慈和寬厚：杭州張三賣扇為生，結果整天下雨開不了張，沒錢還債，被人告到衙門。蘇軾瞭解原委之後，潑墨揮毫在扇子上提字作畫，令其賣掉還債。結果，在衙門門口，就被聞風而來的東坡粉絲們搶購一空。

還有個老書生，因冒名欺詐被逮捕：他隨身攜帶的快遞包裹上，收件人寫的是京城蘇侍郎（蘇轍），寄件人是蘇東坡。見到蘇軾，老書生羞愧不已：「這是家鄉父老送我去趕考的物資，為了避免被抽稅，就冒用了大人名號，請大人原諒啊！」

沒想到，蘇軾聽後哈哈一笑，拿來一張新的快遞單，親筆署名後遞給老書生：「這下就不是欺詐了，前輩，祝你金榜題名哦！」

老書生感動萬分，並且真的考上了，返鄉途中去拜謝他，他還留人家好吃好喝住了幾天。看來，若將蘇軾奉為百姓之友，絕對當之無愧！

「物貧心不貧」的自得其樂

斗轉星移，倏忽之間，十年已過。太后去世，哲宗親政，被管久了的孩子，都有一顆叛逆之心。所以，哲宗一上臺，馬上將舊黨打下去，政局再次翻天。

蘇軾又一次成為新黨的眼中釘，以花甲之齡，被遠貶七千里之外的嶺南惠州——一路走一路貶，再次成為一個沒有任何實權的戴罪犯官。

《西江月·世事一場大夢》

世事一場大夢，人生幾度秋涼？夜來風葉已鳴廊。看取眉頭鬢上。

酒賤常愁客少，月明多被雲妨。中秋誰與共孤光。把盞悽然北望。

兜兜轉轉，彷彿大夢一場後又跌回了最低谷。然而今時不比往日，經過中年謫居黃州的洗禮，蘇軾早已練就一番超然曠達的心態：

譬如元是惠州秀才，累舉不第，有何不可？

就當我是個一直落榜的惠州老秀才吧！有什麼大不了的，走吧！就當作是公費旅遊吧！

政敵貶他到惠州，自然是希望他吃苦受罪。結果蘇軾的日常生活風景卻是這樣：

《惠州一絕》

羅浮山下四時春，盧橘楊梅次第新。
日啖荔枝三百顆，不辭長作嶺南人。

朋友們，我現在宣布：惠州太適合我這個吃貨啦！有楊梅、枇杷、橘子等各種新鮮水果，哥荔枝都吃撐啦！

報導先生春睡美，道人輕打五更鐘。（《縱筆》）

親愛的大家，我最近蓋了新房子，有時會在院中籐椅上就著陽光和春風睡個回籠覺，經常聽到屋後寺院隱隱的鐘聲，好不悠哉。

京城的新黨看不下去了：好傢伙，被貶官還敢過得這麼逍遙自在。再貶！流放海南！

這在古代算最慘的流放地了，就跟現在把你空投到原始部落一樣。政敵一心想借此把蘇軾徹底擊垮，結果沒想到，剛踏上海南島，人家蘇軾自己就想開了：

吾始至南海，環視天水無際，淒然傷之，曰：「何時得出此島耶？」已而思之，天地在積水中，九州在大瀛海中，中國在少海中，有生孰不在島者？覆盆水於地，芥浮於水，蟻附於芥，茫然不知所濟。少焉水涸，蟻即徑去，見其類，出涕曰：「幾不復與子相見，豈知俯仰之間，有方軌八達之路乎？」念此可以一笑。戊寅九月十二日，與客飲薄酒小醉，信筆書此紙。（《試筆自書》）

這段話意思是說，初到海南時，他環視天水茫茫，內心非常傷感，擔憂有生之年還能不能出島。後來仔細一想，九州大地都被大海包圍，那不相當於人人都在島上嗎？自己現在的處境，就像路上潑了盆水後，積水中，一隻螞蟻附在小草枝上，茫然四顧，不知要飄向何方。不一會兒，水乾了，螞蟻徑直而去，見到同類，哇哇大哭：「嗚嗚嗚，差一點就再也見不到你了！」

想到自己就如同這只螞蟻，為如此小事淒淒慘慘，不是很可笑嗎？站在天地宇宙的宏觀角度去俯視小我處境，使蘇軾得以超越苦難，繼續保持隨緣任運的樂觀精神。

他垂老投荒到了海南後（已年逾六十），政府一分錢工資都不再發，政敵們還唯恐蘇軾過得太舒服，派人把他從官舍裡轟出來，多虧黎族人民幫著在桄榔林裡蓋了幾間房，他才有了棲身之所。

當時的海南物資匱乏，吃飯都成問題（北船不到米如珠），蘇軾為了寫東西還自己制墨，差點把房子燒掉。更有一篇文章記錄他和兒子靠吞咽陽光來充饑，當然非常有可能是玩笑話，但足以證明處境艱辛。但即便如此，也沒能改變蘇軾的達觀本色。登島後，他發現「此間食無肉、病無藥、居無室、出無友、冬無炭、夏無寒泉」，但給朋友寫的信卻說：「我想到京城每年不知有多少人死在庸醫手裡，覺得自己真幸運，哈哈。」

後來他又發現海南的牡蠣很好吃，於是跟小兒子（蘇叔黨）打趣說：「寶貝，這兒的牡蠣太好吃了！我們千萬不能讓朝中官員知道，怕他們跑來跟我搶。」

東坡在海南，食蠔而美，貽書叔黨曰：無令中朝士大夫知，恐爭謀南徙，以分此味。

閒來無事，他還別出心裁把椰子殼加工成「椰子帽」，引領時尚風潮；順便給貶居雷州的蘇轍也寄了一個，蘇轍收到非常喜歡，還寫詩說：

垂空旋取海棕子，束髮裝成老法師。（《過侄寄椰冠》）

海粽子就是椰子。看看，你們兄弟倆是真會玩！拜託啊兩位大哥，你們是被流放啊，能不能不要這麼度假風！

在海南，蘇軾偶爾也會發個限時動態：「我在這一天沒人作伴就難受，有次跟黎族老友約好一起在桄榔樹下吹牛皮，我四處找他，驚得雞飛狗跳，有夠奇怪的，哈哈哈。」

東行策杖尋黎老，打狗驚雞似病風。

（《訪黎子雲》）

另一個限時動態則是：「有一天，我頭頂一個大西瓜在田間邊走邊唱，開心得不得了。一個七十多歲的老太太問我：『翰林學士，你從前在朝中做大官，現在想想，是不是就像一場春夢？』於是，我就給她起了個綽號叫『春夢婆』，哈哈哈！」

林語堂說，蘇軾是個無可救藥的樂天派。是的，在任何環境中都能自得其樂，找到生活的閃光之處，正是蘇軾身上最具魅力之處。

小舟從此逝，江海寄餘生

世事總是無常。三年後，政局再變，蘇軾獲釋北返。與海南的百姓灑淚揮別後，他揚帆而去，心中萬千感慨。渡過瓊州海峽時，正值深夜。清亮的月光下，風平浪靜的海面顯得格外澄澈明淨。想到自己曲折坎坷、毀謗交加的一生，他禁不住提筆賦詩：

《六月二十日夜渡海》

參橫鬥轉欲三更，苦雨終風也解晴。
雲散月明誰點綴？天容海色本澄清。
空餘魯叟乘桴意，粗識軒轅奏樂聲。
九死南荒吾不恨，茲遊奇絕冠平生。

好一個「九死南荒吾不恨，茲遊奇絕冠平生」！是啊，雖然在荒僻的嶺海歷盡磨難，九死一生，但得以飽覽奇景異俗又何嘗不是生平難逢之快事！這樣的樂趣和人生感悟，是朝堂上那些汲汲於名利的小人永遠不可能懂的。

北返途中，東坡所到之處無不引起轟動。各地官員紛紛為其設宴洗塵，兼陪遊山玩水，無數粉絲找他寫字、題詩、求合影；到鎮江時，數千民眾夾岸歡迎，爭睹文豪風采。

遺憾的是，由於天氣酷熱兼舟車勞頓，蘇軾在歸途中染疾，到常州一個月後，病情不見好轉，他知道自己大限將至。最後的時刻，回望此生，他覺得了無遺憾：「我曾位極人臣，也曾耕種於山林，不論在巔峰還是低谷，我一直堅持初心。對國家和百姓，我盡了赤誠之心；對家人，我做到了手足情深，家庭和睦；對朋友，我做到了仗義、友愛，偶爾搞怪；對後世，我留下了兩千七百多首詩、三百多首詞、四千八百多篇雜文，還有傳世書法《寒食帖》……唯一可嘆的，就是沒能再見我親愛的弟弟子由一面，下輩子吧！我們還做好兄弟。」

最後，他對齊聚身側的兒孫們說：「我一生未做壞事，自信不會下地獄。」語罷，溘然而逝。

「小舟從此逝，江海寄餘生。」

有人說，這個世界好看的臉蛋太多，有趣的靈魂太少。幸好，這天地間，有過一個蘇東坡。

堪為古今第一文藝全才

古人云：「人生有三不朽，立德，立功，立言。」這三點，蘇軾全都做到了。

論德，如王國維所言：「三代以下詩人，無過屈子、淵明、子美、子瞻（蘇軾）者。此四子者，若無文學之天才，其人格亦自足千古。」現代中國學者康震評價說，蘇軾代表了古代知識分子中，最健全、最融通，也最為後人所仰慕的一種人格模式。在他身上，有李白曠逸超凡的神仙氣、有杜甫執著堅守的忠義氣，也有陶淵明東籬采菊的悠然情懷。

論功，終其一生，蘇軾不論居廟堂之高，還是處天涯之遠，都始終追求「兼濟天下」，且功績卓著。作為地方官，他身先士卒，滅蝗救災，抗洪築堤，興修水利。更曾以一己之力勸服朝廷免去十幾萬農民的貸款利息，並首開慈善事業和公立醫院之先河。即使老年貶居惠州和海南，他也沒閒著，在水利、教育、民生等諸多方面都為當地做出了影響深遠的貢獻，因此有「一自坡公謫南海，天下不敢小惠州」之說，海南更因有他大力推廣中原文化，才有了考中進士的歷史。

論言，元好問曰：「自東坡一出，情性之外，不知有文字，真有『一洗萬古凡馬空』之氣象！」是的，詩、詞、散文，蘇軾樣樣登峰造極，取得的文學成就不僅是北宋頂峰，亦堪稱集中國文化之大成！

除此之外，他還是北宋第一書法家，名列「蘇黃米蔡[9]」四大家之首；論繪畫，他筆下的墨竹或枯木怪石被視為稀世之珍。甚至，蘇軾在農業、水利、醫藥、軍事、音樂、烹飪、養生等領域也創造極廣，是極為罕見的天才型通才。泱泱中華五千年歷史，蘇軾堪為古今第一文藝全才！

他身上的豐富性無人可及，林語堂譽其一生是「人生的盛宴」。蘇東坡是個秉性難改的樂天派，是悲天憫人的道德家，是黎民百姓的好朋友，是散文作家，是新派的畫家，是偉大的書法家，是釀酒的實驗者，是工程師，是假道學的反對派，是瑜伽術的修煉者，是佛教徒，是士大夫，是皇帝的秘書，是飲酒成癖者，是心腸慈悲的法官，是政治上的堅持己見者，是月下的漫步者，是詩人，是生性詼諧，愛開玩笑的人；而這一切，可能還不足以勾勒出蘇軾的全貌。

是啊，蘇軾像一片浩瀚璀璨的星空，是中華文化中取之不盡的寶庫。「唯大英雄能本色，是真名士自風流。」世間焉得更有此人！

最後，謹借「蘇門六君子」之一李廌之語，致敬心中永遠的蘇東坡：

道大不容，才高為累。皇天后土，鑒平生忠義之心；名山大川，還千古英靈之氣。

⑨ 指蘇軾、黃庭堅、米芾和蔡襄，俗稱「宋四家」。

周公子每期一問

老蘇，我穿越回去當你的門童如何？
①
不管你多晚回來我都會等你，絕對不會「鼻息已雷鳴」～
②
但在黃州太窮了，沒錢發薪水給妳啊……
③
談錢多傷感情啊，一起吃東坡肉就好了呀！
④
這樣就行了啊？本來還想贈你一幅《寒食帖》的說～
⑤
贈你一幅《寒食帖》的說～
《寒食帖》的說～
⑥

宋徽宗

一個被皇帝耽誤的全能藝術家

北宋政和二年（一一一二年），宋徽宗執掌大宋帝國已十二個年頭了。

這年正月十六，汴京上空突然彩雲繚繞，低映在皇宮宣德門周圍。彩雲之上有群鶴翔集，長鳴如訴，經時不散，其中還有兩隻落在宮殿左右兩個高大的鴟吻之上，相對而立，姿態閒適。一時之間，引得皇城宮人和往來市民爭相駐足，驚嘆連連。

親睹此情此景、身為狂熱道教徒的宋徽宗更是興奮異常：「彩雲仙禽，乃祥瑞之兆，我大宋必可興盛萬載！」欣之所至，他隨即揮灑丹青妙筆，將此祥瑞之象繪於絹素之上，這幅畫就是大名鼎鼎的《瑞鶴圖》，是徽宗筆下難得的詩、書、畫俱為上乘的珍品佳作。

當徽宗同學志得意滿地在畫作上簽下「天下一人」的花押時，我想他怎麼也不會料到，此時距離繁華落幕的「靖康之恥」只有區區十五年了。

與李後主相似的人生曲線？

宋徽宗趙佶的人生，從一開始就充滿傳奇和宿命的意味。

熟悉歷史的都知道，大凡天子降世，往往會天生異象，比如狂風暴雨、紫氣東來之類。其中的典型代表有劉邦，傳說其出生時有蛟龍自天外破窗而入，盤旋於產床之上（這也編得太誇張了，產婦嚇都嚇死了，還怎麼生孩子）；還有趙匡胤，生來就滿身香氣，皮膚還是金色的（八成是新生兒黃疸）；朱元璋出生時也是滿室紅光，鄰居還以為他家失火了。

以上人物雖出生狀況各有不同，但暗示的含義都是一致的：哥有天命在身，是註定要做皇帝的（都是套路，大家懂的）。而宋徽宗出生時的傳說，就比較個性了。

據說，在他降生前，其父宋神宗曾到秘書省觀看南唐後主李煜的畫像，對這位亡國之君的儒雅風度極為心儀，隨後就生下了徽宗；徽宗之母生產前，也曾夢到李煜來謁，懇請其多多關照。

這就尷尬了——人家都是生來就是真命天子，我生來註定是亡國之君？

這類野史傳說，自然不可深信。但不得不承認，宋徽宗和李煜的人生歷程實在太過相似。除了都有文采風流和亡國之君的標籤外，就連他們登上皇位的緣由，幾乎都堪稱雷同。

誠如前述，李後主本來是無緣也無心皇位的，可惜他的一群好哥哥跟商量好了一樣，全都早早去世了，李煜這才無奈登基，成為一個弱國之君。

宋徽宗的情況，與李煜如出一轍。原本富貴閒人的王爺做得好好的，可惜十八歲那年，二十四歲的哥哥宋哲宗英年早逝，身後無子。在各種政治力量的角逐下，本來在皇位候選人中只能排第三位的趙佶同學，一下子由端王成為一國之君宋徽宗。

傳聞消息傳來時，他還正在綠茵場上玩蹴鞠[10]。在這場皇位爭奪戰中，時任宰相的徽宗反對派代表章惇（他支持哲宗的同母胞弟趙似）說過一句非常著名的話：「端王輕佻，不可以君天下。」

雖然章惇也算不上什麼好人（就是他把人見人愛的蘇東坡同學踢到了惠州和海南），但我們必須承認此人能謀善斷，看人的眼光著實精準，他的這句話簡直就是徽宗執政二十幾年的完美備註。

不過在當時，徽宗同學應該是不服的：「誰說哥輕佻不能君天下？我偏勵精圖治給你看！」

初期勵精圖治，但好景不常

大家要相信，沒有哪個皇帝一上臺就是立志要做昏君的。就像我們興沖沖開始一份新工作時，誰都不會故意去把這份工作搞砸。宋徽宗也一樣，剛登帝位時，也是信心滿滿地打算要做出一番成績。

事實上，他不光空想，還真的做到了。比如上位之初，他主張不搞什麼無謂的派別之爭，而是保持中正公允，還把諸如司馬光、蘇軾、范純仁（范仲淹之子）等在變法過程中遭受打擊迫害的成員通通予以平反（蘇軾因此得以避免客死海南）。

再者就是廣開言路，虛心納諫。不論職位高低，也不管你說的話是順風還是逆耳，都可以放馬過來，提得好立刻有賞，提得不好也絕不追究。

凡朕躬之缺失，若左右之忠邪，政令之否臧，風俗之美惡，朝廷之德澤有不下究，閭閻之疾苦有不上聞，咸聽直言，毋有忌諱。

同時，他還真正做到了從諫如流，例如：他喜歡畫花鳥畫，日常需觀察鳥的形態習

---

⑩ 古代一種踢球的運動，類似現今的足球。

性，就在宮內養了很多各地進貢的珍禽異鳥。結果，有大臣認為皇帝養鳥不像話，屬玩物喪志，建議通通都驅走。

古代的文臣們有時真的很煩，一點小事，就上升到玩物喪志？敢問您業餘就沒個興趣愛好？這種事情要是發生在我身上，我肯定都不能忍。但人家徽宗忍了，不僅忍了，還真的忍痛割愛，和太監一起，把禽鳥轟得一隻都不剩。

還有大臣提意見說要奉行節儉，不要大興土木。搞得徽宗整修一個過於破舊的宮殿時，特意交代工程隊施工時務必要避開那個大臣，以免被發現（裝修自家房子還要躲躲藏藏，這樣的皇帝你見過幾個？）。

以上這些都還不算什麼，這期間最有影響力的莫過於「扯龍袍事件」了。

一個叫陳禾的言官，退朝後拉住徽宗提意見，結果一直聊到晚飯時間，都還沒有結束的意思。

皇帝也是人，也會餓啊，也可能內急啊！幾次示意對方打住無效後，徽宗猛然起身，打算離開。沒想到對方也是個高手，迅速拽住徽宗的衣袖阻止，結果用力過大，刷啦一下，居然把徽宗龍袍的袖子給扯壞了！這下子大家都傻住了，個個屏住呼吸，等待徽宗的雷霆之怒。因為在古代，扯壞龍袍的罪名堪比打死太子，事情不可謂不嚴重。可出人意料的是，徽宗不僅沒動怒，還被陳禾的責任心打動，賜他座位並耐心聽他把意見講完（簡直是宋代李世民啊！）。

這件事傳開之後，朝野上下一片美譽之聲。對於這段時間徽宗的執政成果，清代學者王夫之在《宋論》中曾做如下評價：

徽宗之初政，粲然可觀。

你看，執政之初，徽宗同學一點都不昏，不僅不昏，還頗有明君風範。說不定，原本能名垂千古，畢竟誰願意遺臭萬年呢？

可遺憾的是，這樣清明有為的時光，徽宗只維持了短短兩年。之後就風雲突變，向著反方向狂奔而去，再也沒有回頭了。

北宋六賊之首蔡京，斷送大宋江山？

努力一陣子不難，難的是努力一輩子。

短短兩年間，徽宗就發現想做個明君非常不容易了，無趣又約束，非常不好玩。因為做一個好皇帝所需要的素養和特質，每一條都與他藝術家的浪漫天性背道而馳。

就在徽宗深感自己的本性受到壓制時，一個助他釋放自我的關鍵人物登場了。想必大家已經猜到，這個人就是後人口中的「北宋六賊」之首——蔡京。此人是一個徹頭徹尾的投機主義者，靠著過人的書法才華和超級逢迎術，一步步成為徽宗的輔宰之臣、藝術知音，以及兒女親家，從此權勢熏天，在宰相的位置上盤踞了十七、八年。

蔡京為討好徽宗，可謂無所不用其極。而且更厲害的是，此人還能為自己的無恥逢迎和皇帝的奢侈享樂提供堂而皇之的說詞。比如，他為徽宗提出了一個享樂理論，叫作「豐亨豫大」；這四個字都摘自《周易》，意思是在國泰民安的盛世，皇帝就是要盡情地吃喝玩樂，否則就是違背天意，對國家和人民不利。

還有一個理論叫作「為王不會」，其中的「會」是指「會計」，意思就是皇帝花錢不用算計，想怎麼花就怎麼花。堂堂一國之君如果都要精打細算，那這個國家的百姓得窮成什麼樣？所以為了體現國家和人民的強盛富足，皇帝必須隨便花，拼命花！

好一個大言不慚啊！真是不怕流氓會打架，就怕流氓有文化。就這樣，在蔡京這番歪理邪說的鼓吹下，徽宗之前暫時被壓抑的藝術家天性和欲望一下子被充分鼓勵起來：「對哇，這才是皇帝的正確打開方式嘛！知朕者，蔡京也！」

來吧！為了國家和人民，嗨起來！

窮奢極欲，強徵花石綱

絕對的權力，滋生絕對的腐敗。

徹底放飛自我的徽宗從此「君臣逸豫，相為誕謾，怠棄國政，日行無稽」，除了繼續揮灑自己那天賦神授的藝術才情外，還變成了一個徹頭徹尾的享樂主義者。

說到他的奢靡生活，首先不得不提的就是他的風流好色，至於具體好色到什麼程度，我說一個簡單粗暴的數字，大家就明白了。

從宋太祖起，後宮嬪妃加宮女的數量一直都是幾百人，到了徽宗執政，一下子激增到了一萬多。從此「萬花叢中過，片片都沾身」，這還不夠，還要時不時到青樓撩個京城名妓李師師之類的。

有關這方面的種種野史和傳聞就不細講了，直接看結果：宋徽宗一共生了八十個子女，在古代皇帝中是力壓群雄，獨占第一名。其中有十幾個還是被金國俘虜後才生的，心態真是樂觀！

除了風流成性，他裝潢房子、蓋房子也不再躲躲閃閃了，宮殿是一座接一座地建，最後整個大內的面積幾乎擴張了一倍。後來，宋朝著名畫家、蘇軾之子蘇叔黨曾被徽宗召進皇宮作畫，出來後說皇宮裡面是「俯仰之間，不可名狀」，意思是無法用語言來形容那個崇高闊大和豪華程度，而他去的還只不過是其中一座偏殿而已。

文藝青年愛熱鬧，所有的節慶假日宋徽宗都要大肆慶祝，燒錢無數。到了他的生日就更不得了，全國各州縣都要大辦宴席共同祝壽，一切費用通通由國庫出。史料記載，徽宗當政前國庫每月支出約三十六萬緡，其當政後每月暴增至一百二十萬緡，漲了三倍多。

在所有的奢靡行為中，危害最大、最具徽宗特色的還當屬「強徵花石綱」。起初只是徽宗想要徵集一些奇花異石以供觀賞、寫生之用，後來卻愈演愈烈，各地官員爭先恐後在民間瘋狂搜刮。當時曾有一塊石頭，從江南運到開封，花費了三十萬貫，相當於當時一萬戶中等人家一年的生活費用。不僅花費巨大，在徵石、運石過程中，還出現了拆城門（石頭太高過不去）、造巨船（太湖巨石，車子裝不下）、挖祖墳（看中了人家墳頭一棵形狀奇絕的樹木）等一系列荒唐事件，且前後竟持續了近二十年，最終鬧出了震驚東南的「方臘起義」，嚴重損耗了大宋的國力與民心。

《宋史》對此尖銳評曰：「自古人君玩物而喪志，縱欲而敗度，鮮不亡者，徽宗甚焉。」國家再富，也經不起如此折騰！何況內憂紛生的同時，外患也已悄然逼近。

後悔「猖狂不聽直臣謀」的靖康之恥

在當時，和北宋同時並立的政權有遼、金、西夏等。

好大喜功的徽宗為了收回要害之地燕雲十六州，與金國簽訂了「聯金滅遼」的海上之盟。關於這個協議出發點正確與否暫且不論（有爭議），但可以肯定的是，結果是十分糟糕的，非但沒有達到預期的收復效果，還在滅遼過程中把君臣的昏庸無能、缺乏戰鬥力的軍隊等通通暴露在了外交舞臺上。致使金國滅遼後，轉頭就打起了大宋的主意：這麼軟的柿子，不捏白不捏啊！而接下來徽宗的表現，可以用一句話完美概括：「在其位完全不謀其政。」

被金國打了個措手不及之後，徽宗匆忙禪位，把一堆爛攤子丟給毫無執政經驗的兒子宋欽宗，自己腳底抹油跑路了！

天呀，人家是坑爹，他連自己兒子都坑！這是什麼奇葩老爹。

《臨江仙．過水穿山前去也》

宣和乙巳冬幸亳州途次

過水穿山前去也，吟詩約句千餘。淮波寒重雨疏疏。煙籠灘上鷺，人買就船魚。

古寺幽房權且住，夜深宿在僧居。夢魂驚起轉嗟吁。愁牽心上慮，和淚寫回書。

這篇《臨江仙》就是寫他在南逃過程中的感受和見聞，一路上他和侍從們乘小船、坐破車、住農家、宿古寺，餓一頓飽一頓，狼狽不堪……。然而，稍微離汴京遠了一些之後，他居然還有閒情逸致泊船靠岸去趕集！是的，你沒看錯，徽宗不僅到集市上去買魚，而且還跟賣家討價還價、以得其樂，沒心沒肺到這種程度，也是令人佩服得很！不僅如此，逃到揚州後，他依然吃喝享樂，令當地官員為他買土地、植花木、建行宮……待危險過去後，他又大搖大擺回到汴京做太上皇，權當去旅遊了一趟。不過半年之後等到金軍再次侵宋，就沒這麼好的運氣了。

在第二次守城的關鍵時刻，朝廷決策層的大臣們居然迷信什麼六甲神兵的道家術數，讓一個妖人道士帶著一群花裡胡哨的烏合之眾到城牆上「跳大神⓫」，汴京就這樣在半打半送的荒唐鬧劇中失守了。

徽宗父子本還有突圍可能，偏偏又都嚇破膽，抱著和談的幻想跑到金營去親自請降，一次不行，還去兩次，結果都被扣下了。

哎，整個過程不堪細說，否則會氣到吐血。總而言之一句話，就是兩個皇帝加一群行政官員犯了一連串的決策失誤，導致了「靖康之恥」，以致北宋滅亡。

⓫ 薩滿教的一種祈福儀式。

《題燕山僧寺壁》

九葉鴻基一旦休，猖狂不聽直臣謀。
甘心萬里為降虜，故國悲涼玉殿秋。

「九葉鴻基」意即宋室的江山基業從宋太祖到宋欽宗已經傳了九代了，如今一朝覆亡。曾經有多少忠臣向自己提出有益的建議，可惜當初為什麼都沒有聽呢？如今被俘虜到萬里之外，故國是再也無緣得見了。

此詩是徽宗於北俘途中寫就，短短的二十八個字，道盡了一個亡國之君的悲愴和悔恨。回首往昔，犯下的錯何其多。而其中最大的錯，也許一開始就不該登上那個至高無上，卻根本不適合自己的位置。

本無帝王相，奈何生在帝王家

古往今來的皇帝那麼多，如果要問最英明或最昏庸的是哪一個，一下子很難給出確鑿的答案。但如果要問藝術才華最高的皇帝是誰，你完全可以放心大膽地回答「宋徽宗」！

沒錯，雖然做皇帝他「戰鬥力極弱」，但在藝術領域，人家卻絕對是火力全開的天才加全才。書法繪畫、詩詞歌賦、吹拉彈唱、騎馬蹴鞠，甚至醫學茶道、瓷器古玩，只要你能說得出的，就沒有宋徽宗不會的，人稱「百藝之王」！不僅會，人家還樣樣都在頂尖水準之上。他筆下關於中醫、陶瓷、茶道的專著，即使拿到現在來看，也都能秒殺專業的博士論文。

書法上，他楷、行、草皆精，還獨創著名的「瘦金體」，剛勁秀麗，曲金斷鐵，側鋒如蘭似竹，美學高度曠古絕今。即使完全不懂書法的人，往往也會被其獨具個性的筆法所驚豔。今天印刷用的仿宋體，即由瘦金體發展而來。

縱觀中國書法史，二十幾歲就能自成一體的書法大家，除宋徽宗外，舉世恐無第二人。連金朝的皇帝完顏璟都是他書法的狂熱粉絲，不斷地仿寫描摹，直練到能夠以假亂真的地步，可見宋徽宗的瘦金體魅力之大。除此之外，更具說服力的證明是，其書法作品《臨唐懷素聖母帖》於二〇〇八年在香港拍賣會上拍出了相當於新臺幣五．二億的天價，是截至當時中國書畫作品拍賣的最高價。

宋徽宗不僅書法千古獨步，其繪畫才能在歷代皇帝中更是無人能出其右，花鳥、人物、山水、墨竹無所不精，他曾自述「朕萬幾餘暇，別無他好，惟好畫耳」。本篇文首所提及的《瑞鶴圖》現藏於中國遼寧省博物館，其作品《桃竹黃鶯卷》、《寫生珍禽圖》分別在二〇〇五年和二〇〇九年的拍賣會上均拍出了新臺幣兩億元的價格，時至今日，其價值已難以估量。

文學創作上，徽宗雖未達到李煜的傳唱度，但亡國之後也多有觸動人心之作。比如《宋詞三百首》開篇第一首，選的就是他在北俘途中忽見杏花盛開如火，百感交集寫下的《燕山亭．北行見杏花》：

裁剪冰綃，輕疊數重，淡著胭脂勻注。新樣靚妝，豔溢香融，羞殺蕊珠宮女。易得凋零，更多少、無情風雨。愁苦。閒院落淒涼，幾番春暮。

憑寄離恨重重，者雙燕，何曾會人言語。天遙地遠，萬水千山，知他故宮何處。怎不思量，除夢裏、有時曾去。無據，和夢也新來不做。

中國當代詞學家唐圭璋曾在《唐宋詞簡釋》中評析如下：「此詞為趙佶被俘北行

見杏花之作。起首六句，實寫杏花。前三句，寫花片重疊，紅白相間。後三句，寫花容豔麗，花氣濃郁。『羞殺』一句，總束杏花之美。『易得』以下，轉變徵之音，憐花憐己，語帶雙關。花易凋零一層、風雨摧殘一層、院落無人一層，愈轉愈深，愈深愈痛。換頭，因見雙燕穿花，又興孤棲膻幕之感。燕不會人言語一層、望不見故宮一層、夢裡思量一層、和夢不做一層，且問且嘆，如泣如訴。總是以心中有萬分委曲，故有此無可奈何之哀音，忽吞咽，忽綿邈，促節繁音，迴腸盪氣。」

其中的故國之思、今夕之痛，與李煜的「春花秋月何時了，往事知多少」何其相似。讀到這裡，大家是不是很想感嘆一句：唉，這兩位都是被皇帝耽誤了的全能藝術家啊！

沒錯，不只你這麼想，撰寫《宋史》的元代史官脫脫，早就曾惋嘆過：

（徽宗）諸事皆能，獨不能為君耳！

這句話可謂一針見血地道出了宋徽宗一生的無奈和悲哀：獨不能為君，卻偏偏做了君王。

千年之後，唯餘一聲嘆息。

雖然亡國之君的帽子是宋徽宗永遠無法逃避、也逃避不了的恥辱，但應屬於他的光芒和榮耀也不能因此被掩蓋。

在藝術方面，徽宗不僅自己十項全能、書畫雙絕，還為中國繪畫的發展和傳承做出了無與倫比的貢獻。他當政後，廣收古物與書畫，擴充翰林書畫院，並編輯《宣和書譜》、《宣和畫譜》等多本專業書畫集，成為後世研究藝術的重要史籍。

此外還成立國家級畫院，親自選拔繪畫人才和制定教學大綱，培養了一大批有為畫家，堪稱中國第一任中央美術學院院長。當時名不見經傳的張擇端，就是在徽宗的支持和培養下，創作出了傳世名畫《清明上河圖》。另外，古代青綠山水畫的巔峰之作、近年來話題度超高的《千里江山圖》，也與徽宗關係緊密。該畫作者王希孟就是徽宗時期宣和畫院的學徒，其初時並無驚人之作，並曾屢次向聖上獻畫不中。但徽宗並未因此忽略他，而是慧眼識珠，認為「其性可教」，親授其法。

在頂級美術教授徽宗的神力加持下，小王同學的繪畫技能日進千里，僅半年後就創作出這幅氣勢恢宏的近十二米長卷《千里江山圖》，堪稱畫史奇跡。

一個在政治上失敗到連國家都賠掉的皇帝，卻也是一個在藝術領域縱橫馳騁的百藝之王。

唉，和李煜一樣，又是一齣人生錯位的悲劇。

靖康之恥被俘，極盡羞辱的生活

最後，交代一下徽宗被俘北上後的情況。

靖康二年（一一二七年）四月，金軍俘虜徽、欽二帝和后妃、皇子、宗室、朝臣等三千多人，押解北上，汴京城中公私積蓄被搜羅一空，史稱「靖康之恥」。宋徽宗亡國後的俘虜生涯，較之李煜，淒慘和不堪更勝百倍。

《在北題壁》

徹夜西風撼破扉，蕭條孤館一燈微。

家山回首三千里，目斷天南無雁飛。

一行人被俘北上時，正值農曆四月，北方還很冷，徽宗因衣服單薄，晚上經常凍得睡不著覺，只得找些柴火、茅草燃燒取暖。此詩寫途中的某個夜晚，徽宗聽著蕭蕭西風吹打著簡陋的破門，對著昏黃的燈火，度過不眠的寒夜。想起三千里外的家國，禁不住向南遙望，可是天上連大雁也看不到一隻。

比起肉體的痛苦，更令人難以承受的，是毫無底線的精神摧殘。一路上，金人無論宴飲還是打獵，無不拉上徽宗作陪尋開心，有時令其作詩助興，有時更當其面調戲北宋的嬪妃女眷。

到了金國上京（今黑龍江境內），所受苦難就更加深重了。金軍為炫耀自己的勝利，在金朝阿骨打廟舉行獻俘禮，又叫「牽羊禮」（牽羊表示順從），命徽宗、欽宗在內的所有宋俘都身披羊裘，袒露上身，男女老少無一例外。儀式結束後，包括韋太后（宋高宗趙構的生母）和邢皇后（趙構之妻）在內的三百位女子被分到了洗衣院，作為金人皇宮中的奴僕。欽宗的朱皇后不堪如此奇恥大辱，當夜便自盡而亡。

除此之外，金人還給徽宗、欽宗加封侮辱性的稱號，徽宗為「昏德公」，欽宗為「重昏公」。而極具諷刺意味的是，這一招，金人還是跟徽宗的老祖宗學的——趙匡胤當年滅了南唐後，曾封李煜為「違命侯」。

歷史，總是如此驚人的相似。

來生願只做趙佶，不做宋徽宗

《眼兒媚．玉京曾憶昔繁華》

玉京曾憶昔繁華，萬里帝王家。瓊林玉殿，朝喧弦管，暮列笙琶。

花城人去今蕭索，春夢繞胡沙。家山何處，忍聽羌笛，吹徹梅花。

此詞上片追憶昔日北宋都城汴京的繁華景象，瓊林玉殿、奢華富麗，弦管笙琶之音日夜喧囂；下片寫曾經萬花爭豔的汴京城，如今卻是人去城破、蕭索冷落，雖然自己已身處黃沙漫天的茫茫胡地，但那繁華如春的汴京仍然時常縈繞在其夢中。醒來聽到羌笛吹奏的《梅花落》淒涼徹骨，想到萬里之外的故國，讓人怎麼忍心去聽呢？

中國作家楊子才在《古今五百家詞鈔》中評價此詞：「往日繁華，而今淒涼，對比強烈，四十八字，濃縮覆國亡家心境。」

大家有沒有發現？這首詞與李煜被俘北上後所寫的《破陣子．四十年來家國》可謂異曲同音，相似至極！

而歷史的重複至此並沒有停止，一百五十年後，宋徽宗的後代南宋恭帝趙㬎也步上了他祖宗的老路，被元人俘到大都。而他也曾作詩懷念故國，悲傷悽楚：

《在燕京作》

寄語林和靖，梅花幾度開？
黃金臺下客，應是不歸來。

趙㬎不敢明說懷念南宋的故都臨安，畢竟南唐李煜就是因為寫了「小樓昨夜又東風，故國不堪回首月明中」而被自己的祖宗趙光義毒死，所以他寄語北宋初期在西湖孤山種梅養鶴的隱逸詩人林逋（後人稱其為和靖先生），隱晦地借梅花寫失國之恨。最後兩句，似乎是以燕昭王黃金臺下之「客」，比喻自己受到元朝廷的厚禮相待，不打算再回臨安。

其實也不過是違心之語，不然呢，難道要像李煜那樣說什麼「無限江山，別時容易見時難」？那怕是要性命難保了。

歷史如此輪迴，正如杜牧《阿房宮賦》中所言：「後人哀之而不鑑之，亦使後人而復哀後人也」，令人不禁為之沉思嘆息。對宋徽宗來說，從享樂無邊的皇帝，到惶惶然如喪家之犬的囚徒，境遇的驟變不啻天堂地獄之別，這種得到之後再失去的痛苦，是最難承受的。

然而，在那近十年的囚徒光陰中，究竟是什麼力量支撐著徽宗繼續活下去？

據徽宗女婿蔡鞗（蔡京之子）在《北狩行錄》中記載，北俘後的徽宗經常靠看書獲得慰藉，尤喜讀史書。有時為了買書，不惜用自己的衣服去換。他經常翻閱《春秋》，希冀從中悟得國家興亡和君臣行為的道理，甚至精選部分內容，編纂成書。在讀了很多的史書後，他曾對蔡鞗說，他認為古往今來，像他那樣命運發生如此兩極逆轉的帝王，史無先例。但通過閱讀，他內心也燃起了由宋高宗趙構來振興宋朝的一線希望。

這個天真的藝術家，或許一直還幻想著能夠回到大宋吧！

在每一個嘆息垂淚的夜晚，在無數次佇立風雪之中向南遙望的時刻，他是否想得到最不希望他回去的，或許不是金人，而是自己的親生兒子，南宋皇帝趙構。皇帝的位子只有一個，坐上去的人都不想再下來——在皇權面前，從來都沒有親情的位置。

別說趙構指望不上，同樣被俘到北方的徽宗之一子一婿為了向金人立功，改善生存處境，居然捏造舉報說徽宗要謀反。雖金人查實後，沒有傷害徽宗，但這件事幾乎徹底摧毀了他對人生的最後一絲眷戀。為了生存，人性竟扭曲到了這種地步，這個世界還有什麼值得信任和留戀的呢？

或許自己這一生，真正擁有的，唯有手中的一支丹青之筆。

「已有丹青約，千秋指白頭。」

金天會十三年（一一三五年）四月，宋徽宗在五國城（今黑龍江省哈爾濱市依蘭縣）去世，他在遺言中請求將自己安葬在宋朝土地上，但被拒絕了。直到七年後，宋高宗與金國和議，金國才將徽宗的靈柩與高宗生母韋太后送返宋朝。

今時今日，當我們提起這段不堪的歷史，在哀其不幸，恨其不爭之時，能略微想起一些他為當時和後世的中國藝術做出的貢獻，或許就是對他最好的慰藉了。

穿過千年的風雪沙塵，彷彿有一個來自歷史深處的回答：是的，願從此以後，生生世世不復生帝王家——只做趙佶，不做宋徽宗。

周公子每期一問

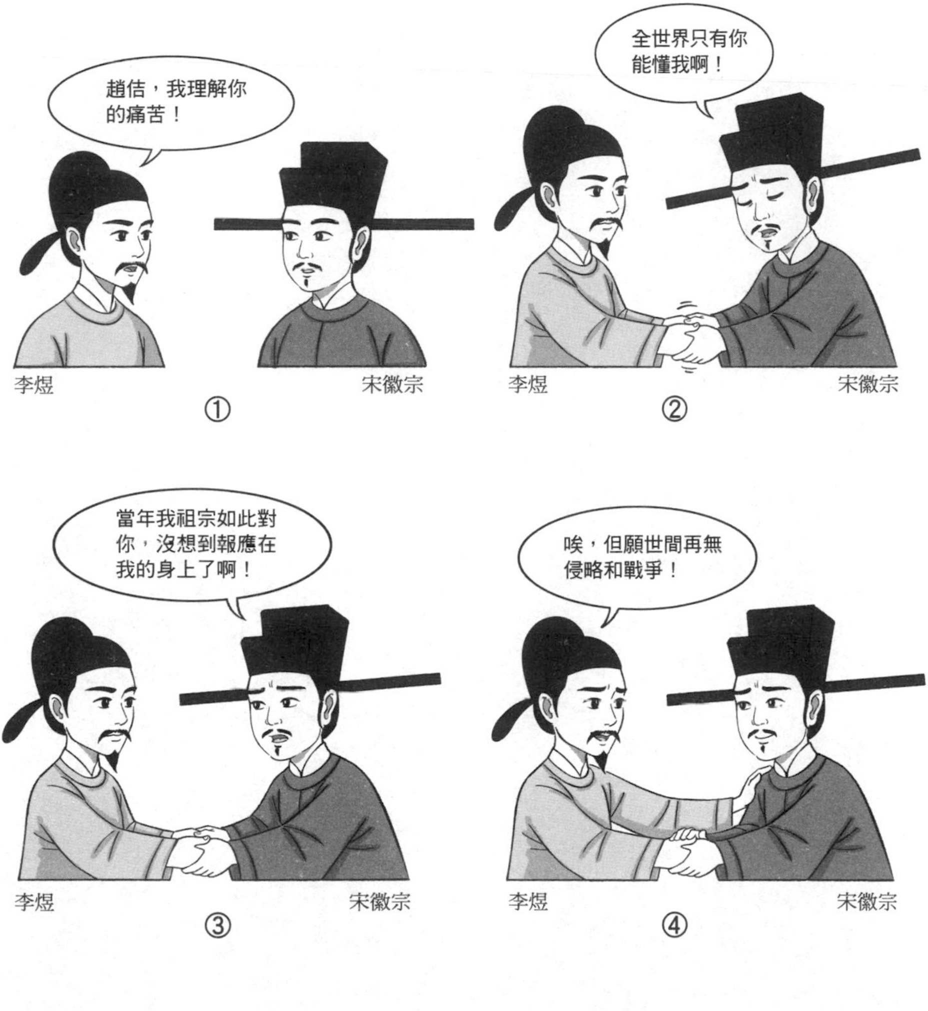
趙佶，我理解你的痛苦！
李煜
宋徽宗
①
全世界只有你能懂我啊！
李煜
宋徽宗
②
當年我祖宗如此對你，沒想到報應在我的身上了啊！
李煜
宋徽宗
③
唉，但願世間再無侵略和戰爭！
李煜
宋徽宗
④

李清照

喝酒打牌的山東女漢子，
也是婉約多愁的詞霸才女

這篇要講的人物是宋朝第一文藝女青年——李三瘦。為什麼叫她三瘦呢？因為她寫過三句帶瘦的千古佳句：

知否，知否，應是綠肥紅瘦。（《如夢令・昨夜雨疏風驟》）
新來瘦，非干病酒，不是悲秋。（《鳳凰臺上憶吹簫・香冷金猊》）
莫道不消魂，簾卷西風，人比黃花瘦。（《醉花陰・薄霧濃雲愁永晝》）

這三句一句寫花瘦，一句寫人瘦，最後一句厲害了，花兒已經很瘦了，人卻更瘦！當年每一句問世後，都是橫掃大宋詞壇，屢屢問鼎年度最佳詞作，「國民女神」、「一代詞宗」、「千古第一才女」等各種光環頭銜，更是不在話下。九百多年後，她依然魅力空前。國際天文學會在一九八七年為水星上的第一批環形山命名，有十五座環形山以中國人的名字命名，其中一座的名字就是「李清照」。

近年來，中國南京大學出版社出版了一套大型學術叢書《中國思想家評傳叢書》，搜羅了從孔子到孫中山，約兩千五百年間的兩百七十餘名傳主，為他們的生平及精神思想立傳，其中僅有一位女性，她就是李清照。

那麼，問題來了，三瘦同學為什麼這麼厲害，能在數以萬計的中國古代智者先賢中脫穎而出，成為中國文化的象徵，獲得世界的矚目和認可，又成為學術界推崇研究的古代思想家呢？

讓我們一起穿越回去看看吧！

名門之女，年少即詩名遠播
——《如夢令．昨夜雨疏風驟》

宋神宗元豐七年（一〇八四年），六十五歲的司馬光耗時十九年，終於完成了史書《資治通鑑》的撰寫。這一年，四十七歲的蘇軾也結束了在黃州的貶謫生涯，被平調到汝州，在趕赴汝州的路上，他特地前往江寧拜望已退隱八年；時年六十三歲的王安石，成就了北宋文壇上有名的「金陵之會」，昔日的政敵就此冰釋前嫌，一笑泯恩仇。

同年，三瘦同學出生於山東章丘的一個知識分子家庭。她的父親李格非中進士後，曾先後擔任太學錄、太學博士與太學正，大致相當於北宋最高學府的學官與教授。其人勤於著述，在當時其詩文被譽為「高雅條暢，有意味，在晁（晁補之）、秦（秦觀）之上」，由此深受大文豪蘇軾的器重賞識，位列「蘇門後四學士」之一，並與其他蘇門弟子多有詩文往來，交誼很深。

李格非不僅自己是文化人，兩任妻子也都是名門之後，一為宰相王珪之女，一為狀元王拱辰的孫女，都能識文斷字。

在女子無才便是德的封建社會，三瘦的父母卻為她創造了非常開明寬鬆的家庭環境。尤其她老爸對於她的文學興趣與天賦，不僅悉心愛護與指引，還專門設飯局請蘇軾學生晁補之做其文學導師。所以三瘦同學的文學啟蒙之路得益於：家書萬卷加上父母指導加上高手指點，裝備如此華麗，不開掛都說不過去。

天賦與環境具備，於是三瘦同學十幾歲時，便在山東老家寫就一首輕鬆明快的《如夢令．常記溪亭日暮》：

常記溪亭日暮，沉醉不知歸路。
興盡晚回舟，誤入藕花深處。
爭渡，爭渡，驚起一灘鷗鷺。

你看，夏日傍晚，三瘦同學呼朋引伴，前往溪亭遊玩，大家吃喝談笑，飲酒品茗，不知不覺就天色將暮，三瘦醉得連回去的路都辨識不出，划船而返時又不小心闖入了盛放的荷花深處，一群小姐妹左劃右轉，把棲息在層層荷葉間的沙鷗、白鷺驚起，撲刺刺地飛向遠處……。

全詞行文流暢自然，毫無斧鑿痕跡，寥寥數語就將一群蕩舟荷花叢中的少女們刻畫得如在目前，呼之欲出，生動展現出三瘦青春年少時的活潑野逸之氣。

後來，三瘦隨父遷居京城開封，少女時代的又一力作橫空出世：

《如夢令．昨夜雨疏風驟》

昨夜雨疏風驟。濃睡不消殘酒。
試問捲簾人，卻道海棠依舊。
知否？知否？應是綠肥紅瘦。

一大早，三瘦小姐姐宿醉醒來，酒勁還沒完全消，頭還有點沉。但是呢，一想到昨天雨下得不大，風卻是不小，便趕緊問前來卷窗簾的侍女：「哎喲，我的海棠花怎麼樣啦？」侍女隨口答道：「跟昨天一樣吧！」三瘦扶著腦袋，翻了個白眼：「你個傻丫頭，海棠被風吹雨打後，現在肯定是綠葉繁茂、紅花稀少啦！」

區區三十餘字，人物、場景、對白皆有，充分顯示了三瘦驚人的語言表現力。結尾以「綠肥紅瘦」來形容雨打海棠後葉繁花殘之狀，比喻之新穎，形象之生動，堪稱神來之筆。一時圈粉無數，紅遍京師，「當時文士莫不擊節稱賞」。

宋代人王灼在《碧雞漫志》中說李清照：「自少年便有詩名，才力華贍，逼近前輩，在士大夫中已不多得。若本朝婦人，當推詞采第一。」

其父李格非對此當然是欣慰有加，稱讚愛女道「中郎有女堪傳業」，這話表面上是推崇東漢文學家蔡邕（別號蔡中郎）的女兒蔡文姬，實際就是說我女兒不比蔡文姬差嘛！晁補之對這個得意門生也是喜愛有加：「李家有女初長成，雛鳳清於老鳳聲啊！」看來身邊眾位一流名家的叔叔伯伯們，對三瘦同學也是大大的服氣啊！

現在大家都在講原生家庭和尊重孩子興趣發展的重要性，千年前的三瘦同學，可就是個完美範例！

愛喝酒賭博的李清照？

由於家風寬鬆開明，三瘦同學不僅文采出眾，對文人墨客喝酒博戲的風雅之事，也是無一不精。

李清照的酒量應該不大，因為從她的詩詞來看，她經常喝醉。不過，人家本來喝的就是一份心情，一份閒趣嘛。這不，開心要喝：「常記溪亭日暮。沉醉不知歸路」這喝的都找不著北了。傷春也要喝：「昨夜雨疏風驟，濃睡不消殘酒」嗯，這酒的後勁貌似有點大。

賞花則更須美酒助興：菊花開了，「不如隨分尊前醉，莫負東籬菊蕊黃」；梅花開了，「年年雪裡，常插梅花醉」、「共賞金尊沉綠蟻，莫辭醉，此花不與群花比」；芍藥也開了，「金尊倒，拼了盡燭，不管黃昏」；相思情濃，那就更得喝了！「酒意詩情誰與共，淚融殘粉花鈿重」、「夜來沉醉卸妝遲，梅萼插殘枝」

重陽節，和老公分居兩地，不高興，繼續喝！「東籬把酒黃昏後，有暗香盈袖」；晚年飄零江南，國破家亡，何以解憂，唯有醉酒，「三杯兩盞淡酒，怎敵他、晚來風急？」、「故鄉何處是？忘了除非醉」；還有「莫許杯深琥珀濃，未成沉醉意先融」、

「險韻詩成，扶頭酒醒，別是閒滋味」……李清照傳世共四十幾首詞作，其中一半跟喝酒有關。雖然整天喝得醉醺醺，但三瘦自我感覺很好，還自詡「捧觴別有娉婷」，意思是捧著酒杯的女子才更有風致呢！

可不是嗎？一般人喝酒是闖禍誤事，人家三瘦喝酒，卻是喝出了詞作史上的一座文學高峰呀！

另外，相比不喝則已、一喝就醉的淺顯酒量，三瘦同學的博奕技藝可就高超多了。

予性喜博，凡所謂博者皆耽之，晝夜每忘寢食。但平生隨多寡未嘗不進者何？精而已。

我天生喜歡博弈。一旦玩起來，就沉迷其中，廢寢忘食。而且，我玩了一輩子，不管玩法如何、籌碼大小，每次都贏得盆滿缽滿，就從來沒輸過。為什麼呢？因為姐下的功夫深啊，哈哈。

看看，這世界是多麼不公平，讀書學習比大家強也就算了，連喝酒玩樂也甩我們幾條街！

> 自南渡來流離遷徙，盡散博具，故罕為之，然實未嘗忘於胸中也。

戰火紛飛逃到南方，我的博具都丟光啦，雖然玩不成，但我這心裡可一直都惦記著呢！——哎喲喂，我說三瘦姐，這都什麼時候了？留得青山在，不怕沒得玩，保命要緊啊！

癡迷至此，後來乾脆拿出學術態度寫了一本《打馬圖經》，記錄她開創的一種叫作「打馬」的博弈遊戲。有人考證稱，打馬就是今天麻將的前身。

好傢伙，獨孤求敗到自創招數啊！

在《打馬圖經》的序言中，她不無自豪地宣稱：「使千萬世後，知命辭打馬，始自易安居士也。」在三瘦同學看來，玩，不僅要玩得專業和盡興，還要玩得青史留名。好一位熱愛生活、全心投入的可愛玩家！

明人袁宏道說：「余觀世上語言無味面目可憎之人，皆無癖之人耳。」看看，有趣的人之所以有趣，原來都是因為他們會玩啊！

人生苦短，不為無益之事，何以遣有涯之生。三瘦同學和她的師公蘇軾一樣，不僅是文學家，更是善於挖掘人生樂趣的生活家！

元宵節巧遇情郎的天真浪漫

緣分，有時候說來就來。三瘦同學的愛情始於十七歲那一年的情人節——元宵燈會。為什麼說元宵節是古代的情人節呢？讓我們來看看古人的發文：

《生查子・元夕》歐陽脩

去年元夜時，花市燈如晝。
月上柳梢頭，人約黃昏後。
今年元夜時，月與燈依舊。
不見去年人，淚溼春衫袖。

哎，說好的白頭不相離，這才一年啊，人呢……

眾裡尋他千百度，驀然回首，那人卻在，燈火闌珊處。

（辛棄疾《青玉案・元夕》）

你看，熱血青年辛棄疾也出來相親了。

在古代，待字閨中的姑娘們平時不能隨便出門，但元宵節這天可以邀上三五好友，出遊賞燈。不過，其實沒幾個人是真的為了賞燈，大家都是來找對象、求偶遇的。

沒錯，三瘦同學和官二代趙明誠就這樣在絢爛燈市中不期而遇——而這，是一場偶像和粉絲的邂逅。

彼時，三瘦同學已是名動京城的詞壇紅人，趙同學早就仰慕已久，如今更是一見傾心。第二天趙明誠就跟自己老爹說自己做了個奇怪的夢，在夢中讀到一本書，其他內容都不記得了，只記得三句話「言與司合，安上已脫，芝芙草拔」，然後問自己老爹這是什麼意思？

趙明誠的老爹趙挺之是當朝吏部侍郎，三品大員，相當於今天的勞動部副部長。只見趙挺之聽完意味深長地笑了笑，回答道：「『言與司合』那不就是『詞』嘛，『安上已脫』則為『女』，『芝芙草拔』是『之夫』二字，合起來就是『詞女之夫』。好小子，你這是看上了才女李清照，暗示老爹去提親吧？」

趙明誠見心機達成，甜蜜的笑容再也遮掩不住：「是啊，老爹，我們趕緊去提親吧！」這邊趙明誠心急如焚地要提親，那邊三瘦小姐姐對少年英俊的趙明誠也已是芳心暗許：

《浣溪沙・閨情》

繡面芙蓉一笑開，斜飛寶鴨襯香腮。眼波才動被人猜。

一面風情深有韻，半箋嬌恨寄幽懷。月移花影約重來。

你看，三瘦懶懶地斜靠在寶鴨香爐上，回憶起燈會初見的情景，一抹笑容便飛到了她芙蓉花一樣秀美的臉龐上，她眼波流轉，嘴角含笑，一下就被侍女猜中了心事。臉上寫滿了相思的深情，信寫到一半卻又在糾結，到底要不要約他月夜再會呢？

還等什麼？郎有情，妹有意，大家都是山東同鄉，老爸也都在京城為官，門當戶對，佳偶天成，還不趕緊順理成章，登記結婚。

除此之外，婚前的三瘦還在社群上發過一則很可愛的動態：

《點絳唇・蹴罷鞦韆》

蹴罷鞦韆，起來慵整纖纖手。露濃花瘦，薄汗輕衣透。

見客入來，襪剗金釵溜。和羞走，倚門回首，卻把青梅嗅。

一大早，露水還沒乾，我盪鞦韆就盪出了一身汗，運動衫都溼透了。嘻嘻，是不是玩得很瘋，就在這時，未婚夫趙同學突然冒出來！哎呀！要來也不提前說一聲，我這花容不整的，羞得我鞋也顧不得穿，穿著襪子逃走，頭上的金釵都跑掉了，好一個狼狽。可奔到門口，我又捨不得進去，急中生智拽過一株青梅，以嗅花做掩飾，偷瞄帥哥兩眼（嗯，這株青梅可真長對地方了！）。

這條詞把少女嬌羞慌亂又有那麼一點大膽俏皮的心理活動描繪得淋漓盡致。而把一切過程看在眼裡的趙同學，則是一臉的笑意盈盈：我未婚妻實在太可愛了，真想今天就娶回家！

婚前已如此秋波暗送，婚後更是放閃到不行：

《減字木蘭花．賣花擔上》

賣花擔上。買得一枝春欲放。淚染輕勻。猶帶彤霞曉露痕。
怕郎猜道。奴面不如花面好。雲鬢斜簪。徒要教郎比並看。

婚後小倆口一起上街逛逛，在賣花擔上挑了一支含苞欲放的梅花，花枝帶露，嬌妍如霞。三瘦將其插在自己的雲鬢上，扭頭對趙明誠撒嬌：「老公，花美還是我美？」趙明誠聽完，伸手勾一下老婆的鼻子說：「明知故問，調皮！」

街頭秀恩愛還不算什麼，在家曬恩愛也要發個狀態刺激一下單身狗們：

《醜奴兒．晚來一陣風兼雨》

晚來一陣風兼雨，洗盡炎光。理罷笙簧，卻對菱花淡淡妝。
絳綃縷薄冰肌瑩，雪膩酥香。笑語檀郎：今夜紗廚枕簟涼。

黃昏來雨，掃盡炎熱，彈完琴上點淡妝，換上新買的睡衣，冰肌玉骨若隱若現，趁機調侃老公一把：「親愛的，今晚的竹席很涼快哦！」

這狀態一發，很多程朱理學的「正人君子」坐不住了，跳起來大罵三瘦同學「不知羞恥、荒淫放肆」。前面把李清照的才華誇得天花亂墜的那個王灼更是捶胸頓足，才女濾鏡碎了一地：「輕巧尖新，姿態百出，閭巷荒淫之語，肆意落筆，自古縉紳之家能文婦女，未見如此無顧忌也。」

面對這樣的指責，我猜想三瘦同學大概會說：「怎麼？就許你們男子三妻四妾、尋花問柳，動不動還來個『贏得青樓薄倖名』，我們女子跟自家老公曬曬恩愛就成了世風日下、人心不古？你越說，那我越曬，就喜歡你們這些老腐朽看不慣我又奈何不了我的樣子，哈哈！」

是呀，新婚燕爾，秀個恩愛而已嘛。看不慣就不要看！是吃了你家的飯，還是擋了你家門口了，怎麼這麼激動呢！你看我，只管偷偷臉紅，什麼也不說。

嫁給愛情的婚姻生活，好景不常

——《一剪梅．紅藕香殘玉簟秋》

「得成比目何辭死，願作鴛鴦不羨仙。」李清照和趙明誠的婚姻中最幸福的時光，一是新婚蜜月期，二是趙家衰敗後，他們在青州老家的十年平民生活。

兩個人志趣相投，一起收集書畫古董、金石碑帖，兩人的興趣就是敗家。在外面看到喜歡的古物，錢不夠就當街脫下衣服、摘下首飾到當鋪換錢。搜羅回來的寶貝，夫妻倆再一起歡天喜地地整理、鑑賞、考訂。若閒來無事，兩個文藝青年還會煮上一壺新茶，對著家中堆積如山的書卷，猜某個典故、某句詩在某書的哪一頁，贏者先飲。倆人玩得不亦樂乎，作為常勝將軍的三瘦同學，常常得意忘形得連茶碗都打翻。

但終歸是凡人夫妻，有幸福甜蜜，自然也少不了苦澀煩惱。

《醉花陰．薄霧濃雲愁永晝》

薄霧濃雲愁永晝，瑞腦消金獸。佳節又重陽，玉枕紗廚，半夜涼初透。
東籬把酒黃昏後，有暗香盈袖。莫道不銷魂，簾卷西風，人比黃花瘦。

他們常常分別，新婚不久，趙明誠就外出遠遊，收集金石碑帖，獨留三瘦深閨寂寞。你看，到了重陽佳節他也沒回家，薄霧濃雲的陰沉天氣裡，三瘦深覺日長難挨，百無聊賴下，只得看著香爐裡瑞腦香的嫋嫋青煙出神。到了晚上，玉枕孤眠，紗帳清冷，想起下午自己獨自在東籬下喝酒賞菊，浸了滿身香氣。哎，此情此景，怎能不想他呢？西風吹起門簾，這簾子裡的人兒可比菊花還更消瘦呢！

後來，因王安石變法導致的黨爭愈演愈烈，三瘦老爹因和蘇軾走得近，被貶官遣鄉，連子女也不能居住京城，三瘦被迫回到山東老家，與新婚丈夫一別就是兩年。

《一剪梅．紅藕香殘玉簟秋》

紅藕香殘玉簟秋。輕解羅裳，獨上蘭舟。雲中誰寄錦書來，雁字回時，月滿西樓。

花自飄零水自流。一種相思，兩處閒愁。此情無計可消除，才下眉頭，卻上心頭。

這首《一剪梅．紅藕香殘玉簟秋》就是三瘦在老家因思念趙明誠所作。

昔日少女時代歡笑爭渡的湖中已荷殘香消，涼滑如玉的竹席，透出濃濃秋意，輕提羅裙，獨自登上一葉蘭舟。仰頭望向雲天，一排排的鴻雁正在南歸，皎潔的月光灑滿西樓，為什麼還沒有他的信寄來呢？對他的思念就像花兒飄零、水向東流一樣無由消除，剛剛從微蹙的眉間消失，又隱隱地爬上了心頭。

天涯地角有窮時，只有相思無盡處。然而，愛到如此深沉，卻也沒能逃過中年危機。閒居青州十年後，趙明誠被重新啟用，官場得意，又納了年輕貌美的侍妾，將三瘦獨自留在青州老家。

《鳳凰臺上憶吹簫・香冷金猊》

香冷金猊，被翻紅浪，起來慵自梳頭。任寶奩塵滿，日上簾鉤。生怕離懷別苦，多少事、欲說還休。新來瘦，非於病酒，不是悲秋。

休休，這回去也，千萬遍《陽關》，也則難留。念武陵人遠，煙鎖秦樓。惟有樓前流水，應念我、終日凝眸。凝眸處，從今又添，一段新愁。

這一天，三瘦睡到很晚才起，金獅香爐中的薰香早已熄滅，床上的錦被亂如紅浪，起身後三瘦也懶得梳洗打扮，梳妝匣早已積滿灰塵。最近又瘦了，不是因為喝酒，也不是因為悲秋，為什麼呢？縱使唱了千萬遍《陽關曲》，也沒留住他。唯有樓前流水，見證著我心中的離愁別恨……。一別，又是三年。

明明我們三瘦同學大剌剌，不拘小節，為什麼卻成了婉約詞代表？因離愁太多是也！

而且，此番離別，較往日又大為不同，從前即使偶有分隔，也是你心只有我，我心只有你，而如今你卻是「武陵人遠」、「煙鎖秦樓」，跟漢朝的劉晨、阮肇一樣，遇上了仙女，樂而不返，和他人雙宿雙飛了。

三年的深閨寂寞之後，三瘦獨往萊州尋夫。

《蝶戀花・晚止昌樂館寄姊妹》

淚溼羅衣脂粉滿。四疊陽關，唱到千千遍。人道山長水又斷。蕭蕭微雨聞孤館。
惜別傷離方寸亂。忘了臨行，酒盞深和淺。好把音書憑過雁。東萊不似蓬萊遠。

途中，她獨自在旅館中聽著瀟瀟雨聲，不禁淚水漣漣。寫信給在青州的閨蜜，感嘆惜別之情，字裡行間流露出擔憂與恐慌，不知相見後丈夫是何態度。

她到萊州之初，果然遭受冷遇，最終雖憑著二人在文學與收藏上的藝術共鳴重新喚回了夫妻情分，但她的心裡想必也已留下了縷縷傷痕。這樣的三瘦，令人心疼。

我常想，以三瘦的好強個性，放在今天，做出別的選擇也未可知。可嘆在古代，縱使女子才華再耀目，也終究需要依附丈夫和家庭。

三瘦教我們的事：何必豔羨他人神仙眷侶，別人的圍城裡也有你看不見的苦痛和掙扎，與其抬頭追逐別人的光芒，不如低頭經營自己的小確幸。

壯志豪情，巾幗不讓鬚眉

家愁方消，奈何國恨又來。一一二七年發生「靖康之恥」，北宋滅亡。三瘦顛沛流離的後半生就此開啟，在此期間，擔任南京市市長的趙明誠竟在部下造反之時，從城牆上懸下繩索，棄城而逃，別說滿城百姓，就連三瘦他都不管不顧了！想到南宋政府的軟弱無能，還有自己那貪生怕死的丈夫，逃難路上，三瘦同學憤而寫下一首《夏日絕句》：

生當作人傑，死亦為鬼雄。
至今思項羽，不肯過江東。

詩中借項羽不肯南渡的悲壯氣概，對唯知苟安江南的南宋小朝廷和毫無家國擔當的趙明誠，做了辛辣的諷刺和抨擊。好一股浩然男兒氣！

其實三瘦同學一直都是積極關注時政的愛國人士，十幾歲時讀張耒的《讀中興頌碑》，就敢於和詩兩首，發表對安史之亂的不同看法。靖康之恥後，她力主抗金：「欲將血淚寄山河，去灑東山一抔土」——誰說我們只能寫閨怨離愁，奈何一介女流，報國無門而已！

此外，她還曾作過一首氣勢磅礴、「絕似蘇辛」的《漁家傲・天接雲濤連曉霧》，性格中豪放大氣的一面，展露無遺：

> 天接雲濤連曉霧。星河欲轉千帆舞。彷彿夢魂歸帝所。聞天語。殷勤問我歸何處。
> 我報路長嗟日暮。學詩謾有驚人句。九萬里風鵬正舉。風休住。蓬舟吹取三山去。

這首詞一開場便展現出一幅壯美遼闊、渾茫無際的海天相接圖，從顛簸的船艙中仰望天空，天上的銀河似乎在轉動一般，三瘦幻想在夢中見到天帝，向其傾訴自己空有才華而連逢不幸、奮力掙扎的苦悶。是啊，現實中知音難遇，欲訴無門，除了通過這種幻想的形式抒發憤懣，又能怎麼樣呢？

但三瘦的過人之處就在於，不論情況怎樣惡劣，她絕不會屈服於現實，任由命運驅使。所以詞作的最後，她筆鋒一轉，說自己終究會借助大鵬飛起的風力，舟行如飛，直取三山！手筆之大，膽氣之豪，詞中罕見。

清代學者黃蘇評價此詞：「渾成大雅，無一毫釵粉氣。」

史上第一樁離婚官司
——《聲聲慢．尋尋覓覓》

趙明誠棄城而逃之後，不久便因羞愧而病故。深受打擊的三瘦帶著丈夫視如生命的古籍珍寶，獨自在戰火中流亡，期間遭遇各種盜賊、敲竹槓的房東，還被勒索不成的官員誣告通敵……，她像一隻驚弓之鳥在亂世中飄零，身心俱疲。

《聲聲慢．尋尋覓覓》

尋尋覓覓，冷冷清清，悽悽慘慘戚戚。乍暖還寒時候，最難將息。三杯兩盞淡酒，怎敵他、晚來風急？雁過也，正傷心，卻是舊時相識。

滿地黃花堆積。憔悴損，如今有誰堪摘？守著窗兒，獨自怎生得黑？梧桐更兼細雨，到黃昏、點點滴滴。這次第，怎一個愁字了得！

丈夫去世，又無子女，從此隻影向誰去？在這樣的形勢下，四十九歲的她看走眼、識錯人，改嫁給渣男張汝舟，婚後才發覺此人心懷不軌，娶她只為圖謀那些珍寶文物。而渣男在得知她的文物其實已散失無幾後，也深感自己上當受騙，竟拳打腳踢，意圖逼死三瘦，霸占剩餘藏品。

她深悔自己所托非人，想抽身卻不得。後來得知渣男科考時曾有作弊之舉，於是迅速收集罪證，一舉將其告上衙門，申請離婚。

我李三瘦是何許人也，豈容如此鼠輩欺凌！

這個案子在當時鬧得很大，宋高宗親自委託司法機關立案調查，最終渣男被罷官流放。但當時宋朝有一項奇葩的法律規定：「妻子狀告丈夫，不管屬實與否，都得坐牢兩年」（這是什麼神邏輯啊）。剛烈的女詞人寧為玉碎，也絕不與渣男妥協。所幸朝中有人搭救，三瘦在牢中待了九天之後得以脫身。

著名女詞人加上再嫁又閃婚閃離的劇情，世人的悠悠之口可想而知。而她，興起敢寫閨房豔詞，憤起敢撕渣男小人，從不為世俗的藩籬而屈身將就，女漢子的人生就是這麼彪悍！

苦難，總會成就藝術

「國家不幸詩家幸，賦到滄桑句便工。」苦難，總會成就藝術。漫漫餘生只剩無盡的孤獨、寂寞，以及世人的非議。三瘦晚年的詞作中，滿是回憶與憂傷：

《武陵春．春晚》

風住塵香花已盡，日晚倦梳頭。物是人非事事休，欲語淚先流。
聞說雙溪春尚好，也擬泛輕舟。只恐雙溪舴艋舟，載不動許多愁。

暮春三月，風停花盡，只餘淡淡塵香，日色已高，卻無絲毫梳妝的興致。身邊依然保留著一些曾經的舊物，可那時相伴相愛的人兒，卻再也尋覓不到，怎不讓人傷心淚垂？聽人說雙溪的春光正好，不如去泛舟散心，可是小小的舟，如今哪裡載得動我這一腔沉甸甸的憂愁呢？

《添字醜奴兒．窗前誰種芭蕉樹》

窗前誰種芭蕉樹，陰滿中庭。陰滿中庭。葉葉心心，舒捲有餘情。
傷心枕上三更雨，點滴霖霪。點滴霖霪。愁損北人，不慣起來聽。

國破家亡，飄零江南，本就傷心難寐，可偏偏三更頭上，又風起雨落。那點滴霖霪的雨聲與其說是打在芭蕉葉上，不如說是打在李清照備受創傷的心上。

想到故土淪喪的家園，死去的愛人，還有那動盪不安、國運維艱的時局……，自己這個異鄉人哪裡還能再入眠，只得在淒淒雨夜中，對一盞孤燈，獨抱濃愁待天曉。對比曾經的「爭渡，爭渡，驚起一灘鷗鷺」，世事是如此的無常。

命運曾賦予她如夏花般絢爛的幸福，也給了她似秋葉般凋零的淒苦。而她，從未低頭。

生命的最後時光，雖被悲苦纏繞，但三瘦並未在痛苦中沉淪，而是繼承丈夫的遺願，有系統地修正、補訂趙明誠生前撰述的金石文物著作《金石錄》。這本書是繼歐陽脩《集古錄》之後規模更大、更有價值的一部研究金石之學的著作，也是後世相關研究者的必備之書。同時，文學價值巨大的《金石錄後序》應該也是在這一背景下完成，這既是一篇書序，更是一篇對亡人深情懷念的悼文：

今日忽閱此書，如見故人……今手澤如新，而墓木已拱，悲夫！

是啊，文物上趙明誠手題的跋文墨蹟如新，而斯人墳墓上的樹木都已長成參天大樹，睹物思人，情何以堪？

儘管世界滄桑，仍沒有失去希望

西元一一四三年前後，三瘦將整理完備的《金石錄》表進於朝。心願已成，剩下的，也許只是慢慢等待與趙明誠再度相會的時刻。

《永遇樂．落日熔金》

落日熔金，暮雲合璧，人在何處。染柳煙濃，吹梅笛怨，春意知幾許。元宵佳節，融和天氣，次第豈無風雨。來相召、香車寶馬，謝他酒朋詩侶。

中州盛日，閨門多暇，記得偏重三五。鋪翠冠兒，捻金雪柳，簇帶爭濟楚。如今憔悴，風鬟霜鬢，怕見夜間出去。不如向、簾兒底下，聽人笑語。

又到了元宵佳節，落日如金，圓月如璧，縷縷彩霞映襯其間。濃濃的暮靄附著在泛綠的柳色上，遠遠地，有笛子在吹奏哀怨的《梅花落》……，臨安的朋友們坐著香車寶馬來邀三瘦同去賞燈，卻被她一一謝絕了。

置身於表面上依然繁華熱鬧的臨安城，透過門簾，望著街市上的火樹銀花，恍惚間，她彷彿又回到了東京，回到了十七歲那年的元宵燈會。青春年少的自己，與女伴們相攜出遊，嬉戲玩鬧。驀然回首，正與燈火闌珊處的那位儒雅少年四目相對——那一刻，燈火淡去，人聲隱匿，整個世界，彷彿只剩久久對望的她與他……。

我們不知道這首詞作是不是三瘦留給這個世界最後的側影，但我相信，生命的終點時刻，她一定是帶著對往昔最美好的追憶而去。沒錯，她的人生並不完美，她的愛情也有遺憾，但在歷經所有的世事滄桑，忍受了所有的孤苦無依後，她的心中依然充滿積極向上的力量，也仍願意相信過往生命中的那些愛與美，這就是李清照。

由於晚年獨居，我們甚至不知道她離開的確切日子（推測是一一五六年前後）。但或許，她從來不曾真正遠去，而是翩然飛進了那些不朽的清麗詞章中。時至今日，每當我們捧起《漱玉詞》，總還能在字裡行間捕捉到她的氣息——有時是「爭渡，爭渡，驚起一灘鷗鷺」的活潑俏皮，有時是「才下眉頭，卻上心頭」的相思情深，有時是「梧桐更兼細雨」的愁苦心碎，有時是「風休住，蓬舟吹取三山去」的不屈與豪邁……。

周公子每期一問

三瘦姐，你要是生活在現代，絕對是大受歡迎的時代新女性！
此話怎講？
你有才華，可以當作家；長得美，能直播做網紅；個性直爽，可以創業當老闆……
在你們的時代，女子的選擇真有這麼多？
當然！不信我帶你去看看，到時要找我當經紀人哦！
那還廢話什麼？時光機在哪裡，走吧！

陸游

我可以接受失敗，
但絕不放棄

南宋紹興二十三年（一一五三年），臨安，宰相府。

陳設典雅的花廳內，一位六十歲左右的老者端坐太師椅，在氤氳升騰的茶氣中閉目養神。廳外，一位管家模樣的下人疾行而來，待到門外，卻陡然止步，雙手緊張地互搓著，額頭上滲滿細密的汗珠。

片刻，廳內傳來一聲低喝：「還不進來？」

下人慌忙入內，怯怯地喊了聲「老爺」，顯出一副欲言又止的為難神色。

「如何？」老者再次發問，卻始終並未展目。

「今日開榜，小的一早去看了，塤少爺被……被擢為省試第二。」

「哦，那位列第一者為何人？」老者未現喜怒之色，反呈饒有興致之意。

下人懸著的一顆心，稍稍放鬆了些，賠笑答道：「乃是越州山陰人氏，名為陸游，略有詩名而已，想必此番只是運氣好。要論當今學子，何人可及我們塤少爺才藝絕倫，博通古今……。」

下人尚未語畢，就聽「砰」的一聲，一杯熱茶被老者橫掃在地：「好個陳之茂！如此不識抬舉！」

奈何小人秦檜當權，落榜三次

陳之茂是何許人也？今時今日，可能並沒有幾個人知曉。我們可以不記得這個人，卻應該記住他做過的一件事。

作為當年鎖廳試（專門針對官員子弟的一種科舉考試）的主考官，他在當朝宰相秦檜已經明示必須將其孫子秦塤取為第一的情況下，頂著丟掉烏紗帽的風險，硬是把第一名給了更具才學的陸游同學。

沒錯，文首那位老者便是人盡皆知、臭名昭著的大奸臣加賣國賊——秦檜。

陸游同學實在是運氣不好，你什麼時候考科舉都好，偏偏遇上大權奸秦檜的孫子；但同時他又是幸運的，碰到了一個不懼強權、秉公做事的主考官。然而儘管陸游同學才高八斗，一路開掛，在接下來的禮部複試中依然名列榜首，順利進入殿試名單，卻在最後關頭，被秦檜大筆一揮畫掉了名字。

就這樣，一個極有可能連中三元（即鄉試、會試、殿試均為第一）、風光無限的青年才子，轉眼成了名落孫山的失意人。

這對陸游的打擊太大了。要知道此時他已二十九歲，第三次參加科考，卻又一次空手而歸，情何以堪？

耳濡目染，從小立志保家衛國

讀到這裡，大家可能要問了：「咦，既然陸游才華如此出眾，何以要三赴考場？第三次是運氣不好，那麼前兩次卻又因何落榜呢？」

這個問題雖說來話長，但可以肯定的是，也跟秦檜有著千絲萬縷的聯繫。而這一切，要先從陸游的成長環境說起。

一一二五年冬，陸游在狂風驟雨、巨浪翻滾的淮河上，誕生於一條奔赴東京開封的官船內。從此，陸游所處的時代和他的個人命運，都像其出生的這一刻般風雨飄搖、多災多難。

不信？請繼續看下去。

陸游出生的同年，金朝滅遼。從此胃口大開的金人調轉鐵騎，對著文恬武嬉的宋朝呼嘯而來。僅僅兩年之後，金軍就攻破東京（今河南開封），俘虜了徽、欽二帝。

此時，陸游的父親恰好被奸佞之人彈劾免官，於是帶著全家奔逃避難。很多年後，陸游對當時的情形依然記憶猶新：

《三山杜門作歌》

我生學步逢喪亂，家在中原厭奔竄。
淮邊夜聞賊馬嘶，跳去不待雞號旦。
人懷一餅草間伏，往往經旬不炊爨。
嗚呼！亂定百口俱得全，孰為此者寧非天。

你看，陸游才剛蹣跚學步，就跟著家人在兵荒馬亂的環境中四處奔竄、躲避戰火。夜裡一聽到敵軍戰馬的嘶叫，就趕緊摸黑逃離，都不敢等到雞鳴天亮。每個人都懷揣乾糧，略有動靜就跳到草叢中躲避，常常連著十幾天都不敢生火做飯。

最後歷經千辛萬苦，到陸游五歲時，才回到山陰故鄉。後來戰火蔓延到南方，全家人又再度逃難，投靠於浙江東陽山的豪傑武裝，過了三年「落草為寇」的日子。直到陸游九歲時，局勢有所穩定，才再次回到山陰故居。

童年的一切，對一個人的影響是巨大的。「兒時萬死避胡兵」的經歷，在陸游幼小的心靈中深深地種下了對戰爭的厭惡和對金兵的刻骨仇恨。而他的家世淵源，則令他的這層思想有了更進一步的昇華。

祖宗歷代皆為直諫忠臣，言傳身教的家庭教育

陸游出生於世代為官的書香門第，一門都是剛直忠勇之士。比如他的高祖陸軫，曾指著宋仁宗的寶座說：「天下想坐這個位子的人多的是，你必須好好做才能坐得穩。」宋仁宗聽後感嘆不已，第二天忍不住跟其他大臣碎碎念：「蒼天呀！天底下竟然有這麼直腸子的人臣，也太淳樸忠厚了吧！」

陸游的爺爺陸佃也不辱家風，他是王安石門下學生，卻並不全然贊同新法，並敢於和王安石當面辯論。王安石死後，守舊派掌權，門人子弟十之八九都不敢登門弔唁，陸佃卻冒著巨大風險，帶領一些同門前去祭拜，後來到江寧做官，還親往尊師墓前祭奠。

不僅如此，參與編寫《神宗實錄》時，在評價王安石的問題上，他更曾據理力爭，

和舊黨的范祖禹、黃庭堅激烈爭辯。

黃庭堅說：「像你說的那樣寫，就是佞史！」陸佃則回曰：「如果都按你說的寫，豈不成了謗書！」

可見陸佃亦是不畏權勢、原則堅定之人。而陸游的父輩，又都是力主抗金的鐵血男兒。其父陸宰，在北宋滅亡前，曾擔任糧餉轉輸官，全力支援太原前線，使太原成為金兵南侵中禦敵時間最長的城池。之後，陸父被投降派彈劾罷官，使得太原糧餉斷絕，軍民餓死者十之八九，最終失陷於金人。

陸游的叔父陸宲，同樣是一位戰場英雄。金兵來侵時，他在京城附近地區任職財政官員，卻敢於在地方掌管兵權的官吏作鳥獸散後，臨危不懼，召集軍隊和民兵，堅守城池，使得當地免遭生靈塗炭。可惜在投降派為主流的朝堂上，忠勇兩全的陸宲也沒能避免罷官還鄉的悲憤結局。

成長於這樣的家庭，言傳身教，耳濡目染，陸游對什麼是中正剛直、什麼是家國大義，得到了最為鮮明且直接的教育。

喜論恢復，力主抗金

除此之外，陸游家還是主戰派愛國人士沙龍的聚集地。山陰離都城臨安不遠，主戰派人士常到陸游家聚首，縱談國事。一說到二帝被擄、敵寇殘暴、岳飛被斬等，便個個怒髮衝冠、目眥欲裂，恨不得手撕了金國人和投降派。試想，這對於少年陸游來說，是多麼震撼心靈的場面：

紹興初，某甫成童，親見當時士大夫，相與言及國事，或裂眥嚼齒，或流涕痛哭，人人自期以殺身翊戴王室。

你看看，每天都是現成的愛國主義教育課啊！

在如此環境下成長起來的陸游，很早就立下了「上馬擊狂胡，下馬草軍書」的報國壯志，而要實現此番理想，在古代可以且只有科舉一條路。於是陸游從小就夜以繼日，埋頭苦讀：

我生學語即耽書，萬卷縱橫眼欲枯。（《解嘲》）
少小喜讀書，終夜守短檠。（《幽居記今昔事》）
兒時愛書百事廢，飯冷戴乾呼不來。（《初冬雜詠》）

到了青年時期，陸游更拜當時有名的詩人曾幾為師。大家不知道曾幾是誰沒關係，只記住下面這首《三衢道中》是他的名作就好了：

梅子黄時日日晴，小溪泛盡卻山行。
綠陰不減來時路，添得黄鸝四五聲。

這首絕句寫得清新流暢，不失唐人風采。有此名師指點，也難怪陸游同學能夠青出於藍而勝於藍。順帶一提，陸游這位老師也是個主戰派，因得罪秦檜被罷官，才有空收學生的。所以日常除了溝通詩詞藝理，師徒二人還會聊些什麼，大家完全可以自行腦補。

說了這麼多，大家應該猜到了：陸游前兩次落榜，不是才學問題，而是政治問題。

一家子都是出了名的秦檜反對派，陸游的文章又是一貫的「喜論恢復」、力主抗金。大權在握的秦檜一黨，怎會錄取如此「不識時務」的考生呢？

其實不僅科考屢次受挫是源自抗金立場，陸游一輩子的悲劇命運都和他敢言直諫、喜論恢復分不開。

「不識時務」的小官

走上仕途後，陸游遇到的第一個皇帝是宋高宗趙構，這位著名的投降派總舵主。我們來看看，面對這個扶不起的「阿斗」，陸游是如何「不識時務」的。

三十五歲那年，陸游在臨安擔任一個管理聖旨、詔書類的小官職。官雖不大，他卻很高興，因為這個職位可以經常接觸皇帝啊！這就意味著，他可以盡情地向老闆提意見和闡述光復大計。於是剛當上八品芝麻官的陸游，熱情洋溢地幹了幾件驚天動地、一般臣子都沒膽量做的事。

一是彈劾當時專權敗國的高宗寵臣楊存中。關於此人：一是他在秦檜生前唯其馬首是贍，屬於投降派陣營；二是此人乃是抗金名將岳飛父子的監斬官。就這兩點，你說該不該彈劾？太應該了！

第二件事，是在南宋和金國烽煙再起時，陸游竟然「淚灑龍床請北征」！是的，你沒看錯，陸游居然「很傻很天真」地想要請投降派的總代表宋高宗御駕親征，光復東京，而且說到激動處，還伏在龍椅上痛哭流涕。

第三件事，則是力主遷都。陸游建議，應將都城從富貴溫柔鄉的臨安遷到江山險固的建康（今江蘇南京），如此一來，退可禦江堅守，進可北望中原，力圖恢復。

你看看這些意見，每條都在打高宗的臉：楊存中專權誤國，他的權是誰給的？而且，朕都在後方修「闊丈五尺」的逃跑專道了，你卻讓朕御駕親征？做什麼美夢呢！還有遷都，你以為朕定都臨安只是貪圖這裡溫柔富貴、風景怡人嗎？錯！最重要的是這裡靠海近啊，一有風吹草動，朕就可以航海逃跑啊！再者，遷都意味著什麼？那不就是明擺著想要恢復失地，跟金國大哥叫囂嗎？大哥一怒之下，把朕也俘虜了怎麼辦？你想害死朕啊！……

你看，陸游碎碎念的這些事情，對高宗來說每一件都太刺耳、太不舒服了！於是陸游很快地就被罷官歸家，之後雖被重新起用，但君臣間已不可避免地有了嫌隙。

力主作戰、收復河山竟是罪過？

好在高宗很快禪位，南宋皇帝中最有收復之志的宋孝宗登場。一上臺，他就為岳飛平反，還積極籌措北伐。這麼看來，這位皇帝和陸游可謂是志同道合、君臣同心，這下陸游的日子應該好過了吧？

答案是：確實比從前好過了，不過也只有一陣子而已。

由於當時陸游已詩名在外，孝宗對他十分欣賞，曾在偏殿親自召見，還稱讚他「力學有聞，言論剴切」，最後更下旨欽賜其進士出身。一個八品芝麻官能獲此殊榮，可謂罕見。於是為了報答孝宗的知遇之恩，一切以家國為念的陸游，又開始放大招。書生意氣的他，居然又一次把矛頭直指皇帝身邊的兩個親信近臣——想要彈劾他們結黨營私、貪汙受賄，為孝宗皇帝清君側！

孝宗知曉後，惱怒異常：「說朕身邊的人圖謀不軌，那不就是罵我眼光不行看錯了人嗎？」於是一怒之下，把陸游貶官出京。

後來北伐戰爭失敗，一直堅持抗金立場的陸游也成了投降派打擊報復的對象，被彈劾「交結臺諫，鼓唱是非，力說張浚（北伐指揮官）用兵」，再一次被罷職返鄉。

在一個屈辱求和的朝代，連力主作戰、收復河山都成了罪過，何其荒誕。說到底，陸游何錯之有？從科場失意到仕途蹉跎，這一切波折不就在於他喜論恢復、力主抗金的政治立場嗎？拳拳忠心，卻慘遭罷官，若說不在乎那是假的：

《聞雨》

慷慨心猶壯，蹉跎鬢已秋。
百年殊鼎鼎，萬事祇悠悠。
不悟魚千里，終歸貉一丘。
夜闌聞急雨，起坐涕交流。

令人感慨的是，即使遭受到如此寒心之待遇，陸游哀嘆的仍非一己之得失，而是因不能再為國分憂而焦灼。夜間聞聽疾風驟雨，起坐無眠，禁不住為飄搖多艱的國勢而涕淚交流……。

寄託於詞，抒發無法保家衛國的無奈

江陰閒居五年後，貧不自振的陸游終於等來一記官職——夔州通判。五年前被罷職時即為通判，如今還是通判，官未進而地愈遠。已經四十六歲的陸游，對是否還能實現平生志向充滿迷茫，這一時期的詩文中，失落之情溢於言表：

流離鬢成絲，悲吒淚如洗。
殘年走巴峽，辛苦為斗米。
（《投梁參政》）

當時的陸游還不知道，在這看似「山重水復疑無路」的慘澹前程中，他一生最燦爛激情的一頁，其實即將掀開——夔州期滿後，他居然收到了四川宣撫使的來信，邀請他到南宋和金國交界的軍事重地南鄭（今陝西漢中），共謀抗金大業。

果然是柳暗花明又一村！陸游簡直興奮得要跳起來了，因為他最大的理想就是做一個馳騁疆場、禦敵衛國的抗金戰士啊！在詩文中，陸游就曾多次表達平生夙願：

孤燈耿霜夕，窮山讀兵書。
平生萬里心，執戈王前驅。
戰死士所有，恥復守妻孥。
（《夜讀兵書》）

我這輩子最大的心願呀，就是做一個為君王衝鋒陷陣的戰士！即使戰死沙場、馬革裹屍也在所不惜，如果只想著與妻兒廝守而喪失報國之志，那才是最可恥的。

多年的苦苦追求，如今心願一朝得償，理想實現的極致快樂讓陸游一掃在夔州的悲苦之感，詩風開始變得無比激越昂揚、意氣風發。比如到夔州上任時，他曾說「萬里羈愁添白髮」、「老來方知行路難」，到南鄭的路途更為艱險，卻變成了「但令身健能強飯，萬里只作遊山看」。我現在是頭好壯壯，萬里跋涉就當是遊山玩水啦！

此外，陸游在夔州時還屢有遲暮之嘆，比如什麼「白髮淒涼老境催」、「減盡腰圍白盡頭」之類，結果到了南鄭，神奇的事情發生了——陸游一夜之間逆轉時光，白髮轉青絲：

西戍梁州鬢未絲。
（《偶懷小益南鄭之間悵然有賦》）

憶昔西遊兩鬢青。
不妨青鬢戲人間。
（《憶昔・憶昔西遊兩鬢青》）
（《鷓鴣天・葭萌驛作・七之二》）

更為誇張的是，穿上軍裝、跨上戰馬的陸游，儼然覺得自己又變回了英姿風發的少年郎：

念昔少年日，從戎何壯哉。
（《歲暮風雨》）
憶昔西征日，飛騰尚少年。
（《憶昔・憶昔西征日》）
投筆書生古來有，從軍樂事世間無。
（《獨酌有懷南鄭》）

要知道，此時的陸游已接近五十歲，卻萌發出如此可愛的「少年心態」，可見一個人能為真正的理想而奮鬥時，精神面貌是何等的正向飛揚！

不過，要想做一個真正疆場廝殺的戰士，空有熱情和理想是不夠的，還需要有強健的體魄和過人的武力值。而一介書生的陸游，真的具備「上馬擊狂胡」的實力嗎？

文武雙全，可惜無處施展能力

其實關於這一點，既然我們都能想到，人家陸游怎麼會想不到？從小立志要「掃胡塵」、「清中原」的他，早早就意識到。

在國難當頭的年代，單單學文是不行的，還必須掌握馳騁殺敵的真本領。於是，在應對科舉的文化課之外，陸游從小就研讀兵書，學習劍術，結交江湖奇士，跟同時代的辛棄疾一樣，都是能文能武的斜槓型人才。關於這一點，在其詩文中屢有驗證：

我壯喜學劍，十年客峨岷。（《高安州宅三詠劍池》）

少攜一劍行天下，晚落空村學灌園。（《灌園》）

閉戶著書千古計，變名學劍十年功。（《宿魚梁驛五鼓起行有感》）

最終陸游學有所成，功夫十分了得：

十年學劍勇成癖，騰身一上三千尺。

術成欲試酒半酣，直躡丹梯削青壁。

（《融州寄松紋劍》）

一副飛簷走壁、輕功了得的樣子，聽起來很誇張對不對？但所謂光說不練、紙上談兵，我們來看看實戰中的陸游是否真的具備如此身手。

到達南鄭之後，某日陸游與同僚外出圍獵，與一隻猛虎狹路相逢。同行的三十多人都被這山中之王嚇得面無人色，陸游卻毫無懼色，挺身向前，舉起長矛，奮力刺向老虎的喉管：

奮戈直前虎人立，吼裂蒼崖血如注。
從騎三十皆秦人，面青氣奪空相顧。

（《十月二十六日夜夢行南鄭道中既覺恍然攬筆作》）

此番壯舉在軍營中很快傳開，連年輕的壯士們都自愧不如：

挺劍刺乳虎，血濺貂裘殷。

至今傳軍中，尚愧壯士顏。（《懷昔》）

你看，連威風凜凜的猛虎陸游都制伏得了，衝鋒陷陣還不是小菜一碟。但遺憾的是，陸游也只能靠打虎過把癮了，因為這段熱血沸騰的軍旅生涯只持續了短短的八個月，他根本沒有機會和真正的敵人短兵相接。

南宋愛國詞人的第一人

在南鄭期間，陸游與軍區總司令王炎志同道合，制訂了詳盡的收復失地、進取中原的戰略方案。只等朝廷一聲令下，即可正式出師北伐。

可惜，理想是熾熱的，現實是冷酷的。滿腔熱血的陸游最終等來的不是朝廷的作戰軍令，而是領導王炎被召回京的一紙詔書，同時作為軍事參謀的陸游也被調離降職到成都。

朝廷的弦外之音，可以說是很明顯了：同志們，以和為貴啊！你們怎麼整天就想著打打打！

陸游殺敵報國的夢想，就這樣徹底破滅了。

《劍門道中遇微雨》

衣上征塵雜酒痕，遠遊無處不消魂。

此身合是詩人未？細雨騎驢入劍門。

冷風細雨中，失魂落魄的陸游騎著一頭小毛驢黯然入蜀，衣服上塵土與酒痕夾雜，一看旅途中就沒少借酒消愁。

是啊，自己馬上就到五十知天命的年紀了，失此良機，餘生恐怕再沒機會親赴前線了。幾十年來拼搏努力，皆為內心光復中原的夢想，如今卻半生蹉跎，結局至此，難道這輩子我註定就只能做個詩人嗎？！陸游想要仰天怒問，可是又有誰能給自己一個答案呢？

理想破滅的巨大失落，讓陸游深感絕望。在成都「冷官無一事，日日得閒遊」的他開始墜入燈紅酒綠之中，放浪形骸，豪飲無度。可縱使如此，求和派的政敵還要來落井下石，彈劾他「不拘禮法，恃酒頹放」，導致陸游再一次被罷官。

名姓已甘黃紙外，光陰全付綠尊中。
門前剝啄誰相見，賀我今年號放翁！
（《和范待制秋興》）

此時的陸游對前程心如死灰，索性光腳不怕穿鞋的：「好啊，你們說我頹放，那我就徹底頹給你們看！我還給自己起個外號，叫『放翁』！反正官也罷了，還能奈我何！」

是的，你沒看錯，「陸放翁」的名號就是這麼來的。

可放蕩不羈、借酒澆愁，就真的能放下心中的家國之念嗎？當然不可能，如果這麼容易就放棄夢想，陸游也就不能稱之為陸游了：

平生嗜酒不為味，聊欲醉中遺萬事。
酒醒客散獨淒然，枕上屢揮憂國淚。
（《送范舍人還朝》）

看到沒，燕飲頹放的背後，這才是陸游的真正心境：放翁之意不在酒，而在於醉了就能忘卻國事啊，可是酒醒客散之後呢，自己依然會獨自為國家民族的處境而落淚擔憂……。

統治者和投降派們醉生夢死，苟安一隅，致使邊防武備一片荒廢，卻把精力都用來打擊報復真正的愛國志士，此時無官一身輕的陸游對此毫不客氣地發出了最直接尖銳的諷刺：

《關山月》

和戎詔下十五年，將軍不戰空臨邊。
朱門沉沉按歌舞，廄馬肥死弓斷弦。
戍樓刁斗催落月，三十從軍今白髮。
笛裡誰知壯士心？沙頭空照征人骨。
中原干戈古亦聞，豈有逆胡傳子孫！
遺民忍死望恢復，幾處今宵垂淚痕。

從符離之戰大敗後，南宋與金國議和至今已十五年了，將軍能戰而不得戰，空守邊塞。一邊是朝廷權臣們在深宅大院裡歌舞昇平；一邊是馬棚裡戰馬肥死，武庫中弓弦黴斷。多少年來，將士們無所事事，只有以陣陣刁斗（古時行軍的用具）聲送走一輪又一輪的明月，只能在幽咽的笛聲中蹉跎年華；日復一日，年復一年，三十歲左右參軍的壯士尚未建功立業，就已白髮蒼蒼、老死邊關……。

中原大地自古就硝煙不斷，難道如今我們要將其拱手讓給女真人，讓他們在那裡繁衍子孫、落地生根？可憐中原遺民們忍死偷生盼望著朝廷來恢復失地，今夜不知又有多少人在望月垂淚！

這首詩字字如鐵，擲地有聲，矛頭直指南宋最高統治者。既控訴了投降派卑躬屈膝的無恥行徑，又表達了對淪陷區人民的深切同情和對金人侵略者的無比憎恨，一炮三響，堪稱陸游愛國主義詩篇的代表作。

心心念念，期望收復大宋江山

自成都罷官之後，陸游又曾兩度出仕；如果換作一般人，都一把年紀了，乾脆睜一隻眼閉一隻眼，就混水摸魚下去吧！可陸游不是如此。

每次踏入官場，他都始終不忘抗金恢復的夢想，各種上表勸勉朝廷「力圖大計，宵旰勿怠」、「繕修兵備，搜攬人才」等。結果每次做不了多久，就被政敵找碴罷官歸田，那首著名的《書憤》就寫於此時期：

早歲那知世事艱，中原北望氣如山。
樓船夜雪瓜洲渡，鐵馬秋風大散關。
塞上長城空自許，鏡中衰鬢已先斑。
出師一表真名世，千載誰堪伯仲間！

年輕時自己豪情萬丈，懷揣收復中原的凌雲壯志，怎料想得到，報國殺敵之路竟會如此艱難。如今志未酬而鬢先斑，時光虛擲，功業成空，怎不令人痛心疾首！

志士淒涼閑處老，名花零落雨中看。此後，閒居鄉下的日子裡，雖貧病不堪，甚至「炊米不繼」，陸游心心念念的卻還是收復河山的抗金大業。

《秋夜將曉出籬門迎涼有感》

三萬里河東入海，五千仞嶽上摩天。
遺民淚盡胡塵裡，南望王師又一年！

好一個「南望王師又一年」！三萬里長的黃河奔騰向東、流入大海，五千仞高的華山聳入雲霄、上拂青天。而如今黃山和華山都在金人占領區，淪陷區的遺民們在敵人的鐵騎蹂躪中日日翹首王師北伐，淚水流盡，望眼欲穿，如此年復一年，卻只換來無盡失望……。

「報國欲死無戰場」的晚年時光，陸游在夢中都想著橫戈躍馬、守戍邊疆：

僵臥孤村不自哀，尚思為國戍輪臺。
夜闌臥聽風吹雨，鐵馬冰河入夢來。
（《十一月四日風雨大作》）

此時的陸游已年近七十，朝廷屢番有負於他，他卻仍然未忘國憂，還想以老邁之軀為國效力。可惜，熱血了一生，卻從未贏得任何一個請纓報國的機會。垂暮之年，他常常懷想昔日那段戎馬疆場、意氣風發的軍旅生涯：

《訴衷情．當年萬里覓封侯》

當年萬里覓封侯。匹馬戍梁州。關河夢斷何處，塵暗舊貂裘。
胡未滅，鬢先秋。淚空流。此生誰料，心在天山，身老滄洲。

當年單槍匹馬，萬里奔赴梁州，如今馳騁邊塞的從軍生涯卻只能在夢中回味，夢醒身在何處？只看到灰塵已覆滿舊時出征的貂裘。尚未驅盡敵虜，兩鬢已染秋霜，徒留悲憤之淚。這一生誰能預料，本想投戎報國，疆場禦敵，結果卻只落得個心繫前線、閒老家鄉的境地！今昔對比，聲聲浩嘆，道盡平生不得志。

至死國家尚未收復的遺憾
——《示兒》

這一生，陸游的最大心願就是希望能目睹祖國山河統一，然而在時代的風雨和現實的艱難中苦苦支撐了八十五年的他，卻終究沒能等到這一天：

《示兒》
死去原知萬事空，但悲不見九州同。
王師北定中原日，家祭無忘告乃翁。

山河依然破碎，陸游至死不能瞑目。在這首最為人知的絕筆詩中，陸游沒有隻字片語涉及家事，唯一放心不下的就是祖國尚未統一。於是，他對著兒孫殷殷囑託：「孩子們啊，王師北進，收復中原後，你們可千萬不要忘記把這九州歸一的喜訊，告訴九泉之下的乃翁啊！」

這二十八個字是陸游一生愛國精神的光輝總結，也是他對國家統一的最後一聲深沉而熾熱的呼喚！

「雙鬢多年作雪，寸心至死如丹。」陸游一生都夢想成為戰士，在我眼裡，其實他已然做到了——真正的戰士未必一定是金戈鐵馬，血灑疆場，而是歷經磨難，卻永遠初心不改。在一個山河破碎的年代，有愛國情懷不難，難的是不管經歷多少打擊和冷遇，卻始終矢志不渝、毫不退縮。

一生為抗金大業奔走呼號而無懼挫折的陸游，多像他筆下那一株傲然不屈的梅，即使風雨摧殘，群芳相妒；即使飄零入泥，碾壓成塵；卻依然高潔不改，芬芳如故：

《卜算子・詠梅》

驛外斷橋邊，寂寞開無主。已是黃昏獨自愁，更著風和雨。
無意苦爭春，一任群芳妒。零落成泥碾作塵，只有香如故。

周公子每期一問

老陸，你傳世九千多首詩，如此高產的祕訣是什麼？
①
唉，不就是這輩子太失敗了，愛情、理想全都落空……
②
唉，怪不得我寫得又少又慢。
③
原來是我的生活太幸福了呀！
④

辛棄疾

武能金戈鐵馬，
文是詞中之龍

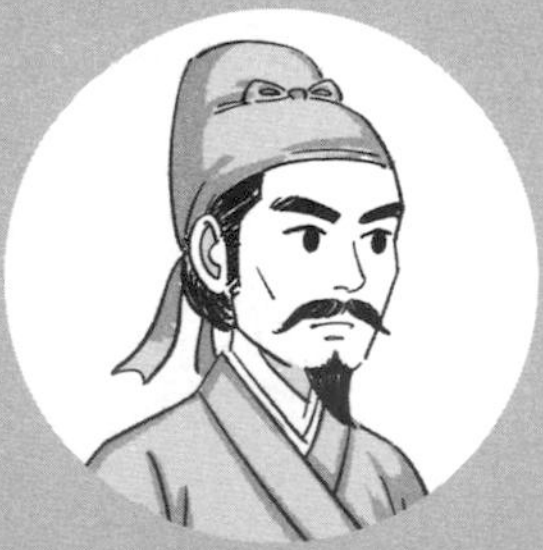

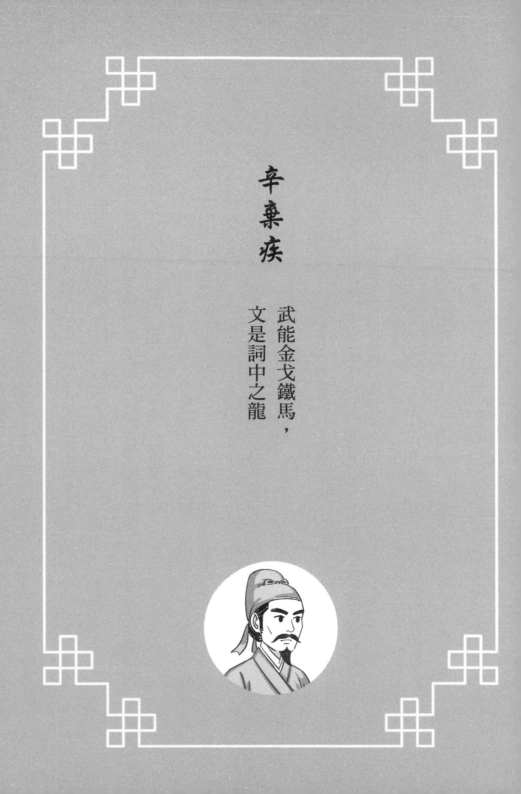

南宋，紹興三十一年（一一六一年），濟南府境內。

一個和尚快馬加鞭在趕路，臉上有幾分慌亂，又有幾絲不易察覺的得意。忽然，身後一陣急促的馬蹄聲由遠及近，和尚回身一望，面色大驚！只見在如火的驕陽中，一個單身獨劍的青年男子縱馬而來，殺氣騰騰，氣場強大。

片刻間，青年男子便追上來，狼腰前探，猿臂縱伸，擒住和尚的衣領大力一提，將其拎翻馬下，隨後自己也縱身躍下。

和尚狼狽地在地上滾了幾番後，目光落在對方手中那把寒光閃閃的長劍上，不由瑟瑟發抖，跪地求饒：「兄弟，我知你乃神獸轉世，力大無窮，求你看在往日情面上，饒我一命啊！」

男子目光似刀，一語不發，從對方身上搜出義軍大印後，手起劍落便結果了和尚性命，然後提著人頭和軍印，調轉馬頭，絕塵而去——你已不是我辛棄疾的兄弟，也不配我和你再說一句話。

沒錯，此青年男子正是辛棄疾，字幼安，山東濟南人，時年二十一歲。

讀到這裡，大家可能會大吃一驚，「好傢伙！辛棄疾不是著名的愛國詞人嘛，居然會武功，還殺人！」

沒錯，後世之人提到他，第一反應都是偉大的愛國詞人——一個文人的定位。不過如果辛棄疾若泉下有知，恐怕要氣得冒煙了。畢竟哥的夢想可不是什麼諾貝爾文學獎，而是衝鋒陷陣，沙場秋點兵！文學嘛，只是哥的業餘愛好而已。

那麼，好好的一個青年才俊，緣何熱衷於戰爭呢？此事，說來話長。

即便身處敵國，仍立志抗金復宋

《題臨安邸》林升

山外青山樓外樓，西湖歌舞幾時休？
暖風薰得遊人醉，直把杭州作汴州。

西元一一四〇年，距離北宋滅亡的「靖康之恥」已十四年了。這一年，金國和南宋又打了一仗，而明明占了上風的南宋，卻像個被欺負慣了的小媳婦一樣，在賣國賊趙構和秦檜的主持下，主動要求議和——割地、賠款、稱臣。

這還嫌不夠，兩年後金國違約再戰，南宋投降派又額外奉上了一份超級大禮，那就是喊著「靖康恥，猶未雪，臣子恨，何時滅」的岳飛父子的性命。

金主子，您看我們這誠意還夠吧？

就這樣，都城臨安又換來了暫時的安寧，西湖又開始了歌舞昇平。同年（一一四〇年）五月，在山東濟南一個叫四風閘村的地方，英雄辛棄疾迎來了自己人生的起點——一出生就在淪陷區，本該是大宋子民，如今卻是金國人，從小更是目睹了廣大同胞在金人統治下的屈辱生活。

辛家世居濟南，代代為官，「靖康之恥」後，辛棄疾的爺爺辛贊因家族人口眾多，難以遷徙，被迫做了金國官員，最高曾官至開封知府。但其「身在曹營心在漢」，一直在等待合適時機揭竿反金，重歸大宋。平常沒事就帶辛棄疾登山望遠，指畫山河：「孩子，長大了，別忘了驅逐金賊，收復我齊魯大地！」

（辛贊）每退食，輒引臣輩登高望遠，指畫山河，思投釁而起，以紓君父所不共戴天之憤。

因此，辛棄疾從小背負國仇家恨，不僅好好學習、天天向上，還熱衷於練習武藝、研究兵法。我猜「十五好劍術」的李太白應該也不是辛同學的對手，因為人家辛棄疾「家本秦人真將種」，其遠祖在秦漢時居於隴西（今甘肅一帶），早在西漢，就有兩位先人「皆以勇武顯聞」，官至大將軍。到唐代，也有先祖為將，「代掌戎旅，兄弟數人，並以將帥知名」。所以，生來便自帶「將材」基因的辛棄疾曾自述：

少年橫槊，氣憑陵，酒聖詩豪餘事。（《念奴嬌・雙陸和坐客韻》）

「槊」即長矛，而「橫槊」就是橫持長矛，代指從軍或習武。從中可見，辛棄疾從小就以勇武自居，至於什麼喝酒、寫文章，那都是業餘之事。就連其身材長相，也跟文弱書生絲毫不沾邊，據他志同道合的好友陳亮所說，辛棄疾的外形是：

眼光有棱，足以映照一世之豪；
背胛有負，足以荷載四國之重。（《辛稼軒畫像贊》）

看看，好一副雄壯英偉的將軍之姿。

十五歲後，辛棄疾的軍事能力便初現端倪——他曾借科考之名，兩赴金國首都燕京，路途中留心觀察山川形勢，搜集金國政治、軍事、經濟等方面的資訊，為將來反金做準備。你看，名為赴京趕考，實為刺探情報。人家辛棄疾的人生規劃，走的是扎扎實實的殺敵報國路線。

每一個舞劍的清晨，每一個開卷的黃昏，他心中都有同一個聲音在迴響：「總有一天，我要馳騁沙場，收復河山！」

起義反金，卻無奈遭到背叛

落日塞塵起，胡騎獵清秋。

（《水調歌頭．舟次揚州和人韻》）

一一六一年的秋天，落日餘暉下，金人的鐵騎又在滾滾煙塵中肆虐而來——金國又找碴，和南宋開打了。

當時的金國皇帝完顏亮因讀了柳永之詞，對「三秋桂子，十裡荷花」的江南垂涎不已，立志要「提兵百萬西湖上，立馬吳山第一峰」——擁兵六十萬大軍南下掃蕩，放話要在百日之內滅亡南宋，將秀美江南納入大金版圖。結果在採石磯（今安徽當塗）被書生出身的南宋官員虞允文打得落花流水，又遭後院起火：先是被留守國內的堂弟完顏雍政變奪位，後又被意欲投靠完顏雍的叛亂下屬亂箭射死。而飽受奴役的北方漢族百姓亦紛紛揭竿而起，「大者連城邑，小者保山澤」，抗金活動一時風起雲湧。

值此金國內憂外患之際，二十一歲的辛棄疾認為時機已到，招募了兩千多人，舉起了反金的大旗。

自古以來，起義都是吃不飽飯的草根農民才會做的事，比如陳勝、吳廣或是要飯的朱元璋，實屬迫不得已。而辛棄疾出身官僚階層，吃得飽、穿得暖，不僅有私塾可讀，還能以官場的恩蔭福利輕鬆步入仕途，他卻敢於出來起義，這是不多見的；這是英雄的選擇——有勇氣去走一條少有人走的艱難之路。

率眾起義不久後，眼光長遠的辛棄疾便帶著兄弟們加盟了山東境內規模最大的一支起義軍。作為其中少有的知識分子，加上智勇雙全，很快他就成為義軍中的先鋒人物，還曾有過「斬寇取城」的壯舉。

本著人多力量大的初衷，辛棄疾還把一個帶領千餘人的和尚也拉入了起義軍隊伍。這個和尚就是文首出場的那個炮灰，名叫義端。此人是個投機分子，在義軍待了一陣後，覺得依附於人沒有前途，就偷了辛棄疾負責保管的義軍大印，想去獻給金人，以求富貴。

義軍首領發現後，一怒之下，要砍了辛棄疾（一來沒保管好大印，二來叛徒是他介紹進來的）。辛棄疾鎮定以對，立下軍令狀，承諾三天內追回帥印，否則甘受軍法處置。他推斷是和尚偷了軍印，必去投靠金人，於是便順著金營方向晝夜狂追，因此就有了開頭那武俠片式的一幕。

這還不算厲害，之後他還有一次升級版的追捕行動。

那是在追殺義端的次年，他作為義軍代表，渡江南下，與南宋政府洽談合作。結果，起義軍裡竟然又出叛徒了，還把叫耿京的義軍統帥給殺了！

辛棄疾於返程的半路得到消息，怒髮衝冠：「我這手裡還拿著南宋皇帝發的詔書呢，老大死了，隊伍散了，我這詔書發給誰，拿什麼向南宋朝廷覆命？」

叛徒，必須受到懲罰！

二號炮灰名叫張安國，投奔金人被賞了官職，此刻正飄飄然也，完全沒想到自己馬上就要下線。辛棄疾率領五十人的敢死隊，馬不停蹄回到山東，直奔五萬人之眾的敵營，將正在與金人將領劃拳喝酒的張安國五花大綁，奔突千里，押解至南宋臨安正法。

當時辛同學二十二歲。

多年以後，與其同時代的著名文學家洪邁對辛棄疾的這次壯舉激賞不已，曾特地以生花妙筆描繪之：

赤手領五十騎，縛取於五萬眾中，如挾毚兔。束馬銜枚，間關西走淮，至通晝夜不粒食。壯聲英概，懦士為之興起，聖天子一見三嘆息。

「束馬銜枚」是指辛棄疾一行人為避敵追擊，將馬蹄用軟布包住，士兵則將形似筷子的木棍含在口中，以免發出聲響；一路風馳電掣，在抵達宋金邊界的淮水前，晝夜不曾進食。

看看，以五十對五萬，毫髮無損，全身而退，這不是武俠片，這簡直是魔幻片！

由此可見，此次捉拿叛徒，必為智取。而這五萬之眾極大可能都是義軍中人，被叛徒裹挾投降，心中本就未必情願，面對從天而降的辛棄疾，大家都看呆了。

就這樣，辛棄疾獨入虎穴、智取叛徒的英雄壯舉，一時間上了南宋各大報刊的頭版頭條：「武林高手辛棄疾，追殺叛徒專業戶」、「愛國青年抗金歸宋，背後有哪些不為人知的故事？」即使一貫懦弱之人讀完這些熱血文章也不禁為之感動奮起、激情奔湧，就連南宋皇帝、抗金投降派總舵主宋高宗，都被他這超強能力震驚了。（辛棄疾：「呵呵，不要崇拜哥，哥只是個傳說。」）

彼時，被鮮花和掌聲重重包圍的辛棄疾豪情萬丈、意氣風發：「山東的父老鄉親們，很快我就會帶著南宋大軍打回去，等著我！」

可惜，很快他就會發現，理想是豐滿的，現實是骨感的。是的，他不會想到，自己的戎馬生涯竟會止步於此，此後他將再也沒有機會馳騁疆場，縱馬殺敵。而在山東的這一段崢嶸歲月，也將成為他一生最燦爛、最難忘的記憶。

壯歲旌旗擁萬夫，錦襜突騎渡江初。
燕兵夜娖銀胡䩮，漢箭朝飛金僕姑。

（《鷓鴣天・壯歲旌旗擁萬夫》）

多年以後，在南宋賦閒鄉居的辛棄疾不斷追懷當年旌旗飄揚、千軍萬馬的義軍陣容，以及自己身穿錦衣、率精銳騎兵擒叛南下的豪壯之舉。

「燕兵夜娖銀胡𥶇，漢箭朝飛金僕姑」兩句是描摹義軍作戰之勇；「娖」乃整理之意，「銀胡𥶇」是一種箭袋，「金僕姑」則是良箭的代稱。意思就是說，義軍士兵們晚上忙著整理弓箭刀槍，早上便浴血殺敵，箭如雨下，戰爭場面異常激烈。

不用說，我們少年威猛的辛同學必是其中最耀眼的那一個。

志在沙場，恢復之志卻無處伸展

辛棄疾歸附南宋的當年（一一六二年），恰逢宋高宗退位，頗有抗金之志的宋孝宗上臺接棒。心心念念想著打回去的辛棄疾，不顧自己位卑言輕，熱情洋溢地向當時的江淮軍區總司令張浚獻上了一條名為「分兵殺虜」的抗金奇策。

在此奇策中，辛棄疾建議南宋應兵分數路，反攻金國。因金軍主力駐守在淮河沿線，那麼南宋可避重就輕，從關陝、西京（今河南洛陽）、淮北、海上，兵分四路佯攻，釋放煙幕彈，迫使金國調動沿淮兵力前往應戰。如此一來，金軍的淮河防線必會出現破綻，屆時宋軍以精銳部隊對其薄弱之處發動奇襲，便可一路打回自己的老家山東，將金軍從北到南的布防隔為兩截，宋方再逐一圍殲就很輕鬆了。可惜，如此奇策，志大才疏的張浚卻未予採納。

辛棄疾南歸的第二年（一一六三年），張浚出兵北伐，書生意氣、向來輕敵的他完全不擬策略，直接派部下在淮河沿線和金軍正面對決，結果先勝後敗，傷亡慘重，一應兵器、盔甲、糧草也丟了個乾乾淨淨，史稱「符離之敗」。

《滿江紅．暮春》

家住江南，又過了、清明寒食。花徑裡、一番風雨，一番狼籍。紅粉暗隨流水去，園林漸覺清陰密。算年年、落盡刺桐花，寒無力。

庭院靜，空相憶。無說處，閒愁極。怕流鶯乳燕，得知消息。尺素始今何處也，彩雲依舊無蹤跡。謾教人、羞去上層樓，平蕪碧。

符離之敗後，辛棄疾曾寫下一首委婉纏綿的詞作《滿江紅．暮春》，表面看是傷春相思，實為政治隱喻、別有懷抱——以衰敗之暮春暗喻南宋風雨飄搖之國勢，借惜春之情抒發對北伐失利的惋惜以及自己「分兵殺虜」之策不得施行、恢復之志無處伸展的苦悶。

經此一役後，南宋士氣消沉，主和派重新抬頭。辛棄疾痛惜之餘，又開始思考如何轉敗為勝，扭轉時局。後來，其苦心孤詣寫就十篇軍事論文《美芹十論》，上交朝廷，希望能幫上級們打打氣。結果石沉大海，沒有回音。

他沒有氣餒，後來又寫了有關恢復大計的《九議》繼續上書，並在文中明確指出，恢復之事不僅僅是為趙宋王室報仇雪恥，更是從江山社稷出發、為黎民百姓著想，卻依然激不起任何水花。

後來，南宋劉克莊讀到辛棄疾的《美芹十論》和《九議》，曾無限惋惜地慨嘆道：

以孝皇（宋孝宗）之神武，及公盛壯之時，行其說而盡其才，縱未封狼居胥，豈遂置中原於度外哉？機會一差，至於開禧（宋寧宗時期），則向之文武名臣欲盡，而公亦老矣。余讀其書而深悲焉。

是啊，如果能讓辛棄疾一展其才，不說立下什麼蓋世奇功，最起碼收復中原還是大有希望的。可惜，沒有一刻不期望能夠對金作戰、揮師北伐的他，從南歸以來，卻一直被委派各種地方行政官職。

那麼，志在沙場的武將去做文官，辛棄疾還能像在戰場一樣大顯神通嗎？

小意思，當然能！

組織驍勇善戰的「飛虎軍」

乾道七年（一一七二），辛棄疾被派往幾經戰火塗炭、蕭條破敗的滁州做知州（市長）。在南宋國人眼中，滁州已屬荒僻的「極邊」之地，常有敵騎來擾，嚴重缺乏安全保障，棄之不足惜。畢竟當時滁州的市容市貌是這樣的：

周視郛郭，蕩然成墟，其民編茅籍葦，寄於瓦礫之場，廬宿不修，行者露蓋，市無雞豚，晨夕之須無得。

你看，整個城市舉目所及之處皆為廢墟，居民只能在瓦礫場上搭建茅草屋，大風一吹則搖搖欲墜，街道上看不到什麼商人和行客，農戶也養不起雞鴨豬牛，日常生活物資十分緊缺。

一般官員對到此地為官都是避之唯恐不及，辛棄疾卻迎難而上，欣然赴任。結果證明人家辛棄疾不僅武功蓋世，搞經濟居然也是一把好手。放貸款、減賦稅，外加招商引資、修建城樓，僅僅半年內，就挽救了滁州的經濟和民生，「自是流逋四來，商旅畢集，人情愉愉，上下綏泰，樂生興事，民用富庶」，荒陋之氣，一洗而空。

初做地方官就政績卓著，辛棄疾欣慰之餘，忍不住提筆抒懷，描繪滁州繁榮祥和的新面貌：

> 征埃成陣，行客相逢，都道幻出層樓。指點檐牙高處，浪擁雲浮。今年太平萬里，罷長淮、千騎臨秋。憑欄望，有東南佳氣，西北神州。
>
> （《聲聲慢．滁州旅次登樓作和李清宇韻》）

後來，朝廷又選派官員去江西剿匪，這是個換過幾百個人都沒收拾好的爛攤子，大家一聽都裝聾作啞往後退，唯有辛棄疾一個箭步上前：「讓哥來！」

走馬上任後，辛棄疾對當地駐軍裁汰老弱，選練少壯，打造出一支戰鬥力極強的敢死隊。然後使之與熟悉地形的本地鄉兵協同作戰，兵分兩路，一部分扼守要衝，一部分深入山谷追擊，在茶匪們疲於應對之際，再給點甜頭，適時招降。就這樣，令朝廷焦頭爛額、連湖南安撫使這樣的大員都搞不定的重度匪患，辛棄疾出馬，三個月穩穩搞定！

再後來，他又被調往民風彪悍、經常出現武裝暴動的湖南，其上任後雷厲風行，火速創立了一支素質勇猛的精銳部隊——飛虎軍。

在建軍過程中，辛棄疾逢山開路，遇水疊橋，再次充分展現了其足智多謀的政務能力，以及殺伐果決的鐵腕風格。例如：修建軍營、拓寬道路，需大量石料的地方，辛棄疾便令犯了罪的百姓和僧人去潭中開採，以石贖罪。結果，沒多久石料即堆積如山，而官府一兩銀子也不曾耗費。

後遇雨季，更讓建營所需之瓦無法燒製。一般人遇到這樣的難題也只能撓頭乾等，不然，還能和老天爺講理？但辛棄疾再展過人謀略，想出了向全城百姓有償征瓦的變通之策，二十片瓦給付一百文，期限兩日。民眾們一聽有這種好事，紛紛從自家屋頂上勻下瓦片，送至飛虎軍營，兩日之內，果然湊齊。

據《宋史》記載，飛虎軍成立之後，「雄鎮一方，為江上諸軍之冠。」（辛棄疾表示：來，誰還敢暴動？舉起手來我看看。）

此後三十多年裡，飛虎軍不僅很好地維護了地方治安，還是長江邊境上最有力的一支軍事力量，連金兵聽了都膽顫心驚，稱他們為「虎兒軍」。

然而讓辛棄疾忍不住爆粗口的，是軍隊剛剛建好，他就被調往別處了，連當個指揮官的癮都沒過上。

到離開湖南為止，他南歸十八年，南宋政府對他的工作調遣，始終堅持兩個原則：一是哪裡棘手就派去哪裡，充當「滅火器」；二是「召而來，揮而去」，頻繁調動。十八年裡，居然調動了十六次！每一任官職短則幾個月，最長也不過兩年。每當他在一個地方漸入佳境，準備捲起袖子做大事時，調令就不期而來。

聚散匆匆不偶然，兩年歷遍楚山川。（《鷓鴣天・離豫章別司馬漢章大監》）

樓觀才成人已去，旌旗未卷頭先白。（《滿江紅・江行和楊濟翁韻》）

工作地點兩年五變，他不是被調任，就是在被調任的路上；又或者樓臺剛剛建成，卻已不見人蹤；壯志未酬，我已兩鬢蒼蒼。

你可能忍不住要問，辛棄疾是個多麼難得的全能型人才，卻這麼折騰他，是什麼意思？

南宋朝廷表示：呵呵，我們的小算盤打得可精的呢！

第一、辛棄疾再厲害，也是「歸正人」（指從金國歸附而來），不是血統純正的自己人，我們既需要他收拾爛攤子，但同時也不能不防啊！第二、辛棄疾天天嚷著要打金國，不是寫軍事論文，就是在地方上練兵建軍。我們就不懂了，老老實實做個公務員，好好照顧老婆小孩不是很好嘛。我們好不容易割地賠款求來的歲月靜好，他怎麼老想著要打仗呢？三、辛棄疾太熱血、太陽剛了，跟我們陰柔萎靡的南宋根本不是一個氣場，他真的很難駕馭，給他廣闊天地讓他大有作為，顯得我們都是吃軟飯的？我們才不傻呢！

聽了這樣的回答，想來辛棄疾也會忍不住仰天長嘯：「對，都是我的錯。怪我這隻鴻鵠理解不了燕雀的苟且之志，早知你們是這副德行，我還不如留在山東打游擊呢！」

我本將心向明月，奈何明月照溝渠！

小人當政，以致熱血英雄空蹉跎

木秀於林，風必摧之。這世界上總有那麼一群人，非但自己不做事，還特別看不慣別人做事，他們一貫的生存哲學就是：朋友們，說好了哦，大家一起不進步。來，打勾勾，相互允諾一百年不許變！

很明顯，在他們眼裡，有些人犯規了：「就你能幹啊？弄你！」

於是，辛棄疾被彈劾罷官了。南宋政府將他一閒就是十年。後啟用三五載，繼而又是屢遭彈劾，再次去官，一閒又是八年⋯⋯。

君恩重，教且種芙蓉！（《小重山・三山與客泛西湖》）

怕我太辛苦，讓我到鄉下養花種菜，真是皇恩浩蕩啊，哈哈哈哈！（笑著笑著我怎麼哭了⋯⋯）

短檠燈，長劍鋏，欲生苔。雕弓掛壁無用，照影落清杯。

（《水調歌頭・寄我五雲字》）

腰間的寶劍都生銹了，牆壁上的雕弓也派不上用場，算了，只能自己玩玩杯弓蛇影解悶了。

追往事，嘆今吾，春風不染白髭鬚。卻將萬字平戎策，換得東家種樹書。

（《鷓鴣天・壯歲旌旗擁萬夫》）

哎，想當年我可是帥過喬峰、段譽，如今春風染綠了草木，卻染不黑我這灰白的鬚髮，案頭那萬字的軍事論文早都換成鄰居家的《蔬菜種植大全》了。

本是個驍勇的武將，偏讓去做處理俗務的文吏。做文吏也罷，明明是個極富才能的實業家，偏讓你再去做個徹頭徹尾的閒人。

十八載年華閒居江西鄉下，熱血英雄空蹉跎。

萬般豪情，壯志難酬

——《醜奴兒．書博山道中壁》

既然無法縱橫沙場，那我就去詞壇開疆拓土吧！壯志難酬，吐槽是必須的。

君莫舞，君不見、玉環飛燕皆塵土！閒愁最苦！休去倚危欄，斜陽正在、煙柳斷腸處。

（《摸魚兒．更能消幾番風雨》）

趙飛燕、楊玉環是怎麼死的，你們都忘了嗎？大宋王朝已經到了最危險的時刻，別只顧著尋歡作樂了，做點正事吧！

話說宋孝宗看到辛棄疾這首詞後，很是不高興：「哎，你說誰呢？」（辛棄疾：「說的就是你！不服氣嗎？」）

落日樓頭，斷鴻聲裡，江南遊子。把吳鉤看了，欄杆拍遍，無人會，登臨意。

（《水龍吟．登建康賞心亭》）

皇帝不急臣子急，滿腔壯志無處使力，只能在夕陽之下劈裡啪啦痛拍欄杆，這次第，怎一個「急」字了得！來到南宋，簡直比在淪陷區更愁腸百結：

《醜奴兒．書博山道中壁》

少年不識愁滋味，愛上層樓。愛上層樓。為賦新詞強說愁。
而今識盡愁滋味，欲說還休。欲說還休。卻道天涼好個秋。

此詞通篇言愁，上片寫少年涉世未深時故作深沉的情態，下片寫南宋政權對他招之即來，揮之即去，令其削職閒居、報國無門的一腔忠憤。可如此愁悶痛楚又如何能明言？也只能是「欲說還休，卻道天涼好個秋」……。

自南下以來，自己無一日不在期盼能提兵北上，收復故土，可朝廷卻苟安江南，不思進取。遙望中原，多少父老鄉親還在金人鐵蹄下苦苦掙扎：

《菩薩蠻·書江西造口壁》

鬱孤臺下清江水，中間多少行人淚？西北望長安，可憐無數山。
青山遮不住，畢竟東流去。江晚正愁餘，山深聞鷓鴣。

這首詞寫於宋孝宗淳熙三年（一一七六年），辛棄疾時任江西提點刑獄，途經造口時所作。南宋立國之初，金人曾追擊隆裕太后（哲宗的皇后、高宗的伯母）至此地，一路燒殺搶掠（趙構逃到了海上）。望著鬱孤臺下的滾滾江水，憶及這段狼狽國事，勾起辛棄疾內心無限創痛和悲憤。下片借景抒愁苦與不滿之情——朝廷安於一隅，不思進取，自己縱有萬般豪情，又能奈何呢？！

清代陳廷焯《雲韶集》評價此詞曰：「血淚淋漓，古今讓其獨步。結二語號呼痛哭，音節之悲，至今猶隱隱在耳。」

更為著名的，還有那首刀劍生輝、殺氣凜凜的《破陣子·為陳同甫賦壯詞以寄之》：

醉裡挑燈看劍，夢迴吹角連營。八百里分麾下炙，五十弦翻塞外聲。沙場秋點兵。

馬作的盧飛快，弓如霹靂弦驚。了卻君王天下事，贏得生前身後名。可憐白髮生！

此詞追憶早年北方抗金部隊的陣容氣勢以及自己的沙場生涯，生動地描繪出一位披肝瀝膽、勇往直前的壯士形象，前九句寫得酣恣淋漓，極富戰爭氛圍，結語卻一落千丈，從理想的高峰暫態跌回悲涼的現實，抒發了其壯志難酬、英雄遲暮的哀憤心境。

陳廷焯對此詞亦有所評：「淋漓怨壯，頓挫盤鬱，則稼軒獨步千古矣。稼軒詞魄力雄大，如驚雷怒濤，駭人耳目，天地鉅觀也……。」是啊，多少唐代邊塞詩在此詞面前要黯然失色？又有幾個詩人像辛棄疾一樣，親身在刀刃劍尖上摸爬滾打過？

他在六十多歲時寫就的《永遇樂・京口北固亭懷古》，更是千古一絕，明代楊慎評其為辛詞第一，陳廷焯亦稱讚此詞「句句有金石聲音」：

千古江山，英雄無覓，孫仲謀處。舞榭歌臺，風流總被，雨打風吹去。斜陽草樹，尋常巷陌，人道寄奴曾住。想當年，金戈鐵馬，氣吞萬里如虎。

元嘉草草，封狼居胥，贏得倉皇北顧。四十三年，望中猶記，烽火揚州路。可堪回首，佛狸祠下，一片神鴉社鼓。憑誰問，廉頗老矣，尚能飯否。

在京口北固亭上，辛棄疾憑欄瞭望，腦子裡一一閃現，千百年來曾在這片土地上叱吒風雲的歷史人物，比如三國時的吳國皇帝孫權，可如今哪裡還能尋覓到這樣的英雄呢？連他當年修建的「舞榭歌臺」，也都已被「雨打風吹去」，泯然無蹤。

還有南北朝時期的宋武帝劉裕（小名寄奴），曾以京口為基地，削平內亂，取代東晉；他還兩度揮戈北伐，先後滅掉南燕、後秦，收復洛陽、長安，幾近克復中原，可如今他曾住過的地方也只見斜陽草樹，尋常巷陌。

「元嘉草草」三句，則借古喻今，史稱南朝宋文帝劉義隆「自踐位以來，有恢復河南之志」。然而，他三次北伐，都沒有籌謀妥當便急於事功，輕啟兵端，不僅慘敗，還招致北魏拓跋燾大舉南侵，弄得國勢一蹶不振……，由此想到當下的南宋國勢，辛棄疾怎能不憂從中來？一直夢想自己能成為像曹操、孫權一樣的英雄人物，建功立業，封狼居胥[12]，可南下四十三年了，當年渡江南歸時揚州戰火紛飛的情景歷歷在目，如今自己已垂垂老矣，山河卻依然破碎……嘆嘆嘆！

---

[12] 漢代名將霍去病打敗匈奴後，登上狼居胥山築壇祭天以告成功，後用以比喻建立顯赫功勳。

詞風多變，可婉約也可田園
——《青玉案·元夕》

既然志在沙場，縱橫豪邁的詞自然不在話下。然而，你能想像金戈鐵馬的山東大漢，寫起柔媚的婉約詞來也是高手一枚嗎？

比如廣為傳頌的《青玉案·元夕》：

東風夜放花千樹，更吹落，星如雨。寶馬雕車香滿路。鳳簫聲動，玉壺光轉，一夜魚龍舞。

蛾兒雪柳黃金縷，笑語盈盈暗香去。眾裡尋他千百度，驀然回首，那人卻在，燈火闌珊處。

全詞採用對比手法，上片著力渲染花燈絢爛、樂聲盈耳的元夕盛況，下片則描寫主人公在火樹銀花的街巷及佳麗如雲的人流中，尋覓著一位立於燈火零落處的孤高女子，構思精妙，餘味無窮。其清新細膩，不輸任何婉約派作品。

不僅豪放詞、婉約詞兩者皆擅，就連鄉村田園風也是信手拈來，水準高得不像話。

《清平樂．村居》

茅簷低小，溪上青青草。醉裡吳音相媚好，白髮誰家翁媼。
大兒鋤豆溪東，中兒正織雞籠，最喜小兒無賴，溪頭臥剝蓮蓬。

好一幅恬靜閒適、惹人喜愛的農村風俗畫，妙哉！類似的還有一首《西江月．夜行黃沙道中》：

明月別枝驚鵲，清風半夜鳴蟬。稻花香裡說豐年，聽取蛙聲一片。
七八個星天外，兩三點雨山前。舊時茅店社林邊，路轉溪橋忽見。

詞境清新，朗朗上口，明月、清風、稻香、蛙聲，一個感官資訊豐富的鄉村夏夜撲面而來。除此之外，閒來無事，辛棄疾同學還會仗著酒勁，放肆賣萌：

昨夜松邊醉倒，問松我醉何如。只疑松動要來扶。以手推松曰「去」。

（《西江月·遣興》）

好一個醉態橫斜，可愛至極。非但賣萌是一把好手，我們老辛還童心滿滿，一派天真爛漫，看到有頑童持竿打棗，特地交代旁人不得驚擾，因為自己要躲在一邊閒看，同享此樂：

《清平樂·檢校山園書所見》

連雲松竹，萬事從今足。拄杖東家分社肉，白酒床頭初熟。

西風梨棗山園，兒童偷把長竿。莫遣旁人驚去，老夫靜處閒看。

除此之外，他傲嬌和自戀指數也不低：

不恨古人吾不見，恨古人不見吾狂耳。

（《賀新郎·甚矣吾衰矣》）

我見不到古人沒什麼遺憾的，古人沒見過文武雙全的我可就虧大了。

我見青山多嫵媚，料青山見我應如是。情與貌，略相似。

（《賀新郎．甚矣吾衰矣》）

青山OS：「嗯嗯，就我們倆最美，其他人靠邊站。」

文武兼備已經了不得了，偏偏我們老辛還頗具幽默細胞：

杯汝來前，老子今朝，點檢形骸。甚長年抱渴，咽如焦釜，於今喜睡，氣似奔雷。汝說「劉伶，古今達者，醉後何妨死便埋」。渾如此，嘆汝於知己，真少恩哉！

（《沁園春．將止酒，戒酒杯使勿近》）

明明是自己愁腸百結，日日借酒抒懷，卻把酒杯叫來一頓訓：「哈，你看我喝得口渴舌燥、昏睡不醒，還不都是你害的！」酒杯委屈巴巴：「你也學學人家劉伶，那才叫達觀，酒走到哪喝到哪，還讓下人扛一把大鐵鍬跟在屁股後頭，說自己哪天醉死了，就地掩埋即可。」

辛棄疾一聽，登時火冒三丈：「好傢伙！我一直拿你當知己，你卻如此薄情寡恩，咒我早死！相不相信我把你摔破！」

看看，擬人法用得如此流暢。

詞風如此多變，下筆既成佳作，這哪裡是什麼業餘愛好，簡直就是一位多才多藝的全能型寫手嘛！不信，瞧瞧後世的辛粉評價：

清．王士禎《花草蒙拾》：「婉約以易安為宗，豪放惟幼安稱首。」（辛棄疾字幼安，李清照字易安，二人合稱「濟南二安」）

清．陳廷焯《雲韶集》：「詞至稼軒，縱橫博大，痛快淋漓，風雨紛飛，魚龍百變，真詞壇飛將軍也。」

繆鉞《詩詞散論》：「宋詞之有辛稼軒，幾如唐詩之有杜甫。」

王國維在《人間詞話》裡也說，「南宋可與北宋一較高下的詞人，唯辛稼軒一人。」

也怪不得辛棄疾尚且在世之時，其詞作便已風靡一時，膾炙士林之口，每每「揮毫未竟而客爭藏去」。（辛棄疾表示，呵呵，武功高的沒我文采好，文采好的沒我武功高，這就是全能型人才的優勢！）

就這樣，一個立志金戈鐵馬、縱橫疆場的武林高手，卻陰差陽錯在詞的世界裡，留下了無數不朽的千古名篇。

大預言家，鐵口直斷金國覆滅、蒙古崛起

西元一二〇三年，已經六十三歲的辛棄疾，又意外地接到了朝廷的新任命。原來，當時的宰相韓侂胄因為德不配位，威望受到挑戰，便動起了對金作戰，以建「蓋世功名」的心思。一提到打仗，自然想起了辛棄疾，你不是主戰派的積極分子嘛，那就把你拉出來，為北伐站隊造勢。

然而，辛棄疾的態度卻出乎意料：「打的想法是好的，但不是現在，幾十年了都沒為北伐做過一毛錢的準備，貿然出兵不是找死！想打仗？先花個幾年充實國力再說

吧！」

韓侂冑非常不開心地說：「你繼續回家歇著吧，老子的地位等不起，一個字，打！」結果就是「一出塗地，不可收拾。百年教養之兵，一日而潰；百年葺治之器，一日而散；百年公私之蓋藏，一日而空；百年中原之人心，一日而失矣」。

你看，南宋百年間攢下的那點家底，就這樣輸個精光，而潰敗的原因——「無一而非棄疾預言，於二年之先者。」

就這樣，宋軍以慘敗為代價，驗證了辛棄疾預言的無比正確性。而其深謀遠慮的軍事洞見，遠不止此，早在三十幾歲任職滁州時，他就斷言：

仇虜六十年必亡，虜亡則中國之憂方大。

也就是說，金國六十年後必會滅亡。但金國掛了，宋朝的麻煩才真的大了。因為真正的大麻煩，就是蒙古啊！

當時的蒙古草原上，還是動盪的零散部落，距鐵木真創立蒙古國，還有三十多年……。而後，歷史的軌跡如下：六十二年後，金國真的亡了（時間要不要算得這麼準！），又過了四十五年，南宋也被蒙古給滅了。

果真是神！預！言！

當時辛棄疾曾就此推斷打了書面報告，遞交朝廷，可是有什麼用呢？你永遠叫不醒一個裝睡的人。

人生的悲劇有時不在於無知，而在於你什麼都看透了，卻什麼都改變不了。誠如康熙皇帝所說：「君子觀棄疾之事，不可謂宋無人矣，特患高宗不能駕馭之耳。使其得周宣王、漢光武，其功業悉止是哉！」

可惜，辛棄疾這匹千里馬，一輩子也沒等到自己的伯樂。

畢生期盼戰死沙場，終究未能如願

南宋兵敗如山倒。緊急時刻，南宋又想起了超級救火隊辛棄疾同志。韓侂胄趕忙派人到江西請辛棄疾出山（或說，背鍋），並且終於給他一個最高軍事機構內的重要職務——樞密院都承旨。

接到任命，辛棄疾心中頓時千頭萬緒：「早知如此何必當初？前面幾十年，我的嘴皮子都磨破了，你們有聽進去任何一句嗎？」

但不管怎樣，南歸四十多年了，他終於第一次有了指揮南宋軍隊對金作戰的機會，第一次距離自己揮師北伐、收復故土河山的人生理想那麼近，那麼近。

然而，命運再次開了一次玩笑。任命到達時，辛棄疾早已老病在床。縱使心中豪情未減分毫，卻再也沒有力量去完成這個使命。

南宋開禧三年（一二〇七年）九月初十，昏睡良久的辛棄疾忽然睜開了眼睛，大喊幾聲「殺賊！殺賊！」後，一切歸於沉寂。

男兒到死心如鐵。看試手，補天裂。（《賀新郎・同父見和再用韻答之》）

終究，辛棄疾沒能當上將軍，沒能戎馬疆場，榮歸故里。

歷史中的辛棄疾，就這樣帶著無盡的悲憤遠去了；而文學中的辛棄疾，卻像一座不老的青山，永遠豪邁，永遠嫵媚。每當仰讀這座青山，恰如中國作家梁衡先生所言，我們總是能清清楚楚地聽到一個初心不改的英雄，一遍一遍地吶喊，一次一次地表白；總忘不了他那在夕陽中痛拍欄杆、望眼欲穿的身影。

朋友朱熹去世時，辛棄疾為其寫過一篇悼詞，其中有幾句，我覺得同樣適合他自己：

所不朽者，垂萬世名，孰謂公死，凜凜猶生。

周公子每期一問

唉，稼軒哥，你只是把文學當成興趣而已，就成了一流詞人了……
①
為什麼我專職寫作，還是感覺很吃力呢？
②
那還用問？不是才華不夠，就是努力不夠啊！
③
非要說得這麼直白嗎？……
④

番外篇

蘇軾與蘇轍

做為蘇東坡的弟弟，
是什麼感覺？

提起蘇轍，大家的第一反應是什麼？

我猜大家百分之百會脫口而出：「蘇軾的弟弟！」第二反應，應該還是會異口同聲：「唐宋八大家之一嘛！」再問下去，群眾可能就要面面相覷了：「不好意思，還有什麼？」

有沒有發現，同樣位列唐宋八大家的蘇門三父子，蘇洵和蘇轍對後世的影響力，和蘇軾完全無法比擬，這其中，蘇轍的存在感尤其弱。老爹蘇洵還有個典故流傳於世，什麼「蘇老泉，二十七，始發憤，讀書籍」，而且好歹也有一篇政論名作《六國論》。

那麼，蘇轍呢？

在一般普通大眾的認知中，除了「蘇軾弟弟」這個響亮的頭銜外，其他幾乎一片空白；說是「唐宋八大家之一」，卻缺少廣為流傳的代表作。

和蘇軾同時代的人，可能註定多多少少都要活在他的陰影裡，而越是親近的人，離陰影的中心也就越近。

蘇洵作為父親，對這樣的「陰影」當然是欣慰的——青出於藍而勝於藍，這是為人父母的驕傲。但作為弟弟的蘇轍，感受可能就沒那麼單純了。要知道，兄弟姐妹之間，往往是既團結友愛又相互競爭的。那麼，有這樣一個千古奇才的人做哥哥，對蘇轍來說，究竟是一種什麼樣的感受呢？讓我們一起來探究看看吧！

蘇轍的才華不如哥哥蘇軾嗎？

擺在眼前的第一個問題是：兄弟倆在後世的名氣天差地別，難道蘇轍的才華真的就比哥哥差那麼多嗎？

其實不然。大家都知道，蘇轍和哥哥蘇軾是同榜進士，雖然當時的表現沒有哥哥搶眼（蘇軾本來應該是第一，陰差陽錯判了第二），但說到底是因為他年紀比較小啊！蘇軾當時二十歲，蘇轍只有十八歲，試想，蘇轍少了兩年的學習時間也能和哥哥肩並肩，應由此可見，他的實力並不弱。

當然，可能有人會說宋朝高考擴招了，含金量跟唐朝沒得比，考中進士不算什麼。好，那我們再來看另一場超高含金量的測試。

之前寫蘇軾曾提到過，進士考試後，兄弟二人又曾一起報考難度最高的制舉考試。兩宋三百年歷史中，考中進士的有四萬多名，考中制舉者卻僅四十一人，相差一千倍，其難度可見一斑。而這次制舉考試，最終雖兄弟兩人均榜上有名，但普羅大眾津津樂道的，向來都是蘇軾的赫赫戰績：開國百年來，唯一一個位列第三等者（一、二等皆為虛設，三等為實際最高等級）！

後人紛紛震撼於蘇軾的逆天才華，崇拜仰視之情無以復加，但卻鮮少有人注意，弟弟蘇轍本來也有機會名列三等。

事情是這樣的：制舉考試結束後，蘇軾自我感覺十分良好，自信滿滿地說自己的策論是「直言當世之故，無所委曲」。意思是說：哥膽子可大了，針砭時弊，什麼都敢說！

但其實，真正膽子大的是人家蘇轍。他的策論比哥哥蘇軾的更激烈、更尖銳，而且矛頭直指年老無為的宋仁宗，斥其為：

> 沉湎於酒，荒耽於色，晚朝早罷，早寢晏起。大臣不得盡言，小臣不得極諫。左右前後惟婦人是侍，法度正直之言不留於心，而惟婦言是聽。

大意是說，仁宗沉溺於聲色犬馬，怠於政事，還聽不進去逆耳忠言，唯後宮裡那群婦人之見是從！更厲害的是，蘇轍後面還連用了歷史上六個昏君來做比喻，論證宋仁宗根本就沒有執政能力，簡直不配做皇帝！

看看，通篇言辭之犀利，情緒之憤慨，簡直相當於對著仁宗皇帝打了一套密不透風的組合拳，而且拳拳到肉！

當然，這篇策論一出，立刻掀起軒然大波。

白紙黑字把當今皇帝罵成這樣的考生，主考官們還真是聞所未聞、見所未見，大家的意見也十分兩極化——持激賞態度的是司馬光，覺得這小夥子勇氣可嘉，指正朝廷得失，無所顧忌，所謂「賢良方正直言極諫科」，要選拔的不正是這樣的人才嗎？應該入選三等，以示嘉許！但另一位主考官可不這麼認為：「這人把當今聖上都罵成什麼樣了，還不趕緊讓他包袱款款走人，難道留著過年嗎？還想要名次？門都沒有！」

意見分歧這麼大，另一位叫范鎮的考官便出來打圓場：「有才是有才，但意見提的也確實有點過火了，還是保守些，給個第四等吧！」於是，蘇轍就這樣錯失了和哥哥一同站在最高峰的機會。但從此處我們可以看出，蘇轍和哥哥的實力其實是十分接近的。

除了都擅於考試，在日常創作中，蘇轍能位列八大家之一，也絕非浪得虛名。連蘇軾都說：

子由（蘇轍字子由）之文實勝僕，而世俗不知，乃以為不如。其為人深不願人知之，其文如其為人，故汪洋淡泊，有一唱三嘆之聲，而其秀傑之氣，終不可沒。

看到沒，人家蘇軾說，我老弟的文章其實比我還厲害，只不過他文如其人，比較低調而已。不要以為這是蘇軾的「我弟好棒棒」濾鏡，我們也有別人作證，比如蘇軾的學生秦觀也說：「中書（蘇軾）嘗謂『吾不及子由』，僕以為知言。」意思是說，我覺得師父說得對，我師叔真的是深藏不露！

所以你看，假設蘇轍不與哥哥蘇軾生在同一時代，也完全可以是引領一時風騷的焦點人物。可惜，偏偏就攤上這樣一個幾千年方得一遇的光芒萬丈的天才哥哥，所有人都沉迷於他超絕的才華、有趣的性情，如此，即便自己再優秀，也只能在他的光芒覆蓋下，默默地跟著大家一起鼓掌。

經常被忽視的人，會特別珍惜他人的欣賞。元老重臣張方平曾評價兄弟倆是：「二子皆天才！長者明敏尤可愛，然少者謹重，成就或過之。」意思是說，兄弟倆都是天才人物，哥哥活潑開朗、思維敏捷，尤顯可愛；不過，弟弟性格謹慎持重，未來的成就可能比哥哥還要大。就因為這句話，蘇轍一生將其引為忘年知音。

是啊，每個人都渴望被看到、被重視，舞臺的中央誰不嚮往呢？可只要有哥哥在，自己註定永遠只能做配角，說沒有一絲一毫的失落，那都是騙人的。

沒錯，身為蘇軾弟弟的第一種感受，就是淡淡的失落。

哥哥口無遮攔，弟弟謹慎小心

事實上，蘇轍不只才華距哥哥僅一步之遙，還性情沉穩，老成持重，很多時候比性情外露、胸無城府的蘇軾可靠多了。

在他們兄弟倆之間，所謂的「長兄如父」是不存在的。多數時間裡，擔起兄長職責的都是我們不熟悉的蘇轍，不信來看。

兄弟倆初入官場時，蘇轍就整天為蘇軾過於情緒化的性格和口無遮攔的嘴巴擔心，常苦口婆心勸誡哥哥要謹慎擇友，不要逮著個人就有的沒的亂說；也不要總是寫詩譏諷時政，以免禍從口出。

蘇軾卻完全聽不進去，還大聲嚷嚷地覺得自己一切盡在掌握中：

吾上可陪玉皇大帝，下可以陪卑田院乞兒，眼前見天下無一個不好人。

不需要擇友！在你哥眼中，全天下都是大好人，都可以說知心話！不讓我寫詩譏諷時弊，那就更做不到了！世間的所有不平事，對我來說都是「如鯁在喉，不吐不快」，不寫出來自己就覺得噁心！與其噁心自己，不如噁心別人，所以我一定要寫！

看看，說得這麼誇張，那有本事你別闖禍呀，闖了禍有本事你別連累家人朋友啊！

後來發生的事，大家都知道了，弟弟蘇轍的擔心終究應驗了，蘇軾這個口無遮攔的大喇叭終於惹出了大事——「烏臺詩案」，被捕入獄。

關於這一段的來龍去脈前文已詳述，這裡只想補充一下整件事中，蘇轍是如何像個兄長一樣，忙於各種奔波，只為了營救蘇軾。

積極營救身陷囹圄的哥哥

事件爆發時，蘇轍因距京城較近，所以第一時間得到了消息，在御史臺派人往湖州逮捕蘇軾的同時，蘇轍迅速做出了兩個決定：一是立刻派人飛馬到湖州報信，好讓哥哥提前知曉，有個心理準備；二是連夜寫了一封奏章，請求朝廷削去自身官職、替兄贖罪，以保住哥哥一條命。

臣早失怙恃，惟兄軾一人，相須為命。……臣欲乞納在身官，以贖兄軾，非敢望末減其罪，但得免下獄死為幸。（《為兄軾下獄上書》）

此後蘇轍的另一次機智舉動，也為營救蘇軾產生了極大作用。蘇軾下獄期間，其長子蘇邁每日為其送飯。父子二人約定，平時只送肉和菜，如判死罪，則送魚為信。有天蘇邁出城辦事，便委託親戚代送。親戚不知情，特意買了一條魚想替蘇軾改善伙食，這下可把蘇軾嚇慘了。「哎呀呀，不過寫寫詩發發牢騷而已，還真要砍我的頭啊！」生死關頭，再豁達的人也淡定不了了。蘇軾想到自己從前不聽弟弟勸誡，不禁悲從中來，泣涕漣漣中寫了兩首詩給蘇轍做遺言：

聖主如天萬物春，小臣愚暗自亡身。

百年未滿先償債，十口無歸更累人。
是處青山可埋骨，他年夜雨獨傷神。
與君世世為兄弟，又結來生未了因。
（《獄中寄子由二首其一》）

獄卒將詩送給蘇轍後，蘇轍看完伏案大哭，卻拒絕收下詩篇。因為他知道，這首詩在自己手裡價值不大，而只要被帶回，按照規定，牢犯的隻字片語都須呈交給最高當局查閱。所以，詩篇最終如蘇轍所願，傳到了神宗手中，看到詩中手足情深的字句，皇帝大為感動。本來就不捨得殺蘇軾，這下又多了一層不忍心。再加上王安石、太后等紛紛出馬求情，蘇軾最終得以保全性命。

歲月靜好，不過是有人替你負重前行

哥哥性命得保，那麼蘇轍懸著的一顆心，是不是就可以穩穩地放進肚子裡了呢？這麼想，你就太小看蘇軾「生命不止，折騰不息」的能耐了。出獄當天，傷疤沒好就忘了痛的他，又開始提筆賦詩：

《十二月二十八日，蒙恩責授檢校水部員外郎黃》

百日歸期恰及春，餘年樂事最關身。
出門便旋風吹面，走馬聯翩鵲啅人。
卻對酒杯渾似夢，試拈詩筆已如神。
此災何必深追咎，竊祿從來豈有因。

在牢裡待了一百多天，出來都春天了。哈哈，大難不死必有後福，下半輩子我一定要盡情地享受！走出牢門，春風撲面，真舒服啊！一路上喜鵲們也嘰嘰喳喳恭賀我重獲自由身。

喝著小酒回想一下，這場災禍真似夢一場啊。哎，剛出來我就又下筆如有神，才華流淌得止都止不住，真是沒辦法！過去的就過去吧，也不全是我的問題嘛！

好傢伙，一出來就寫詩作怪，你說蘇轍心不心驚，膽不膽顫：「蒼天呀！在牢裡蹲四個月也堵不住你的嘴，這是要害了全家人的節奏啊！」攤上這樣一個樂觀到無可救藥的哥哥，你說蘇轍能怎麼辦？也只能在背後替他提心吊膽一輩子了。

事實上，蘇轍要承擔的，還遠不只如此。

蘇軾入獄後，一家老小都搬到蘇轍處。蘇轍白天為救助哥哥奔波謀劃，回到家還要安撫兩家的老老少少，是整個家族的支柱。

蘇軾免死出獄後，第二天就被押往貶所黃州，全家老小依然撇在弟弟家。而蘇轍也受到牽連被貶江西，來不及鬆一口氣，他便收拾家當，攜老扶幼，帶著兩家老小一起上路。

此時的蘇轍，膝下已有十個兒女，家裡早就「債負山積」，日子過得十分辛苦，再加上哥哥的家眷妻兒，負擔可想而知。除了經濟壓力，更考驗人的是耐心和照顧能力。

想想我們現在，帶一個小孩出去旅行都要累壞了，而蘇轍所攜的家眷隊伍裡，有十幾個活力四射的孩子，在當時的交通條件下還要長途奔波幾個月，一路上幾十口人的吃喝拉撒、衣食住行、孩子們的啼哭打鬧，哪樣不需要操心？天呀，這得是多麼艱苦卓絕的旅程。

到了江西安頓好家人後，蘇轍還得再次出發，將哥哥的一家老小安全護送至黃州。

人人都羨慕蘇軾的了無掛礙、隨緣任運，卻不知道這很大一部分原因在於，他身後一直有個蘇轍在幫忙收拾著各種爛攤子啊！

真是應了那句網路流行語：「你的歲月靜好，不過是有人替你負重前行。」

是的，蘇轍替他承擔了太多世俗生活中的瑣碎與不堪，所以蘇軾才能在精神世界裡一騎絕塵、自由翱翔，成就無數曠達樂觀、自在灑脫的傳奇佳話。

除此之外，「烏臺詩案」所呈現出的種種，絕非偶然。

被貶黃州四年後，蘇軾再次翻身，又有了十年的政治黃金期。這十年，他在朝堂最高官職距宰相一步之遙，在地方也都是上等州郡的一把手，可風雲突變再遇貶謫時，他居然一分錢存款都沒有！要知道，宋朝公務員的待遇是十分優厚的，真不知道蘇軾是怎麼做到月月光、年年盡的。

被貶惠州，卻沒錢上路怎麼辦？不怕，找蘇轍「借」！是的，你沒看錯，找養了十個孩子、家庭負擔比自己重得多的蘇轍「借」！最終，蘇轍傾其所能資助了哥哥一筆錢，蘇軾這才得以安排一家老小到宜興生活，免除了被貶南荒的後顧之憂。

同樣在朝為官，官階相差無幾，為什麼負擔更重的蘇轍反而家有餘財？我想此時此刻，蘇轍的內心獨白一定是這樣的：「哥哥啊，弟弟我節衣縮食，辛辛苦苦存點錢，為的就是關鍵時刻能拉你一把啊！」

不過蘇轍可能也沒想到，此後哥哥居然還將再次向自己伸出「罪惡」的雙手——到哪兒都能快速融入當地的蘇軾，抵達惠州不久後，就開始張羅著為當地百姓做好事，修橋鋪路，熱心公益。為籌措資金，連自己以前朝服上的犀帶（嵌有犀角的腰帶）都捐了出去。更誇張的是，他還寫信給弟弟，請弟媳婦把以前進宮所得的賞賜之物拿出來，來幫助惠州百姓修橋。

好傢伙！果然是親兄弟，一點也「不見外」呀！每每讀到此處，我總忍不住想：想必蘇軾、蘇轍這等人物，娶的太太也必定是境界不俗的。不然，若是個庸常悍婦，還不罵蘇轍個三天三夜啊——你哥修什麼橋啊？家裡有礦啊？借錢不還也就算了，連老娘的私房錢也好意思借！還有沒有天理了？

此時，如果你再問蘇轍，做蘇軾的弟弟體驗如何，他一定會苦大仇深地來一句：

「哎，春蠶到死絲方盡，蠟炬成灰淚始乾——有操不完的心呀！」

全世界都愛我哥哥，但我哥哥最愛我

相比對弟弟蘇轍的不熟悉，一提起哥哥蘇軾，大家都是兩眼放光：「這個人真有趣，面對再大的事都想得開！！」

比如外放杭州，他便立刻被西湖山水迷得七葷八素：

我本無家更安往，故鄉無此好湖山。（《六月二十七日望湖樓醉書》）

貶黃州，他說：

便為齊安（即黃州）民，何必歸故丘。（《子由自南都來陳三日而別》）

貶惠州又改口：

日啖荔枝三百顆，不辭長作嶺南人。（《惠州一絕》）

到了海南又成了：

我本海南民，寄生西蜀州。（《別海南黎民表》）

總而言之就是一句話，貶到哪就說自己是哪裡人，處處都是我的家，可以說十分囂張。但如果你認為他在任何時刻都這麼拿得起放得下，那就大錯特錯了。比如，他每次和弟弟分離，畫風就會丕變：

《辛丑十一月十九日，既與子由別於鄭州西門之外，馬上賦詩一篇寄之》

不飲胡為醉兀兀，此心已逐歸鞍發。
歸人猶自念庭闈，今我何以慰寂寞。
登高回首坡壠隔，惟見烏帽出復沒。
苦寒念爾衣裳薄，獨騎瘦馬踏殘月。
路人行歌居人樂，僮僕怪我苦凄惻。
亦知人生要有別，但恐歲月去飄忽。

寒燈相對記疇昔，夜雨何時聽蕭瑟。
君知此意不可忘，慎勿苦愛高官職。
（嘗有夜雨對床之言，故云爾。）

沒喝酒，頭卻暈暈的，不是我喝醉了，而是我的心早已隨著子由而去。這是我們兄弟倆第一次分別，弟弟送了我很遠，可我仍舊依依不捨，子由不在身邊，以後孤單寂寞冷時還有誰來陪伴我呢？

我爬上高坡，希望能再看一眼弟弟遠去的背影，卻只看到他的帽子隨著坡路時隱時現。天寒地凍，他衣衫單薄，獨自騎著瘦馬在寒風冷月中歸去，哎，當哥的心裡可真不是滋味啊！

路上的行人都連說帶唱，沿途的居民也十分歡樂。只有我想著子由，失魂落魄，惹得隨行的童僕都看不下去：「臉色這麼難看，怎麼了嗎？」

哎，其實，我也並非不知道人生終有一別，但總怕歲月太匆匆，美好的時光一去不復返。子由啊，你可千萬別只顧著追求高官厚祿，忘了和哥哥同歸鄉里「對床聽雨」的約定啊！

這是蘇軾科考後，第一次外出為官，也是和弟弟朝夕相處二十幾年的第一次分別，心中抑鬱感傷，就差淚雨滂沱了。

此後他們宦海漂泊，聚少離多，每次與弟弟分別，蘇軾總是淒淒慘慘戚戚，完全不見平日的達觀灑脫。比如，後來他回到京城，蘇轍卻要到陳州上任，他涕淚漣漣寫下送別詩：

閉戶時尋夢，無人可說愁。
還來送別處，雙淚寄南州。
（《和子由初到陳州見寄二首次韻其一》）

再之後，他也外遷杭州為官，途經弟弟任職的陳州，一見到子由就邁不開腿，硬是在弟弟家多賴了七十多天，走的時候還一把鼻涕一把淚，哭哭啼啼：

《潁州初別子由二首其一》

征帆掛西風，別淚滴清潁。
留連知無益，惜此須臾景。

我生三度別，此別尤酸冷。
……
近別不改容，遠別涕沾胸。
咫尺不相見，實與千里同。
人生無離別，誰知恩愛重。

除此之外，還有什麼「憶弟淚如雲不散，望鄉心與雁南飛」、「愁腸別後能消酒，白髮秋來已上簪」、「別期漸近不堪聞，風雨蕭蕭已斷魂」、「君雖為我此遲留，別後淒涼我已憂」等，盡是滿滿的離愁別緒。

連他筆下那首詞史上的中秋絕唱《水調歌頭》，也是在山東密州任職時，因思念子由而做。後在黃州東坡躬耕時，還一再寫信讓蘇轍辭了官職，來黃州相聚，一起種地謀生……

看出來了沒，看似強大的蘇軾，其實對弟弟蘇轍十分依賴。這一生，他最怕的就是和弟弟分離：哎，沒有子由在身邊提醒我、警惕我，真不知道我這天真爛漫的性格和屢教不改的大嘴巴又會闖出什麼禍來，心裡慌得很啊！

是的，他們從小一起讀書與成長，一起參加科考，仕途同起落。彼此不僅是手足，更是人生路上最為信任和持久的知音與戰友。蘇軾不是沒有脆弱的時刻，而是他的脆弱只願袒露給內心最信賴的人。他說：

嗟予寡弟兄，四海一子由。（《送李公擇》）
豈獨為吾弟，要是賢友生。（《初別子由》）

蘇轍便說：

手足之愛，平生一人。（《祭亡兄端明文》）
撫我則兄，誨我則師。（《東坡先生墓誌銘》）

是啊，弟弟是哥哥的精神支撐，哥哥也同樣是弟弟的心靈港灣。雖然身為蘇軾的弟弟有失落、有無奈，但更多的是滿滿的幸福和驕傲：「哼，全世界都愛我哥哥，但我哥哥最愛我！」

相約來世再當兄弟

紹聖四年（一〇九七年），六十歲的蘇軾被貶海南，五十八歲的蘇轍被貶雷州。一對難兄難弟在貶途中聚首，唏噓不已：歲月飄忽，當年出川時意氣風發的兩個小夥子，如今都已是霜染兩鬢的糟老頭。更可嘆的是，垂暮之年卻還雙雙深陷政治泥潭，「功成身退，對床聽雨」的約定依然遙不可期……。

分別前夜，蘇軾痔病發作，呻吟不止。蘇轍一夜未眠，守在哥哥身邊為其誦讀詩篇並勸哥哥戒酒。次日清晨，蘇軾登舟渡海。望著哥哥的一葉孤帆漸行漸遠，終於沒入波濤之中，想到兄長垂老投荒，有生之年不知能否再見，蘇轍不禁心似刀絞，淚飛如雨。

三年後，蘇軾自海南北返途中，病逝常州。沒能和弟弟子由見上最後一面，是他臨終前的最大痛楚：

> 惟吾子由，自再貶及歸，不及一見而訣，此痛難堪！

次年，蘇轍按兄長遺言將其葬於嵩山之下，並賣掉部分田產，將三個侄子接到身邊共同生活。後來，他著手整理哥哥在海南的詩篇，偶然看到蘇軾和寫陶淵明《歸去來兮辭》的舊作，禁不住淒然淚下：

歸去來兮，世無斯人，誰與遊？（《次韻和子瞻歸去來辭並引》）

哥哥你先我而去，我在世上便再也沒有了知音和依靠。年少時相約功成名就後一起歸隱故鄉、對床聽雨，如今卻只剩我一人，在世間獨自躊躇……。晚年的蘇轍閉門不出，幾乎斷絕了一切人際往來，多年後終老，選擇與兄長葬在了一起。

終於，他們以另一種形式實現了「安知風雨夜，復此對床眠」的約定，彼此再也不會分開。

在《宋史‧蘇轍傳》中評價這段兄弟情是：

轍與兄進退出處，無不相同，患難之中，友愛彌篤，無少怨尤，近古罕見。

中國作家趙允芳說：「蘇軾與蘇轍的關係就像箭與弓，箭之離弦，離不開弓的隱忍內斂。唯弓弩收得愈緊，箭方能彈射得愈遠。某種意義上，正是蘇轍的內向收斂、隱忍堅韌，成就了蘇軾穿越時空的鋒芒與偉才。」

深以為然。

當我們今天仰望讚嘆如日月星辰般光芒璀璨的蘇軾時，不要忘記，他身後永遠站著一個蘇轍。當哥哥志得意滿、風光無限時，他是人群中搖旗吶喊的喝彩者；當哥哥失意潦倒、流落天涯時，他是背後擔負一切的支持者。

無論何時，只要蘇軾回首，他總會立在不遠處微微一笑：「哥哥，繼續大膽瀟灑地往前走吧，此外的一切，有我在。」

在我看來，這就是蘇轍作為「蘇軾弟弟」這個身分的終極意義，他是上天為蘇軾派來的守護神。

四海多友朋，無如一子由。

周公子每期一問

老蘇，請讓一下，今天主要是採訪你的弟弟蘇轍。
①
沒問題！
②
蘇轍，快講講你最引以為豪的事情，來提升一下你的歷史地位。
③
最引以為豪的事情啊……
④
那一定是——我的哥哥是蘇軾。
⑤

蘇軾與章惇

愛比恨更有力量

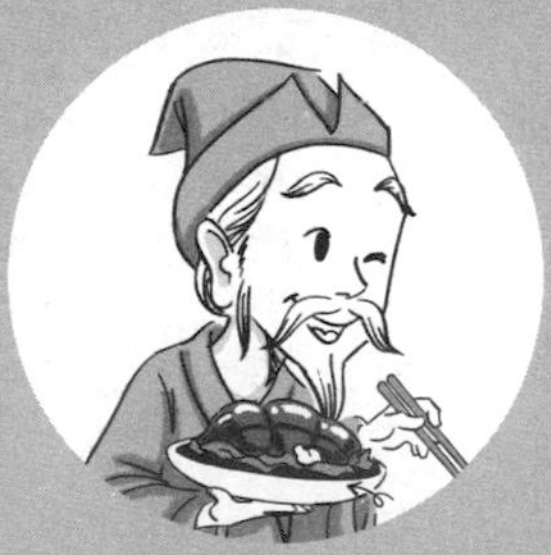

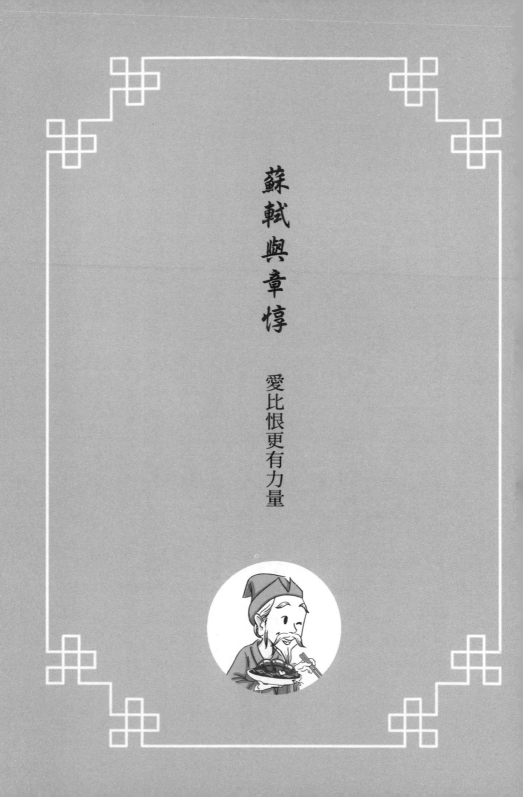

北宋紹聖四年（一〇九七年），陽春四月，惠風和暢。

惠州歸善縣的白鶴峰上，一位垂釣而歸的老人正信步拾級而上，山峰的一側，江面上波光閃爍。嗯，今天老人的收成不錯，又省了一些買肉錢。山頂上有一處新建成的房舍，大門旁植著兩株柑橘，花開正盛。老人步入院中，放置好漁具，目光掠過客廳和書房的匾額「德有鄰堂」、「思無邪齋」後，歪著腦袋，俏皮一笑：「一不小心又引領了一次文化潮流，聽說現在整個惠州的書房和客廳，都以四字之名為時尚啦！」

而後，他踱到院子的另一側，一一查看自己親手栽種的橘子、荔枝、楊梅、枇杷等十幾種果樹，忍不住咽了下口水：「嗯，不錯不錯，長得不錯，很快就能開吃囉！」

望著這座耗時一年、傾囊建造的山頂小別墅，他忽覺內心無比喜悅平靜：「何須北歸，就此終老惠州，有何不可？」

恰在此時，惠州太守推門而入，神色匆匆，欲言又止：「蘇學士啊，嗯……這個……朝廷又來謫令……。」

聞聽此言，老人心中猛地一沉，接過謫令書函，看到「瓊州別駕」四字後，禁不住身體一個搖晃，過了好一會兒才仰起頭來，喃喃道：「子厚，你當真欲置我於死地嗎？」

沒錯，蘇軾流放海南，恰是拜昔日好友章惇（字子厚）所賜。

新舊黨爭，讓摯友反目成為仇人

蘇軾和章惇，往昔曾是一對如漆似膠的好哥們。

二十幾歲時，兩人同在陝西為官。蘇軾天真爛漫、愛開玩笑，章惇膽大敢為、俠客風範。公務清閒，兩人便常一起喝酒聊天、遊山玩水，感情很好。然而，從這個時期的兩件趣事即可看出，二人雖兩相投契，個性卻有極大的差異。

第一件趣事：有天他們雙雙翹班，到山間小廟喝酒。正興起間，忽聽外面有人大喊「有老虎，有老虎」，借著酒意，兩個好哥們跨上馬就竄過去看熱鬧，可是人傻馬不傻啊，在離老虎差不多百十米遠的地方，馬打死也不肯往前了。

彼時，山風一吹，蘇軾酒醒一半，瞬間嚇出一身冷汗：赤手空拳看到老虎，這不是自尋死路嗎？於是順勢掉頭往回躲。但章同學卻不怕，不知從哪兒找來一面破鑼，氣定神閒地往石頭上一撞，嚇得老虎溜得比蘇軾還快。

第二件趣事：後來二人又結伴登山探險，至一懸崖深澗處，對面是巍峨絕壁，中間只有一根橫木相通，其下深淵萬丈。

章惇便慫恿蘇軾過橋：「子瞻，你書法好，到對面石壁上給我們簽個名留念吧！」

蘇軾很害怕地表示：「不敢不敢，太危險了，粉絲們還在等我更新文章，不能死呀，嘻嘻。」

章同學聽罷，不以為然：「看哥的！」

說完，他找來繩子一頭縛在自己腰部，一頭捆在樹上，抬腳過橋，面不改色，在石壁上瀟灑地寫下「蘇軾章惇來此一遊」幾個大字。蘇軾心中不禁暗罵：「好傢伙！觀虎有破鑼，過橋有繩索，你當自己是哆啦A夢啊？」

待章惇折身返還，他拍著章惇的背說：「兄弟，我猜你以後一定能殺人！」

章惇大笑：「何以見得？」

蘇軾回曰：「你連自己的性命都不在乎，更何況別人的呢？」

當時蘇軾絕對不會想到，這句漫不經心的玩笑話，多年後居然差點應驗在自己身上。

倏忽三十年，斗轉星移，一切都變了。二位昔日好友如今已站在不同的政治陣營，曾經的打情罵俏，一去不復返。在雲譎波詭、你死我活的黨派鬥爭中，很多人已失去了曾經的模樣；章惇便是其中的典型代表。

守舊派當權時，他先是被貶官流放，後更曾身遭監禁。當變法派再度得勢，高登相位的章惇已完全變成了一個被政治仇恨衝昏頭腦的人，他的內心，只有一個聲音：「報仇的時刻到了，我要加倍奉還！」

於是，章惇做了以下事情：先是早已入土的守舊派領袖司馬光（沒錯，就是小時候砸缸的那個司馬光）被剝奪爵位和榮銜，家產被沒收，子孫官祿被取消，還差一點被開棺鞭屍。

只整死人哪裡能消氣呢？活著的人裡面，就先挑個風頭最盛的傢伙下手吧：蘇軾同學，請出列！（蘇軾表示：啊！就知道又是我……）

既是殺雞給猴看，自然動作要大一點。於是，蘇軾被貶到傳說中天氣炎熱、疾病橫行的瘴癘之地——廣東嶺南。一開始官職還是英州太守，結果一路走官職一路降，南下途中居然又接到三四道謫令，官職已形同虛設，地點也改到了惠州。

蘇軾很鬱悶：「好傢伙，來來回回累不累？敢不敢一次貶到底？」

章惇：「不要，那樣不好玩，讓你一點點加深痛苦和絕望，才比較有意思嘛！」

讀到這裡，大家可能要問了：下手這麼重，從一開始他們就是對假朋友吧？

章惇：「不要，那樣不好玩，讓你一點點加深痛苦和絕望，才比較有意思嘛！」

讀到這裡，大家可能要問了：下手這麼重，從一開始他們就是對假朋友吧？

即便立場不同，仍力挺朋友

讓我們先回到十五年前的「烏臺詩案」。

當時蘇軾因言獲罪，鋃鐺入獄，政敵從他的詩中拎出一句「根到九泉無曲處，世間唯有蟄龍知」，說他自比「蟄龍」，顯然就是要造反；蘇軾就此命懸一線。

危急時刻，身處變法派陣營的章惇，不顧二人政治理念的分歧，在朝堂上當著皇帝和滿朝文武的面，直斥比自己位高權重的宰相王珪，為蘇軾傾情辯護。不僅朝堂之上仗義執言，退朝後，他還一路追著宰相罵：「你是想害得蘇軾滿門抄斬嗎？」宰相心虛辯解說是別人的主意，章惇卻依然不依不饒：「別人說你就信啊，別人的口水你吃不吃？」

你看這反擊力度夠不夠強？夠不夠朋友？簡直都有點義薄雲天的感覺了。

後來，蘇軾九死一生，被貶黃州。曾經的狐朋狗友怕遭連累，都不搭理他。只有章惇還主動寫信來，苦口婆心勸他以後不要亂講話。

平時惟子厚（章惇）與子由（蘇轍）極口見戒，反覆甚苦。

你看，曾經章惇對蘇軾，是相當夠朋友的。

政治鬥爭到底有多殘酷，才能讓曾經的鐵哥們反目成仇呢？可惜，歷史上並無確鑿記載。唯一可供考證的蛛絲馬跡是，後來章惇遭貶官，乃是蘇轍上書彈劾所致。蘇軾雖曾就此去信安慰老友，但在愛恨分明的章惇眼中，或許從此便恨屋及烏了吧！

「蘇軾，你弟弟整我你不管，日後休怪我不客氣！」

看不慣蘇軾的自適，將其一貶再貶

交代完前情，我們繼續往下說。

讓章惇萬萬沒想到的是，蘇軾被貶惠州後的劇情，居然完全不按他這個總導演的腳本走。

抵達惠州第一天，蘇同學就迫不及待寫詩展示惠州人民扶老攜幼、牽雞遛狗在碼頭熱烈迎接他這位文學、書法、繪畫三棲巨星的盛況。

《十月二日初到惠州》

彷彿曾遊豈夢中，欣然雞犬識新豐。
吏民驚怪坐何事，父老相攜迎此翁。
蘇武豈知還漢北，管寧自欲老遼東。
嶺南萬戶皆春色，會有幽人客寓公。

哎呀，惠州這個地方我感覺很熟悉嘛！就好像曾經來過一樣，不然的話，怎麼連這裡的雞和狗都認識我呢？（惠州的雞和狗表示：大哥，我們就是來湊個熱鬧，拜託你不要亂認朋友。）

嗯，總而言之，惠州是個好地方，大家肯定都會對我很好的。（典型的到哪都不把自己當外人啊！）

接下來的日子裡，他更是花式寫詩，三百六十度描繪自己在惠州的幸福生活，比如：沒事就躺平，荔枝吃到撐（日啖荔枝三百顆，不辭長作嶺南人）；或是涼風習習，午覺睡到自然醒（江風初涼睡正美，樓上啼鴉呼我起）；後來眼看北歸無望，索性直接蓋房落戶惠州（樹暗草深人靜處，捲簾欹枕臥看山）。

你看，房子依山傍水，臥可聽濤聲依舊，坐可觀風雲百變。嗯，果真是五星級的養老環境。

章惇看到這些，自然大為不爽：「好你個蘇子瞻！花那麼大力氣貶你去嶺南吃苦受罪，結果你就給我看這個？得意啊，再貶你！」蘇軾則依然故我：「來呀，怕你不成！」

終於，當「報導先生春睡美，道人輕打五更鐘」這句傳到京城後，章惇徹底發飆了，一腳把六十歲的蘇軾踢到了海南島。

章惇心想：「這下你總該哭了吧，你叫子瞻，那就貶你去儋州，都有一個『詹』字；把你的寶貝弟弟子由貶到雷州，都帶一個『田』字。怎麼樣老朋友，我整你整得是不是別出心裁？」

結果再次讓章惇吐血到不行的是，蘇軾在去海南的路上，就寫詩給蘇轍說：「兄弟，別怕，全宇宙都是我們的家！」

他年誰作輿地志，海南萬里真吾鄉。（《吾謫海南子由雷州被命即行了不相知至梧乃聞》）

到了海南之後，他依舊口無遮攔：

我是玉堂仙，謫來海南村。（《入寺》）

年來萬事足，所欠唯一死。（《贈鄭清叟秀才》）

不知道章惇看到蘇軾這些欠殺的限時動態時，會氣成什麼樣子：「怪我囉？沒把你整死我還要說聲對不起？」

同時，他極可能還會有一種深深的無力感：「為什麼那傢伙還能跟從前一樣單純快樂？我已無所不用其極，凡優待他的地方官員通通撤職，還不發薪水給他、不讓他住官舍，他不是應該被逼到絕境了嗎？」

苦中作樂的人生態度

章惇想得沒錯，蘇軾的流放生涯的確遠沒有他自己詩中講得那麼歲月靜好。在惠州和海南，絕大部分時間裡，他的日子其實都相當窘迫。

惠州政府三年來一直拖欠他的薪水，日常缺吃少穿是常態——「典衣作重九」、「落英亦可餐」。後來，其侍妾王朝雲還在惠州遭瘟疫而亡，從此，他形單影隻。

流放海南時，蘇軾其實已做好客死海島的準備，打算去了就打棺材、挖墳墓：

某垂老投荒，無復生還之望。昨與長子邁訣（蘇軾長子名蘇邁），已處置後事矣。今到海南，首當作棺，次便作墓，乃留手疏與諸子，死則葬海外。……生不挈棺，死不扶柩，此亦乃東坡之家風也。

一封呈給官府的謝表中，言辭更是哀淒之至，令人不忍卒讀：

臣孤老無托，瘴癘交攻，子孫慟哭於江邊，已為死別，魑魅逢迎於海外，寧許生還？

痛苦絕望之情，溢於言表。不只如此，在海南還有常人難以忍受的孤獨：

從我來海南，幽絕無四鄰。（《和陶雜詩》）

自笑四壁空，無妻老相如。（《和陶和劉柴桑》）

登高望中原，但見積水空。此生當安歸，四顧真途窮。

（《行瓊儋間，肩輿坐睡，夢中得句云：「千山動鱗甲，萬谷酣笙鐘。」覺而遇清風急雨，戲作此數句》）

沒錯，蘇軾曠達的詩篇有多精彩，背後的痛苦就有多厚重。曠達是痛苦之後的開悟——沒有痛苦，何須曠達？

既然實際狀況如此淒淒慘慘，那麼蘇軾的內心有沒有像章惇一樣，被瘋狂的仇恨所侵襲呢？從他在惠州時寫給蘇轍的一封家書中，我們或許能窺得一二：

> 惠州市肆寥落，然日殺一羊。不敢與在官者爭買，時囑屠者，買其脊骨。骨間亦有微肉，煮熟熱酒渡，隨意用酒薄點鹽炙，微焦食之，終日摘剔牙綮，如蟹螯逸味……

那麼困苦的日子裡，人家居然還有心情自創燒烤。不敢和當官的爭買羊肉，買點肉少的脊骨也滿足得很，還美滋滋地跟弟弟分享：「哎呀，你哥我怎麼這麼有才，發明的烤羊脊太好吃啦！」

前面他寫下的那些曠達詩篇，究竟有沒有和政敵鬥氣的成分，我們不得而知。但這封寫給弟弟的家書，總不可能是違心之語。從中我們不難看出，蘇軾對苦難生活的平和與接納。假設一個心中裝滿仇恨的人，哪還能發覺生活中這些細微的小確幸呢？

是的，你可以決定我的處境，卻無法左右我的心態。發生了什麼不是最重要的，重要的是我們如何應對和認知，痛苦也可以是一份禮物。

當然，蘇軾也並非聖人。仇恨或許說不上，但要說他心裡絲毫怨氣沒有，顯然也不可能。尤其我們蘇軾同學最大的性格特點之一，就是嘴賤，愛亂說話。

後來，他獲釋北歸，途經廣州，當地的官員粉絲們紛紛設宴追星，有個人就對他說：「有段時間大家都謠傳你死在海南了，我還以為你真掛了呢，沒想到你還活著呀！」（好傢伙，真會說話！恭喜這位朋友，你已成功引起了偶像的注意。）

果不其然，蘇軾神祕兮兮地對他說：「是呀，我當時真的死了呢，不過在去陰曹地府的路上遇見了章惇，看見他我就煩，一生氣就又復生了！」

章惇啊章惇，我要活得比你久，氣不「死」你不甘休！

哎呀呀，嘴上說得這麼絕，心裡是否真的也如此決絕呢？

《別海南黎民表》

我本海南民，寄生西蜀州。
忽然跨海去，譬如事遠遊。
平生生死夢，三者無劣優。
知君不再見，欲去且少留。

蘇軾謫居海南三年後，哲宗駕崩，徽宗登場。

蘇同學獲釋北歸，寫下了上面這篇讓海南人民熱淚盈眶的《別海南黎民表》（我猜測四川百姓看到會哭得更慘，全民偶像說自己壓根就是海南人啊，以前只不過是寄生在四川，考慮過家鄉人民的感受嗎？）。

而章惇因為曾經站錯隊，評價徽宗「輕佻，不可以君天下」，被徽宗一紙謫令貶往嶺南雷州（沒錯，就是蘇轍待過的地方，嚴重懷疑徽宗是故意的）。

天道好輪迴，蒼天饒過誰。雙方情勢就這樣猝不及防地來了個驚天大逆轉，此時此刻的蘇軾，該是仰頭大笑、高呼蒼天有眼呢？還是拍手稱快、來一句「你小子也有今天？」

我們不妨拭目以待。

感同身受，以德報怨

從丞相到流放，一夜之間，章惇一家的天塌了。不久，章惇的女婿收到一封來信，部分內容如下：

子厚（章惇）得雷（州），聞之驚嘆彌日。海康（即雷州）地雖遠，無瘴癘。舍弟（蘇轍）居之一年，甚安穩，望以此開譬太夫人也。（太夫人指章惇的母親）

落款人為蘇子瞻。

聽說章惇被貶雷州，蘇軾居然沒有仰天大笑也並未拍手稱快，而是吃驚了好幾天，每讀至此處，我都忍不住要揣度幾番：「蘇同學吃驚的這幾天裡，他在想些什麼呢？」

當他認真地問自己，如今究竟如何看待這個老朋友時，內心定是五味雜陳吧？但我確信，他腦海中浮現最多的，一定不是對方帶給自己的痛苦，而是二人曾經一起煮酒論詩、勾肩搭背的青春時光；想起自己身陷囹圄時，對方義無反顧伸出的那雙手。

是的，他發現，想起那個既曾深深相知、也曾無情傷害過自己的老朋友，心中湧起更多的，依然是他曾帶給自己的溫暖和感動；聽到關於他的壞消息，第一反應還是會忍不住為他擔憂。

流放千里之苦，骨肉分離之傷，再也沒有誰比自己更有體會了。所以他首先想到章惇的老母親一定深受打擊，連忙去信說那裡風土人情不惡，望老者安心——因為懂得，所以慈悲。

蘇軾北返至鎮江時，章惇的兒子還是擔心蘇軾如果再度當政，會打擊報復自己老爹，於是鼓起勇氣，給蘇軾寫了一封哀婉懇切的長信，替父求情。

蘇軾收到信之後，先是對著自己兒子大呼小叫：「哎呀，小章同學文章寫得真不賴啊，有司馬遷之風！」而後回信如下：

某與丞相（章惇）定交四十餘年，雖中間出處稍異，交情固無增損也。聞其高年寄跡海隅，此懷可知。但以往者更說何益，惟論其未然者而已……

意思是說，我和你父親是四十多年的好朋友，雖然中間出了點小矛盾，但並不影響交情，過去的事還提它做什麼，我們只論將來……。後面他又絮絮叨叨講了一些雷州生活指南，提供了一些常用藥方，最後還贈送了自己的海外大作《續養生論》，指導章惇「練氣功」，保養身體。

好一個老友虐我千百遍，我待老友如初戀啊（章惇兒子收到回信，我想下巴都要驚掉了）！

林語堂感嘆這封信是「偉大的人道主義文獻」，後人提到這對相愛相殺的好友時，也多對這封信展現出的開闊心胸高山仰止、讚嘆不已。

誠然如是。

不過相比這封信更令我動容的，卻還是蘇同學最早寫給章惇女婿的信。因為，按照蘇軾的胸襟和品性，章惇兒子主動向其求情，而他做出寬容回應也是一般人預料中的事情，不足為奇。但給章惇女婿的信卻不一樣，那是他得知章惇落難後，第一時間自主自發的問候，字裡行間流露出的關懷與唏嘘，最能展現他依然視章惇為友的心跡。

我想那一刻，蘇軾不僅明瞭了自己的心緒，也體悟到了章惇的痛苦：「我知道你恨我愈深，恰是因你曾愛我彌切，我懂你心中亦有傷痕。過去的就讓它過去吧！如今能為你做的，也只有這些了。此生或許沒有機會再見，但我會記住你曾經對我的好。就這樣吧，我的老朋友，願你此去安好。」

此後，當年蘇軾即於常州病逝；四年後，章惇客死雷州。

「死去原知萬事空」，財富，地位，權力——生命的最後我們都無法帶走，能夠帶走的，或許只有記憶中沉澱下來的純真的感動和愛。

冤冤相報何時了，唯有愛能泯恩仇

中國作家當年明月在《明朝那些事兒》一書中曾說過，仇恨比愛更有生命力。是的，仇恨極易滋生和傳遞，子子孫孫無窮盡，冤冤相報無了時。恨讓人想要去毀滅，可毀滅了別人，就能救贖自己嗎？

我們不知道當章惇看到蘇軾的信時會做何感想，也許他不得不承認，他費盡心機想要摧毀蘇軾，到頭來，卻是用仇恨為自己畫地為牢。

一個人想要顯示自己的力量，以暴力和仇恨從來不是最好的方式。面對那些傷害過我們的人，是愛還是恨，每個人都有自由做出自己的選擇，只是我們都知道——選擇恨太容易了，只要足夠的憤怒、對立、仇視，就夠了；而選擇愛卻要難得多：理解、寬恕、慈悲，每一樣都需要智慧和勇氣。

蘇軾是一個對佛學也深有造詣的人，他也用自己的行動很好地詮釋了佛家的一句話：恨不止恨，唯愛能止。

在他心中，愛比恨更有力量。

周公子每期一問

男神大人，怎樣才可以做到像你一樣曠達樂觀呀？
ZGZ
①
首先你要有一顆慧心，其次你得和我一樣命途多舛……
ZGZ
②
命途多舛啊？我們還是換個話題吧！
ZGZ
③
我還沒說完，如果你是一個吃貨，憑這一條就可以了，哈哈哈～
哇！東坡肉！
④

蘇軾與陳季常

真正的朋友
是不談功利的

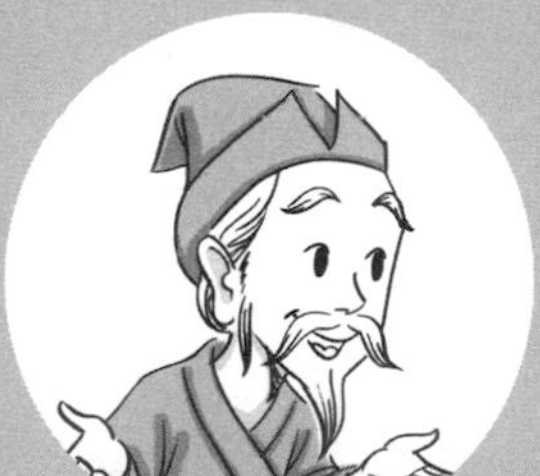

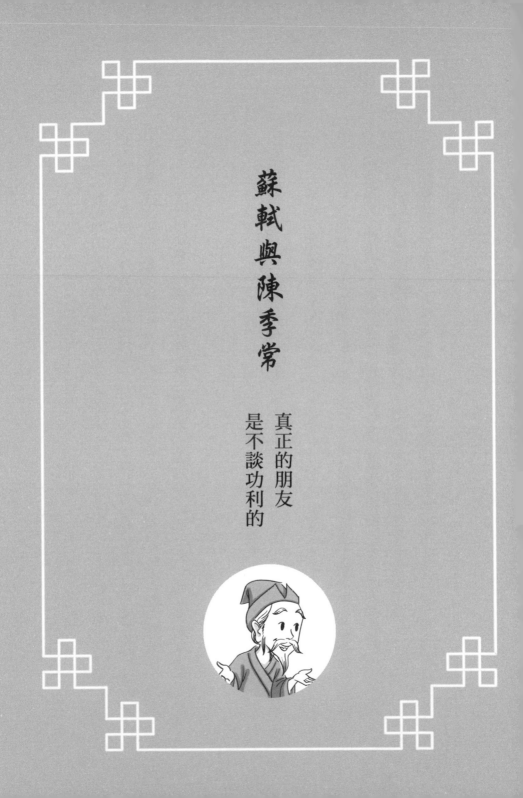

作為宋朝第一男神的蘇軾什麼東西最多？我想除了才華，應該就是朋友了。

蘇軾的朋友可謂形形色色，各式各樣，上至名流顯貴，下至村野耆老，另有和尚、道士、歌妓，而且遍布五湖四海。在他這光怪陸離的朋友圈裡，最打動我的，是他與陳季常的友誼。

他倆的故事，要先從陳季常的老爸陳希亮說起。

不可一世的蘇東坡

蘇軾二十幾歲初入官場時，曾在山西鳳翔任職。當時的頂頭上司就是陳希亮，陳希亮是軍人出身，為人嚴厲刻板，架子十足，跟當時年輕傲嬌、瀟灑不羈的蘇軾，完全不搭。日常工作中二人屢有分歧，相處的情況大多是這樣的：

蘇軾：「大叔，工作是就事論事，你天天板著臉給誰看？」

陳希亮：「現在的年輕人呀，仗著自己有點名氣，就敢和長官對著幹。那麼有才，你怎麼不會自己想辦法上位呢？」

就這樣，兩人雖為四川老鄉，卻時常唇槍舌劍，當面嗆聲（不用想也知道，陳太守肯定是罵不過蘇同學的）。後來戰況升級，陳太守直接向朝廷彈劾蘇軾，說他抗命不從。蘇軾因而被朝廷罰銅八斤，把他氣得跳腳：「好傢伙，這月績效獎金沒了！」

再後來，陳太守建了一座觀山的高臺，請蘇軾作賦一篇，刻在石碑上。趁此，蘇同學心中那復仇的小火苗，簡直是按捺不住。於是乎，他在文中不僅狠狠秀了番文采，還趁機偷偷罵人；先是嘲諷陳太守此前竟不知城外有山，然後借助歷史興衰的典故，說別看這高臺現在修得漂亮，指不定哪天就變身一片廢墟，要是有人想借此誇耀於世，滿足自我膨脹感，那就大錯特錯了。算是痛快淋漓地報了一箭之仇。

陳太守這邊正興致勃勃呢，看到這樣一篇賦，你說心裡氣不氣？可是，出人意料之外的，這一次他卻沒動怒，還一字不改地請人把這篇《凌虛臺記》刻在了石碑上。

原來，陳太守此人並不壞，面冷心熱，看到這個老鄉後生年少成名，怕他太驕傲，便有意挫挫他的傲氣，實則是有心愛護。而蘇軾看到對方不再接招，心裡也明白了一二。後來調離鳳翔，每每想到這個事情，還總覺得有點對不起陳太守。

而他和陳季常就於此時相識。當時的陳季常，英姿年少，喜縱馬射獵，以豪俠自稱。曾與蘇軾在馬背上談古論今，探討兵法。雙方雖互有欣賞之意，但交往應該並不深入，畢竟當時蘇軾跟人家老爹整天還是劍拔弩張。從蘇軾調離鳳翔到被貶黃州的十幾年間，二人應該不曾再謀面。

無話不談，天天膩在一起的好朋友

西元一〇八〇年，春，湖北，歧亭鎮。

人到中年的蘇東坡奔波在貶遷黃州的路途中，一臉的風塵僕僕。行至山嶺下，忽見簇簇梅花凌寒吐蕊，不由詩興大發，隨口吟到：

《梅花二首》

春來幽谷水潺潺，的皪梅花草棘間。
一夜東風吹石裂，半隨飛雪渡關山。

何人把酒慰深幽，開自無聊落更愁。
幸有清溪三百曲，不辭相送到黃州。

「何人吟此好詩？」只見路上迎面走來一人，頭戴一頂四四方方的高帽，手持竹杖，眉宇間頗有俠義之氣。

蘇軾聞聲望去，四目相對的一刻，雙方都猛然怔住了。

「哎喲喲！這不是我的老朋友陳季常嗎？你怎麼在這兒呢？」

「咦？這不是名滿天下的蘇學士嗎？你怎麼也在這兒呢？」

蘇軾臉上浮出一絲尷尬的微笑：「那個……我是被貶到這裡來了，一言難盡呀。」說罷，拍拍自己肚子：「都是這滿腹才華惹的禍，嘻嘻。」

陳季常聽罷，爽朗一笑：「哈，原來是這樣啊！我現在這裡隱居呢！那還廢話什麼，走吧，到我家住兩天再說！」

余謫居於黃，過岐亭，適見焉。曰：「嗚呼！此吾故人陳慥季常也，何為而在此？」方山子亦矍然，問余所以至此者，余告之故。俯而不答，仰而笑，呼余宿其家。

蘇軾此時是戴罪之身，一下子從上流公務員淪落為社會最底層，曾經交好的朋友們唯恐被連累，別說寬慰蘇同學了，連蘇軾主動給他們寫信都當沒收到。而從前並不算深交的陳季常，卻一點也不嫌棄，請他到家裡一住就是五天，好吃好喝地招待。這讓剛剛死裡逃生、又在異鄉舉目無親的蘇軾十分感動。

說起來，陳季常也是個很有意思的人。身為官二代，在洛陽有豪華別墅，在北方有良田千畝，他卻通通捨棄，跑到這深山辟穀參禪悟道，算是個真正的隱士。

就這樣，兩個有趣又有閒的人湊到一起，分外來電，火花四濺。此後在黃州四年，蘇軾到歧亭找陳季常玩耍三次，而陳季常去找他七次。每次都會在對方家裡住上十天半月，四年下來，共處的時光有一百多天。

凡余在黃四年，三往見季常，而季常七來見余，蓋相從百餘日也。

他倆在一起，總有做不完的有趣事——談論佛法、吟詩作賦、寄情山水、撫琴高歌……好不快哉。林語堂說，陳季常是蘇軾在黃州時最好的朋友（沒有之一），好到可以隨便開玩笑。比如以下：

龍丘居士亦可憐，談空說有夜不眠。
忽聞河東獅子吼，拄杖落手心茫然。
（《寄吳德仁兼簡陳季常》）

這四句描寫的就是某次蘇軾去探望陳季常時的情景，兩人同處一室，談天說地，乃至徹夜不眠。

陳季常之妻柳月娥，看到這對好哥們兒從早到晚黏一起，不免心生醋意，運起丹田之氣，大喝一聲：「老陳，你還睡不睡覺了？」嚇得陳季常的拄杖應聲而落，免不了被東坡一頓嘲笑。就這樣，蘇東坡隨便一個玩笑，陳季常就落了個怕老婆的千古名聲，「河東獅吼」也成了悍婦的專屬代名詞。

事實上，大家也看到了，這首詩是寫給吳德仁的。給另一個人寫信，還要提起陳季常，開開他的玩笑，這就好比我們喜歡一個人時，不論跟誰聊天，總會忍不住把話題扯到他身上一樣。可見這兩人相投到什麼程度。

後來蘇軾被赦離開黃州，送行者眾，至慈湖（在湖北黃石）登船後，眾人散去，只有陳季常不捨得走，一送再送，從湖北一路送到了江西九江。

七年四月，余量移汝州，自江淮徂洛，送者皆止慈湖，而季常獨至九江。

（柳月娥OS：送別人送到跨了省，到底你出門還是他出門？）

而且，兩個人還極有可能一起在九江遊覽了廬山。

惟陳季常不肯去，要至廬山而返，若為山神留住，必怒我。

陳季常信佛，到了廬山要是被山神留住了可怎麼辦，柳月娥還不得吃了我？

蘇軾那首吟詠廬山的千古名詩，即是此時而作：

《題西林壁》

橫看成嶺側成峰，遠近高低各不同。
不識廬山真面目，只緣身在此山中。

與摯友道別，不知何時能再相見

九江已至。送君千里，終須一別。

陳季常滿臉不捨：「東坡，一路保重，記得要常給我來信啊！」蘇軾卻嬉笑而答：「知道啦，季常老弟！乖啦，快回去吧，不然，月娥要發飆了。」

轉過頭來，蘇軾卻已然淚目。

多情自古傷離別。

四年後，陳季常又千里迢迢跑到京城開封來看他，那時蘇軾正一路開掛，站在個人政治生涯的最高點。而陳季常也不是來討官做的，但求知己故交的重逢之樂而已。

「嗯，老朋友，看到你現在一切都好，我就放心了。」

一〇九四年，蘇軾五十七歲，被貶嶺南惠州。抵惠半年，陳季常來信數封：「東坡，想你了，打算漂洋過海去看你。」

然而，歧亭到惠州，豈止千里之遙。蘇軾急忙回信勸阻：「哎呀，我在這好好的呢！彼此都是鬍子一大把的糟老頭了，還這麼兒女情長，害不害羞？」

到惠將半年，風土食物不惡，吏民相待甚厚。……所以云云者，欲季常安心家居，勿輕出入。老劣不煩過慮……亦莫遣人來，彼此鬚髯如戟，莫作兒女態也……長子邁作吏，頗有父風。二子作詩騷殊勝，咄咄皆有跨灶之興⑬。想季常讀此，捧腹絕倒也。

「捧腹絕倒」——信中這四個字，令我深為感動。我有捧腹絕倒過嗎？是在誰人面前？區區四字可謂寫盡了真正的朋友間那無須矯飾、鬆弛自然的狀態。陳季常在蘇軾現存詩賦中能夠找到的痕跡，至此信而終。東坡貶居惠州後，有生之年他們應該沒有再見面。

「海內存知己，天涯若比鄰。」相知何須一定再相見。

真正的朋友應該是無用的

中國復旦大學陳果教授曾說：「真正的朋友應該是無用的——沒有任何功利之用。」

我之所以如此喜歡蘇東坡和陳季常的友情，是因為從始至終，陳季常對蘇軾，恰是如此。

許多人和蘇軾相交，或是仰慕其才華，或是期望政治上被其提攜，或藝術上受其點撥，這沒什麼錯，人際交往的本質即是價值的交換。

真正的朋友亦然，只不過交換的並非世俗功利之用，而是性情與心靈的兩相投契。

一如陳季常對蘇軾。不在春風得意的順境裡逢迎巴結，卻屢屢在貶謫潦倒的困頓中傾注真情：你被貶黃州，成了一介農夫，有什麼關係？你我性情相投，你就是我最好的朋友；你身居高位、官運亨通又如何？在我眼裡，你還是那個可以隨便開玩笑的死黨鐵哥們；你老來遭難，流放嶺南又怎樣？管他千里萬里，想你了我就去看你。農夫也好，

---

⑬ 跨灶之興，比喻兒子勝過父親。

權臣也罷，抑或是被流放的糟老頭，你在我陳季常的心裡，自始至終就只有一個標籤，那就是──朋友。

陳季常用他對蘇軾的滿腔至真至純之心告訴我們──真正的朋友不是拿來用的，而是用來愛的。而從蘇軾給陳的回信中亦可窺得，他當然也把陳視為人生至交。他不想讓老友奔波受累，於是趕緊說自己在惠州如何順利，好讓老友安心。

就像我們偶爾遇到家中種種的煩心事時，可能會向朋友吐槽嘮叨幾句，可真的遇到大麻煩了，卻寧願自己承擔，事情過去了才會輕描淡寫地跟朋友提及。

對於真正的朋友，我們未存功利之心，更不想給他們增添任何麻煩，但朋友往往回饋給我們任何功利之物都替代不了的靈魂喜悅。

一如陳果教授所講：「真正的朋友，是無用的，卻又像水，像空氣和陽光──未必時時想起，卻又永遠不可或缺。」

周公子每期一問

老蘇，我可是相當忌妒陳季常啊！
為什麼呢？
他有你這麼萬人迷的朋友啊！
你不也是我相隔千年的朋友嗎？
哦，我也算啊……那可以幫我寫幅《寒食帖》以示友誼嗎？
哎，說好真正的友誼是無所求的呢？
嘿嘿嘿……

蘇軾人生觀

誰說「出世」和「入世」只能二選一？

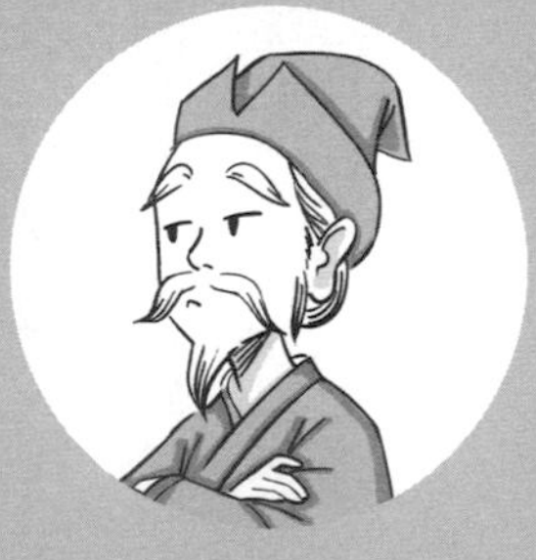

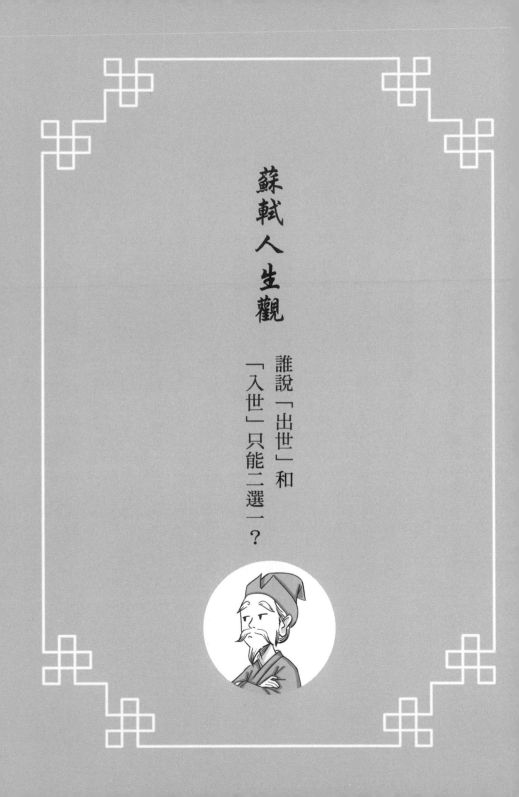

寫了這麼多古代先賢的人生小傳，我發現他們面臨的終極人生命題其實都一樣，無非是出世、入世二選一，抑或在兩者間踟躕徘徊。

入世，即「學成文武藝，貨與帝王家」，求仕為官，兼濟天下；出世，則退隱山林，獨善其身，天下興亡，冷眼旁觀；說到底，就是我們經常說的「仕」與「隱」。

在我看來，「仕」也好，「隱」也罷，並無高下優劣之分，各人性情與追求不同，適宜自己就好——「先天下之憂而憂」的范仲淹和「采菊東籬下」的陶淵明，我都很仰慕。不過，在此命題下，如果非要選一個我最為欣賞和佩服的文人，那絕對是將「出世」與「入世」這兩個看似對立矛盾、非此即彼的人生選項完美結合、兩擅其美的蘇東坡。

嗯，普通人才做選擇，天才則是皆為我所用。

出世、入世？蘇軾的選擇究竟為何？

說蘇東坡入世，相信是大家的共識，無可爭議；在朝廷為官，沒什麼意見他不敢提，也沒什麼人他不敢得罪。

認為王安石變法太激進，一個大步向前，反對！後來，覺得司馬光盡罷新法太過一刀切，又是一個大步向前，反對！

跑到地方上就更不用說了，徐州抗洪、密州滅蝗、杭州修水利、定州整軍紀，每到一處，都是滿滿的好政績。

最誇張的是，任知登州軍州事時，他僅到任五天就又被調往京城。按一般官員的效率，五天時間根本還不夠熟悉辦公室呢！結果蘇軾他用五日，就走訪調查出了當地軍政和財稅的兩大弊端，並分別提出改善措施；其為政之勤勉，可見一斑。

就算在人生低谷的黃州、惠州、儋州，自己都被欺負得各種慘兮兮了，蘇軾仍是繼續拯救溺嬰、造橋鋪路、普及文化教育，從沒停止過為國為民發光發熱……。晚年從海南遇赦北歸，在寫給朋友的信中，他總結自己的人生信仰為：

> 不有益於今，必有覺於後，決不碌碌與草木同腐也。

意思就是要麼多做實事，有益於今時；要麼著書立說，啟迪於後世，絕不允許自己的一生才華空付，碌碌無為。

這一番「我的存在，必須要讓世界變得更美好」的壯志，他做到了，所有人也都看到了。但在其人生的價值取向中，其實還有一條暗線，往往為人所忽視，那就是：終其一生，在積極入世的同時，蘇軾其實還是一個對官場與功名利祿毫不留戀的心靈隱者。

這份心靈上的歸隱情結，體現為身在仕途時，旁人都在盤算如何升官發財，只有他心心念念如何儘早實現濟世理想，然後「事了拂衣去，深藏功與名」。比如，二十歲出頭、還在備考制舉試時，他就跟弟弟蘇轍在某個風雨之夜立下了他日一起及早退隱還鄉的誓約。

他開始做第一份工作，與蘇轍分別時，又不忘絮絮叨叨地提醒：

寒燈相對記疇昔，夜雨何時聽蕭瑟？
君知此意不可忘，慎勿苦愛高官職。

（《辛丑十一月十九日既與子由別於鄭州西門之外》）

你看，一個兩度制勝科場、名動京城的有為青年，一個被皇帝親自認可有宰相之材、前程不可估量的官場新星，居然口口聲聲叮嚀弟弟將來不要貪戀高官厚祿：「你答應過我哦，我們要一起歸隱！」

初在鳳翔為官，也不時惦記此事：

憶弟淚如雲不散，望鄉心與雁南飛。（《壬寅重九不預會獨遊普門寺僧閣有懷子由》）

遠別不知官爵好，思歸苦覺年歲長。（《病中聞子由得告不赴商州三首其一》）

三年無日不思歸，夢裡還家旋覺非。（《華陰寄子由》）

在杭州做通判時，某個冷雨敲窗的秋夜，他甚至輾轉難眠，深悔自己當年為什麼想不開跑出來考公務員，在老家自給自足的田園生活不也挺美好嗎？想著想著，居然愁腸難遣，通宵不寐：

嗟我獨何求，萬里涉江浦。

居貧豈無食，自不安畎畝。

念此坐達晨，殘燈翳復吐。（《秋懷二首其一》）

同一時期，在送別四川老鄉的詞中，也有「故山猶負平生約，西望峨眉，長羨歸飛鶴」之句。

即使名利雙收，仍不改淡泊心志

如果說這是蘇軾以文人心性初入複雜官場，如鳥入囚籠而產生的不適感，那麼，到了後來的元祐時期，老蘇已五十多歲，宦途中摸爬滾打已逾半生，且正處於一生中的政治生涯巔峰期——最高官任三品大員翰林學士、知制誥，專門負責代擬王言，起草任命將相大臣、冊立皇后、太子之詔書及與周邊國家往來之國書等，相當於皇帝身邊最親近的政治顧問兼機要秘書。

翰林學士從中唐以來就有「內相」之稱，歐陽脩、王安石、司馬光都由此職位晉升至副宰相；此時的蘇同學離位極人臣，僅一步之遙。何況，很快他又兼任經筵侍讀，成為哲宗皇帝的御用家庭教師，一教就是五年。根本就是帝王師啊！對古代文人來說，最為清貴榮耀之職，莫過於此。天才狂傲如李白，也視帝王師為自己的終極政治理想。

然而，就是在這樣的仕途巔峰時刻，蘇軾內心的歸隱情結依舊毫無變淡：

明年兼與士龍去，萬頃蒼波沒兩鷗。

（《次韻子由書王晉卿畫山水一首而晉卿和二首》）

你看，他還在期盼能和蘇轍攜手還鄉，像兩隻鷗鳥，沒入煙波浩渺的大海。另外，還曾寫信給在黃州躬耕時的鄰居，千叮嚀、萬囑咐，讓他幫忙照管好東坡上那一畝三分地，說自己早晚會回去種田隱居：

僕暫出苟祿耳，終不久客塵間，東坡不可令荒苐，終當作主，與諸君遊，如昔日也。願遍致此意。

官徙揚州時，赴任途中，他甚至幻想就此退休致仕，溯江而上，直抵眉州老家，坐等蘇轍回來，組團養老：

溯流歸鄉，盡載家書而行，迤邐致仕。築室種果於眉，以須子由之歸而老焉。不知此願遂否？

小隱隱於野，中隱隱於市，大隱隱於朝

讀到這裡，我猜大家已經相當困惑了：自古出仕為官，誰不想出人頭地，博個功名富貴，緣何蘇軾卻一直心存歸隱之念？而既然想歸隱，又為什麼不真正辭官還鄉呢？別急。答案就藏在蘇軾的《寶繪堂記》中：

君子可以寓意於物，而不可以留意於物。寓意於物，雖微物足以為樂，雖尤物不足以為病。留意於物，雖微物足以為病，雖尤物不足以為樂。

這話意思是說：君子可以把心思寄託於物，但不可以把心思耽溺於物。把心思寄託於物，即使事物微小，亦可從中得樂；即使事物很特別，也不會因之成禍。然而，如果把心思耽溺於物，則事物微小，也可能招致禍患；即使事物很特別，也不會感到快樂。

其實，這也正是蘇軾對功名利祿之態度：金錢也好，官職也罷，都只是暫借它們來實現自己的理想抱負；在精神、心靈層面，則絕不能沉溺於這些「物」。

如此，大家的疑惑也就不辯自明了：因志不在功名利祿，所以蘇軾能做到身在官場，而心靈歸隱；並不辭官還鄉，是因尚需借助「在朝為官」這一形式，實現自己「有益於世」的人生志向。正所謂「小隱隱於野，中隱隱於市，大隱隱於朝」是也。

明白到蘇軾是個超然物外的「心靈隱者」之後，我發現這簡直就是一把萬能鑰匙，能用來解讀蘇軾人生的方方面面。

好比在官場上，他為何總是敢於「不合時宜」，取怨一身而不悔；要知道，王安石變法之初，急於搭建變法團隊，凡趨炎附勢、贊同新法者，升官就像坐火箭。比如曾布，因參與謀劃新政，三天之內居然升了五次職。

到後來司馬光復出為相，廢除新法又成了當務之急。時任開封府尹的蔡京（後來帶歪徽宗的那位），知道司馬光要恢復差役法，便在五日之內拉來千餘名百姓充當差役，力證此法可復。後來果然得到司馬光稱讚，順利升官。諷刺的是，八年後章惇為相，又罷差役法並起用免役法，叫得最響、行動最快的，依然是蔡京——管他什麼法，哪個利於老子升官發財，老子就站哪個法！

天資聰穎如蘇軾者，對這樣的政治態勢會看不懂嗎？假設他也能如此「識時務」，早年附和王安石變法，或黃州歸來後，痛定思痛，唯司馬光馬首是瞻，高官厚祿豈非如探囊取物？可他偏偏反其道而行之：

是時王安石新得政，變易法度。臣若少加附和，進用可必。自惟遠人，蒙二帝非常之知，不忍欺天負心，欲具論安石不可施行狀，以裨萬一。

你看，我們東坡心裡跟明鏡一樣的透徹啊！

明知道和王安石站在一起即可榮華立至，奈何自己的良心不答應啊！於是二話不說，直言力諫到連司馬光都自嘆「敢言不如蘇軾」，王安石甚至誤以為他是司馬光背後的智謀軍師，大力排擠。舊黨失勢後，司馬光、歐陽脩等大老都絕口不言世事，只有蘇軾還在借助詩文不斷抗議，以致最終為自己惹來牢獄之災以及黃州五年的棄置。然而流放歸來，他依然本色不改，批評起司馬光來也毫不留情：

臣與故相司馬光，雖賢愚不同，而交契最厚。光既大用，臣亦驟遷，在於人情，豈肯異論？但以光所建差役一事，臣實以為未便，不免力爭。

你看，他說我和司馬光私交特別好，他復出後又很關照我，照理說不能和人家唱反調，可從公而論，我又實在不贊同恢復差役法。沒辦法，只能和他爭到底！

大家想想看，在紛繁複雜、人人皆以利益定進退的官場上，蘇軾之所以能始終不顧個人之榮辱浮沉，堅守原則，公忠炯炯，不正是因他一向以「心靈隱者」自處嗎？本就視富貴利祿如浮雲，又何懼得失！所謂「壁立千仞，無欲則剛」是也。

自得其樂，「享受」罷官流放的生活

除此之外，還有他那一向為人所豔羨稱道的豁達樂觀，竊以為很大程度上，也得益於此。比如，同樣是愛國敬業卻被無情流放、前朝被貶潮州的韓愈：

潮陽未到吾能說，海氣昏昏水拍天。（《題臨瀧寺》）

居蠻夷之地，與魑魅為群。（《潮州刺史謝上表》）

還沒到貶所，他就已經崩潰了；抵達潮州之後，又忍不住抱怨。反觀蘇軾呢？流放黃州時，其途中的心境是這樣的：

幸有清溪三百曲，不辭相送到黃州。（《梅花二首其一》）

你看看這氣氛，像被貶嗎？簡直觀光旅遊的即視感。一到黃州，還沒下車，蘇軾的吃貨特質又藏不住了（黃州的魚和筍表示瑟瑟發抖……）：

自笑平生為口忙，老來事業轉荒唐。
長江繞郭知魚美，好竹連山覺筍香。（《初到黃州》）

後來以衰暮之年被貶惠州，比韓愈所去的潮州更加偏僻荒蠻，他也一樣淡然處之，於《進謝上表》中說：

累歲寵榮，固已太過。此時竄責，誠所宜然。瘴癘炎陬，去若清涼之地……

不妨再拿韓愈貶潮州的《潮州刺史謝上表》做個對比：

懷痛窮天，死不閉目。瞻望宸極，魂神飛去。伏惟皇帝陛下，天地父母，哀而憐之。

你看，面對如此身家性命傾危的禍患，連硬漢韓愈也不免失態至此，哭哭啼啼，要死要活（感覺老韓的棺材板要蓋不住了……）。

而宋代不殺文臣，貶至嶺南已是最慘的處境，從宋真宗朝起，七十多年來，蘇軾是第一個被貶到嶺南之人，卻能鎮定如斯，如何不讓人高山仰止。

途中，行至廣州，他還欣然賦詩曰：

天涯未覺遠，處處各樵漁。

（《發廣州》）

看看，這隨遇而安的心態，這處處發現美的眼睛，真是太厲害了！

後來，迫害再次升級，六十多歲的蘇軾被政敵一腳踢往海南，很明顯，這是打算把人往死裡打。結果他即便日子再苦，照樣能活出自己的一番天地：

我昔墮軒冕，毫釐真市塵。困來臥重裀，憂愧自不眠。
如今破茅屋，一夕或三遷。風雨睡不知，黃葉滿枕前。

（《和陶怨詩示龐鄧》）

說自己從前住華屋、睡錦衾，卻總心懷憂愧，睡不踏實。現在倒好，在處處漏水的破茅屋裡，風雨一來，一晚上床得挪三次地，卻能暢快酣眠，早上起來，枕上落滿黃葉都不自知。閒來他就四處漫遊，反正有大把時光。比如，在寺院清坐終日，看樹影、聽鐘鳴，或者找個三岔路口一站半天，看行人穿梭往來，自得其樂：

閒看樹轉午，坐到鐘鳴昏。

（《入寺》）

溪邊古路三岔口，獨立斜陽數過人。（《縱筆三首》）

你看看，就這心態、這閒適，要不是後來北歸途中暑熱得疾，蘇軾完全能夠長命百歲呢！

一個從前安坐翰林院的待詔學士、尊崇無以復加的帝王師，到如今海島流放、棲身不避風雨之茅草屋的待罪犯官，這番人生境遇的差別，不啻雲泥，而蘇軾卻始終能處之泰然，以極大的熱忱投入生活，不正是靠著心靈歸隱的力量嗎？

人生本就不以仕宦為目的，貶謫即做隱居處之，又有何難！

「余之無所往而不樂者，蓋游於物之外也。」

隨遇而安，是蘇軾最高的自處之道

其實，說了這麼多，我想表達的無非是才華之外，蘇軾身上之所以還具備無與倫比的個人魅力，或許正因為這一份「心靈歸隱」的智慧，讓蘇軾不論身居高位，還是貶謫窮鄉，他始終能以出世的態度安頓自我的精神世界，隨緣任運，保有快樂生活的能力；同時又以入世的態度積極有為於人間，力求讓這個世界變得好一點，再好一點。

內心出世，外在入世——他為中國文人演繹了一個完美的範本，所以，誰會不愛蘇東坡呢？

周公子每期一問

唉，老天爺真是不公平啊！
又怎麼了呀？
①
②
有些人啊，有才第一、有趣第一、懂吃第一、樂觀第一，人生智慧更是獨闢蹊徑，叫我們普通魯蛇該如何是好呢？
哎呦喂，我坐牢差點被整死；一把年紀流落海南，飯都吃不飽這些事，你怎麼不提呢？
③
④
好不容易遇赦北歸，結果半路中暑死了，連最愛的弟弟都沒見到，怎麼不提呢？
嘿嘿嘿，看來老天爺還是公平的……
哼！
⑤
⑥

陸游失唐琬

當愛已成往事

西元一一八八年，六十三歲的陸游辭官回到山陰鄉下，但他依然閒不住，一邊讀書耕作，一邊行醫鄉里，採藥、種藥、合藥，每天忙忙碌碌。到了秋天，每次上山採藥，他都要翻過山頭看看對面山坳裡，那一片野雛菊開了沒有。

某一個清晨，陸游早早起身上山，還未翻過山坡，便覺清香襲人。他快走幾步，攀到山頂平坦處，舉目望去：只見成片的雛菊競相開放。白色、黃色、紫色，一株株在晨曦與微風中搖曳生姿，將山坳連成一片花海。陸游立在山坡上癡癡地望著，溝壑縱橫的臉上，夾雜著欣喜與惆悵。

不知過了多久，雛菊叢中閃出一個年輕女子的身影。她立在花開最盛處，向著身後一位青年男子頻頻招手：「務觀！務觀！快來呀，這邊的花兒開得最好！」

青年男子笑意盈盈，一邊向著女子走來，一邊舉起手中布袋：「琬妹，採了很多啦，夠做兩個枕頭啦！」待兩人走近，女子明媚一笑，低聲嬌嗔：「不夠，我要做三個。」

男子一愣：「三個？為什麼？」

女子一時又羞又惱，一記粉拳落在男子胸前，跺腳道：「哎呀，真傻，不跟你說了。」

男子頓時了然，卻故意正色道：「可不是嘛，我若不傻……怎麼會喜歡你這個機靈鬼！」

說完，他猛然將布袋扔在身後，雙手故作誇張地繞向女子兩腋，女子亦故作驚呼，邊跑邊躲，兩個人在雛菊叢中追逐嬉鬧，歡聲笑語，盪徹山谷……。

立在山坡的陸游，回想著四十三年前的一幕幕，微微含笑中兩行濁淚，滑落臉頰。

這天他比平常更晚回家。

隨身背簍裝滿雛菊，望著夫人略帶詫異的眼神，陸游輕輕地說：「晾乾給孫兒們縫菊花枕吧。說完便轉入書齋，晚飯也不見出來。

夫人端來茶水湯飯，卻發現他早已在書齋臥榻上合衣而睡，書桌上還凌亂鋪展著一箋墨色未乾的詩稿：

《余年二十時，嘗作菊枕詩，頗傳於人。今秋偶復采菊縫枕囊，淒然有感》

採得黃花作枕囊，曲屏深幌悶幽香。
喚回四十三年夢，燈暗無人說斷腸。

少日曾題菊枕詩，蠹編殘稿鎖蛛絲。
人間萬事消磨盡，只有清香似舊時。

夫人輕輕嘆了口氣：「這是又想起她了。」嘆罷，將茶盤放下，回身輕輕幫陸游蓋上一襲秋被，搖了搖頭，悄然退出。

元宵佳節與表妹互表情意

這一夜，陸游又在夢中回到了十九歲。

是年秋天，他在家鄉參加州試，一舉高中，於冬末來到京城臨安等候禮部會試，暫住舅舅唐仲俊家。在這裡，他和兒時青梅竹馬的表妹唐琬再次碰面。一別數載，當年兩小無猜、攜同玩耍的小表妹已出落成蛾眉橫翠、粉面含春的窈窕淑女。乍見之下，陸游不禁呆住了。

還是熱情大方的唐琬連喊幾聲表哥，才把陸游從兒時思緒中拉回。在這之後，陸游潛心備考，白天累了、晚上倦了，總有表妹貼心差家中侍人送來茶湯點心。每次表妹外出，更不忘給表哥捎帶各色臨安小吃。

唐琬自幼聰慧，頗識詩書。閒暇時刻，表兄妹便也常常一起縱談詩詞歌賦。他們發現，兩個人還像小時候一樣，在一起總有說不完的話。朝來夕去，兩顆心越靠越近。

轉眼冬去春來，元宵佳節到了；這幾乎是一年當中臨安城最為繁華熱鬧的日子。

陸游和舅舅一家同往鬧市觀燈，一路上但見深坊小巷，繡額珠簾，寶馬香車，競誇華麗，更有公子王孫，佳人倩女，遍地遊賞，好不熱鬧！

一行人在熙熙攘攘的燈市中穿梭賞看，目不暇給。突然，陸游發現一家人竟已被人群沖散，身邊只剩表妹，全無舅父舅母身影。很快唐琬也察覺到了。二人對望，淺淺一笑。

此時，一陣夜風襲來，正月晚間仍十分清冷，唐琬不由縮了縮身子。陸游數次抬起胳膊想擁起表妹為其遮寒，幾番糾結，還是放下了。

夜深，人群漸次散去，陸游終於鼓起勇氣：「琬妹，冷嗎？」

「嗯，有一點。」

「那……我幫你暖手吧。」

說完，陸游輕輕牽起唐琬的指尖。怕表妹會拒絕，他心中慌亂，另一隻手忙指向夜空中的煙花：「快看那裡，好美的煙花。」

忽而，他覺得肩頭一沉，唐琬偎了過來，把手挪向他的掌心：「是啊，真美。」

羨煞眾人的新婚甜蜜時光

接下來的春試，陸游落榜了。不過因為還年輕，又剛剛收穫了愛情，陸游沒有太失落。

姑舅表親加之青梅竹馬，在雙方親人的祝福下，他們順理成章地成婚了。婚後，二人甜蜜依戀更勝從前，一起遊遍了山陰的山山水水。

春天，他們到沈園賞花：

香穿客袖梅花在，綠蘸寺橋春水生。

（《十二月二日夜夢游沈氏園亭》）

夏天，他們到鏡湖划船：

三更畫船穿藕花，花為四壁船為家。
不須更踏花底藕，但嗅花香已無酒。
花深不見畫船行，天風空吹白紵聲。
雙槳歸來弄湖水，往往湖邊人已起。
（《同何元立賞荷花追憶鏡湖舊遊》）

有時玩到更深夜靜，便索性不歸，投宿於漁村人家：

禹會橋邊最清絕，憶曾深夜叩漁扉。
（《舟中》）
繫船禹廟醉如泥，投向漁家月向低。
（《宿石帆山下》）

秋天，他們採菊做枕；冬天，他們踏雪賞梅……，山陰城裡處處留下他們嬉戲的痕跡，沈園的花草樹木都聽過他們的情話。

一切是如此美好。情投意合、心心相印的兩個年輕人，絲毫沒有察覺到不幸已在悄然逼近。

婆媳問題，以致忍痛休妻

不幸的緣由在於陸游的雙親對唐琬越來越不滿。原因無他，只因他們太恩愛。

在古代，夫妻間的最高境界是相敬如賓。即使彼此鍾情，也須低調，不能張揚，更不可公開示愛。因為在當時，家族利益為公，夫妻之愛為私，私情太甚就會以私害公，影響家族團結。而對外展現私情，更會讓人覺得兒女情長，英雄氣短，有失男子氣概。

比如漢代的張敞，就曾因「為婦畫眉」而成為整個長安城的笑話。《世說新語》中也記載過一個叫荀奉倩的人，因妻子高燒不退，冒著冬日嚴寒跑到庭院將身體冷卻，而後貼著妻子為其降溫。如此夫妻情深之舉，卻是「獲譏於世」。

在當時的倫理中，男子必須志在四方，追求功名，不可過於戀家或沉迷兒女私情。如初唐詩人駱賓王曾說：

但使封侯龍額貴，詎隨中婦鳳樓寒。（駱賓王《雜曲歌辭．從軍中行路難二首》）

男兒就該從軍出征，以求功業，怎麼可以滿足於老婆、孩子和家庭生活呢？邊塞詩人岑參說得更直白：

男兒何必戀妻子，莫向江村老卻人。（岑參《送費子歸武昌》）

陸游中年到南鄭從軍時也曾說：

平生萬里心，執戈王前驅。
戰死士所有，恥復守妻孥。（《夜讀兵書》）

在這樣的時代背景下，陸游和唐琬的愛就顯得太熾熱、太無所顧忌了。事實上，除了前述的恩愛之舉，他們還不時有閨房唱吟的私密之作流出，為人所津津樂道：

余年二十時嘗作菊縫枕詩，頗傳於人。（此詩今已不可考）

陸家乃當地的高門望族，世代書香，其父又是知名的愛國抗金志士，家風甚嚴，對陸游婚後如此恩愛張揚絕不可能等閒視之。

偏偏兩個年輕人耳鬢廝磨、詩酒纏綿下又不免懈怠了學業，以致陸游婚後兩年都未赴京科考，終於惹惱了父母雙親。沉溺兒女私情、惰於科考、婚後無子……，數罪並罰之下，陸母執意讓陸游休妻。

一邊是母命難違，一邊是愛妻難捨，左右為難的陸游只好表面應承著父母，背地卻偷偷在外租了宅子安置唐琬，以期金屋藏嬌，再圖轉機。然而，年輕衝動的詩人，完全沒想到這樣只會加速母親與唐琬決裂。

果不其然，後來陸母知悉，對此欺瞞行為震怒已極，逼迫之意更甚。在那個孝道大過天的年代，陸游終究沒能違逆父母，一對愛侶就此勞燕分飛。

此後，陸游在父母安排下另娶王氏，唐琬亦再嫁於皇室宗親趙士程。

對舊愛的情意，只能寄託於詞
——《釵頭鳳．紅酥手》

五年後，三月十五日，山陰人固定的遊園踏青日。

二十七歲的陸游孤身來到沈園。這裡一如往年春時，花團錦簇，遊人如織。不同的是，自己身邊再也沒有了知心深愛的賞花人。

五年了，自己已是兩個孩子的父親，她呢？過得可好？還會不會時常像個小女孩般調皮玩鬧，趙士程待她又能否如自己昔日般溫存體讓？在歷歷往事的追索中，陸游落寞盈懷地隨著人流漫漫而行，不期卻在廊簷拐角處，與一男子迎面相撞。

陸游慌忙致歉，抬起頭，卻見對面男子瀟灑儒雅，風度不凡，身旁更攜一位風姿綽約、清雅動人的俏女子。陸游一下愣住了——眼前這盈盈而立、略顯消瘦的女子不正是自己五年來追懷無盡的表妹唐琬嗎？！一時之間，他只覺酸甜苦辣湧上心頭，萬語千言梗在喉間。

唐琬再見陸游亦是悲欣交集，半晌，方低低喚了句：「表哥……」，而陸游依然呆呆癡望。

見此情形，趙士程連忙打破尷尬：「久聞陸兄詩名，不期在此相逢。恰好我們攜了酒菜，如若不嫌，可願賞臉同到亭下把酒賞春？」

聞聽此語，陸游方知失態，忙將目光從唐琬身上移開，並極力壓抑著內心的起伏：「哪裡，還是……不擾二位雅興了。」

雙方就此別過，趙士程攙著唐琬款步離去。陸游則佇立原地，如在夢中。

許久，背後傳來聲音：「陸相公，陸相公……」連喊數聲，陸游才反應過來，轉身見一家僮模樣的少年，手持托盤，送來幾道精緻酒菜。「我家趙相公和夫人相送，您慢用。」陸游接過一看，都是唐琬的拿手菜，黃縢酒更是從前二人出遊助興的最愛。

轉到幽靜處，陸游花中獨酌，酒入愁腸，化作相思淚——兒時嬉鬧的兩小無猜，年少重逢的驚喜悸動，步入愛河的甜蜜依戀，被迫分離的肝腸寸斷，一時紛紜而來……，如今人在咫尺，卻似天涯相隔，此痛何堪！

情慟之下，他不暇細想，踉蹌起身，行至一面粉牆下，醉意朦朧中和淚揮寫，千般痛，萬般恨，都在筆舞龍蛇中悉數傾出：

《釵頭鳳・紅酥手》

紅酥手，黃縢酒，滿城春色宮牆柳。東風惡，歡情薄。一懷愁緒，幾年離索。錯、錯、錯。

春如舊，人空瘦，淚痕紅浥鮫綃透。桃花落，閒池閣。山盟雖在，錦書難託。莫、莫、莫！

很快，這首詞就傳遍整個山陰，一時滿城風雨。唐琬情傷難抑，就此一病不起。那些用盡全力才克制住的愛意、思念、遺憾，再也藏不住了。生命的最後，她和了一首詞：

《釵頭鳳．世情薄》

世情薄，人情惡，雨送黃昏花易落。曉風乾，淚痕殘。欲箋心事，獨語斜闌。難，難，難！

人成各，今非昨，病魂常似秋千索。角聲寒，夜闌珊。怕人尋問，咽淚裝歡。瞞，瞞，瞞！

對不起，趙士程，這對你並不公平。可是愛情又哪有什麼公平，每個人都是身不由己。表哥啊，如果一切重來，你還會放手嗎？

可惜，我已等不到答案……。

此後，唐琬病逝，趙士程終身未再續弦。而陸游也只能深埋痛苦，將所有的生命能量注入抗金復國的男兒之志中。

可惜，在偏安一隅的南宋朝廷下，他宦海沉浮幾十年，卻從未得到報國殺敵的真正機會。

轉眼，英雄已白頭。

老來回首往事如煙，悔不當初

晚年，功業成空、退老山林的陸游，對唐琬的追思懷念更甚從前。他常登禹寺，游沈園，泛鏡湖，來追尋愛人昔日的芳蹤，每入城必登樓眺望，不能勝情。

六十七歲時，他再至沈園，發現園林已幾易其主，園壁殘破，當年醉題的那首《釵頭鳳．紅酥手》已被園主鐫刻於石，觸景生情，感慨萬端：

《禹跡寺南，有沈氏小園，四十年前，嘗題小闋壁間，偶復一到，而園已易主，刻小闋於石，讀之悵然》

楓葉初丹槲葉黃，河陽愁鬢怯新霜。
林亭感舊空回首，泉路憑誰說斷腸？
壞壁醉題塵漠漠，斷雲幽夢事茫茫。
年來妄念消除盡，回向禪龕一炷香！

為了所謂的家國大業、男兒功名，放棄一生摯愛，真的值得嗎？如果人生可以重來，自己還會屈從母命嗎？人至暮年，萬事成空，我才知道什麼對自己是最寶貴。可惜，唯一能夠把握的，卻偏偏放了手……。

七十五歲時，陸游住在沈園附近。春日，他再臨故地，寫下動人的《沈園》二首：

城上斜陽畫角哀，沈園非復舊池臺。

傷心橋下春波綠，曾是驚鴻照影來。
夢斷香消四十年，沈園柳老不吹綿。
此身行作稽山土，猶弔遺蹤一泫然！

已是傍晚時分，斜陽暗淡，畫角（古代樂器名）悲吟。詩人在園內踽踽獨行，竭力搜尋著往事印記。可惜世事變遷，池臺樓閣已然非復舊貌，唯有橋下春水綠波如故，四十年前佳人曾在此憑欄臨照，留下翩若驚鴻的風姿倩影……。

八十一歲，已入耄耋之年的他還曾夢遊沈園，寫下了《十二月二日夜夢游沈氏園亭二首》：

路近城南已怕行，沈家園裡更傷情。
香穿客袖梅花在，綠蘸寺橋春水生。
城南小陌又逢春，只見梅花不見人。

玉骨久成泉下土，墨痕猶鎖壁間塵。

八十二歲，又作《城南》，抒發人間孤鶴的悽楚之情：

城南亭榭鎖閑坊，孤鶴歸來只自傷。
塵漬苔侵數行墨，爾來誰為拂頹牆？

八十四歲，在兒孫的攙扶下，他最後一次顫顫巍巍來到沈園，為這份癡纏一生的悲情苦戀寫下最後的輓歌：

沈家園裡花如錦，半是當年識放翁。
也信美人終作土，不堪幽夢太匆匆。
（《春遊》）

六十年的愛意與思念，六十年的傷痛與愧疚，在生命行將就木的最後時光裡，依然無法釋懷和癒合……。

張愛玲曾說：「不多的一點回憶，將來是要裝在水晶瓶裡雙手捧著看的。」對陸游來說，和唐琬的真情摯愛就是這個水晶瓶中最閃亮恆久的光芒。

次年，八十五歲的陸游帶著「死去原知萬事空，但悲不見九州同」的家國遺恨，也帶著終於要與唐琬天國重逢的欣慰憧憬走到了生命的終點。

虛費失光作閒事，人間信有白頭癡。（《雜興》）

周公子每期一問

①

②

③

④

結語

讀懂一位詞人，就是多經歷了一種人生

在本書之前，其實我還寫過一本唐詩人物志，而在那本書的序言中，我曾用孟子的一句話概括自己的寫作動機：

頌其詩，讀其書，不知其人，可乎？是以論其世也，是尚友也。

意思是說，吟誦古人的詩歌，研究古人的著作，卻不知古人的生平事蹟，那怎麼行？所以，要去瞭解古人的生活和時代，穿越時空，和古人交朋友；唯其如此，才能真正理解詩人，讀懂作品。

這次，我想談談深入古人的生活和時代中、和他們做朋友後，內心會有怎樣的收穫和感受。

首先，是真的感覺自己交了很多的良師益友、好哥們。好到什麼程度呢？這麼說吧，我現在遇到什麼沒把握的事或是人生中難過的坎時，都不求老天或菩薩保佑了，而是在心裡默念這群古代的好朋友保佑我。

哈哈，其實就自己單方面十分真情實感地覺得，自己和這些古代先賢們有了極深的交情。

第二點收穫是，我在每一個詞人身上都看到了動人的品質，學習到了寶貴的人生智慧：李煜的赤子之心、范仲淹的胸懷天下、晏殊的珍惜當下、歐陽脩的迎難而上、王安石的敢為天下先、蘇軾的苦中作樂、李清照的敢於做自己、陸游的永不言棄、辛棄疾的一腔熱血……；但要說最大的感觸和收穫，那就是在寫人物志的過程中，自己獲得了多重的人生體驗——每寫一個詞人，就彷彿多經歷了一種人生。

小時候我有兩大夢想，一個是文學夢，一個是表演夢。當時也說不清為什麼，只是莫名喜歡。而在寫作的這幾年，對自己也越來越瞭解。發現年少時的兩個夢想，內在動機其實是一致的，那就是它們都契合了我對自己人生的終極期許：活著的目的，在於盡可能多地去體驗和感受。

我對表演這個行業始終保持嚮往和豔羨，是因為表演者可以在不同的角色中經歷各式各樣的人生。而文學夢，說到底也是想創造故事，以及在故事中拓展自我的生命體驗。

我喜愛唐詩宋詞，除了文字和音律的美感外，更深層的原因也在於詩詞是作者人生經歷及內在心聲的凝結。其中的羈旅愁思、離情別緒、纏綿愛意、歡樂或痛苦的人生喟歎，都能引人共鳴；讀著那些詩詞，就彷彿經歷了詩人詞人的人生，感受到了與他們相同的悲歡喜樂。

如同豐子愷所說：「讀了『想得故園今夜月，幾人相憶在江樓』，便會設身處地做了思念故園的人，或江樓相憶者之一人，而無端地興起離愁；讀了『流光容易把人拋，紅了櫻桃，綠了芭蕉』，便會想起過去的許多的春花秋月而無端地興起惆悵……」。

我覺得自己非常幸運，兜兜轉轉，居然用寫作把童年的兩大夢想糅合在了一起——別的表演者是以身心在銀幕上塑造角色，而我是用文字在紙面上還原人物，異曲而同工。所以，現在我常常幸福地以「文字演員」自居。

雖然每寫一篇人物志都要耗費大量的時間精力爬梳史料，揣摩人物性格、情感、行為動機、理想追求，心情隨著他們的命運跌宕起伏，感慨萬千，直至完全鑽進人物的內心，讓自己成為「他」、接受「他」的一切、理解「他」所有的行為和選擇、忍不住要為「他」發聲吶喊……，整個過程，有太多不足為外人道的痛苦與煎熬。

但前期「入戲」的過程有多曲折、多艱難，最終將一位位詩國星星的人生故事用文字演繹出來的那一刻，就有多興奮、多過癮：嘿，我又成功經歷了一重新的人生，棒呆了！

有位導演說，電影的意義就在於讓觀眾在觀影過程中和銀幕上的人物處於相同的狀態裡，而我寫詩詞人物志的目的，也是如此。

我希望讀者朋友們能在本書中，與李煜、范仲淹、晏殊、歐陽脩、王安石、蘇軾、宋徽宗、李清照、陸游、辛棄疾處於相同的狀態中，喜其所喜，悲其所悲，他笑你也笑，他哭你也哭……，由此與詞人們的心靈真正相遇、相知，在他們的人生故事和詩詞篇章裡，無限延展自我的生命體驗。

這份共情和通感，是我們理解詩人一切作品的基石。也是我寫作的最大意義。

最後，感謝大家能夠讀到這裡。

Self-help 16

大宋文青人生解憂課

從 10 位宋詞名家的作品和人生，學會如何接納挫折，找回內在的力量

作者　周公子
內文插畫　顏同學
封面設計　鄭婷之
內文排版　許貴華
責任編輯　洪尚鈴
行銷企劃　蔡雨庭、黃安汝
出版一部總編輯　紀欣怡

出版者　境好出版事業股份有限公司
業務發行　張世明・林踏欣・林坤蓉・王貞玉
國際版權　施維真・劉靜茹
印務採購　曾玉霞・莊玉鳳
會計行政　李韶婉・許俽瑀・張婕莛
法律顧問　第一國際法律事務所　余淑杏律師
電子信箱　acme@acmebook.com.tw
采實官網　www.acmebook.com.tw
采實臉書　www.facebook.com/acmebook01

ISBN　978-626-7357-16-3
定價　460 元
初版一刷　2024 年 5 月
劃撥帳號　50148859
劃撥戶名　采實文化事業股份有限公司
104 台北市中山區南京東路二段 95 號 9 樓
電話：(02)2511-9798
傳真：(02)2571-3298

國家圖書館出版品預行編目資料

大宋文青人生解憂課：從 10 位宋詞名家的作品和人生，學習如何接納挫折，找回內在的力量 / 周公子作 . -- 初版 . -- 臺北市：境好出版事業有限公司，2024.05
464 面；14.8×21 公分 . -- (Self-help；16)
ISBN 978-626-7357-16-3(平裝)
1.CST: 作家 2.CST: 傳記 3.CST: 中國文學 4.CST: 宋代
782.245　113004811

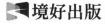